A ARTE DO
Drama

Impresso no Brasil, março de 2011

Título original: *The Art of Drama*
Publicado pela primeira vez em 1957 pela Routledge & Kegan Paul, Londres
Reimpresso com a permissão da Routledge & Kegan Paul Ltd.
Reimpresso em 1974 pela Greenwood Press, uma divisão da Williamhouse-Regency, Inc.
Todos os direitos reservados.
Tradução autorizada a partir da edição em língua inglesa publicada pela Routledge & Kegan Paul, membro do Taylor & Francis Group.

Os direitos desta edição pertencem a
É Realizações Editora, Livraria e Distribuidora Ltda.
Caixa Postal: 45321 · cep: 04010 970 · São Paulo, SP, Brasil
Telefax: (5511) 5572 5363
e@erealizacoes.com.br · www.erealizacoes.com.br

Editor
Edson Manoel de Oliveira Filho

Gerente editorial
Bete Abreu

Preparação de texto
Amandina Morbeck

Revisão
Maiza P. Bernardello
Luciane Helena Gomide

Capa e projeto gráfico
Mauricio Nisi Gonçalves / Estúdio É

Diagramação e editoração eletrônica
André Cavalcante Gimenez / Estúdio É

Crédito das imagens da capa
Copyright by © Alexander Danilov | Dreamstime.com *(Frame Theater)*
Copyright by © Sandra Cunningham | Dreamstime.com *(Red theater curtain)*

Pré-impressão e impressão
Prol Editora Gráfica

Reservados todos os direitos desta obra.
Proibida toda e qualquer reprodução desta edição
por qualquer meio ou forma, seja ela eletrônica ou mecânica,
fotocópia, gravação ou qualquer outro meio de reprodução,
sem permissão expressa do editor.

A ARTE DO Drama

RONALD PEACOCK

Tradução
BARBARA HELIODORA

Realizações Editora

SUMÁRIO

NOTA DA TRADUTORA 9

I. INTRODUÇÃO 11

II. IMAGENS E REPRESENTAÇÃO 15
    1. Imagens e objetos reais 15
    2. A gênese das imagens de arte figurativas 20
    3. Ambivalência da imagem de arte em relação à realidade 27
    4. Representação, realismo e arte defeituosa 29
    5. Representação na arte literária 31
    6. Representação nas obras históricas 41
    7. Representação na arte dramática 43
    8. Conclusão 45

III. IMAGENS E SENTIMENTO 49
    1. Arte e sentimento 49
    2. Imagística da música 51
    3. Outras espécies de imagens-fórmulas 57
    4. Metáfora 63
    5. Música, metáfora e símbolo 69

IV. A IMAGÍSTICA E A INTERPRETAÇÃO DA
EXPERIÊNCIA NA ARTE 73
    1. A imagística e o mundo da experiência 73
    2. Relação entre as várias espécies de imagística na arte 75
    3. Beleza, desenho e arte 76

V. IMAGENS E PALAVRAS 79

VI. MEIOS DE EXPRESSÃO 87

VII. ARTE E EXPERIÊNCIA 91
1. Uma definição de arte 91
2. Experiência e arte 92
3. Revivência e ideia 98
4. Integridade na arte reconsiderada
   em relação à experiência e à idealidade 103
5. a) A arte em relação à experiência do artista e do espectador 105
   b) O problema da emoção "verdadeira" na contemplação da arte 105
6. Arte e cultura contemporânea 115
7. Revivência e o fator ritualístico na arte 120
8. Revivência e o elemento de gosto pessoal 121
9. Passado e presente na obra de arte 124

VIII. O PRINCÍPIO DA INTERTESSITURA CARACTERÍSTICA DA IMAGÍSTICA 127
1. Intertessitura da imagística 127
2. Drama e arte literária; as espécies literárias reconsideradas
   segundo os princípios da imagística e a definição de arte 134
3. Tipo, variante e idiossincrasia 149
4. Conclusão 154

IX. MÚSICA E POESIA 157
1. Definição do problema 157
2. O papel da voz. Imagística vocal 159
3. Qualidades musicais não acústicas na poesia 161
4. Efeitos musicais baseados em imagística auditiva 167
5. Efeito musical por meio de metáfora e de símbolo 177
6. Influência do assunto e do pensamento na musicalização 180
7. Tendências particulares do século XIX; os poetas românticos
   e o ideal musical; Mallarmé 184
8. Distinções e conclusões 197

X. A ARTE DO DRAMA 205
1. O drama e a teoria de imagística 205
2. Variedade de formas dramáticas 205

3. A ideia do "dramático" 207
4. Fala e diálogo do drama 216
5. Diálogo e interpretação mal ajustados;
   eficiência independente do ator 223
6. Estilização da fala dramática 225
7. Cenário e decoração 227
8. Imagística dramática e seu problema especial de
   realismo figurativo. Dois aspectos da expressividade no drama 229
9. Temas morais e psicológicos naturais no drama 233
10. Drama e comunidade; tipos naturais de drama 242
11. Enredo considerado como imagística 247
12. Pessoas consideradas como imagística 253
13. Variedades de tratamento da pessoa-imagem 259
14. Realismo no drama do final do século XIX 265

XI. VÁRIOS MODOS DE POESIA NO DRAMA. IMAGENS-FÓRMULAS EXPRESSIVAS, METÁFORA, E SUA RELAÇÃO COM O ESTILO E A QUALIDADE POÉTICA 271

1. O problema do "poético"; a confusão dos termos;
   o critério do estilo 271
2. Verso no drama 281
3. Verso e comédia 289
4. Símbolos e a intensificação poética no drama 291
5. Drama e mito 295
6. A *poésie de théâtre* de Cocteau 298

XII. CONCLUSÃO 303

BIBLIOGRAFIA 309

ÍNDICE ONOMÁSTICO 315

NOTA DA TRADUTORA

A tradução do texto de Ronald Peacock foi ingrata. A nitidez de seu raciocínio não perdoa, não permite hesitações ou opções. Foi por vezes necessário usar palavras compostas por duas outras porque o próprio autor no original julga ser esse o único caminho para expressar seu pensamento com a precisão que buscava. Creio que tal uso das palavras não criará qualquer dificuldade, pois o autor explica detalhadamente sua escolha de termos e a razão dessas construções duplas que utiliza tão frequentemente.

Pareceu mais justo deixar os trechos poéticos citados na língua original porque, em se tratando de poesia, fatalmente desapareceriam na tradução certas qualidades que justificavam a presença do trecho na obra. Assim, os trechos estão transcritos como os encontramos e exemplificando precisamente o que o autor queria que exemplificassem. Ao pé de cada citação haverá traduções em português. Tais traduções foram propositadamente feitas de forma muito literal, por terem como único objetivo permitir àqueles que não dominam os originais seguir o pensamento linha por linha.

CAPÍTULO I

Introdução

Um dos problemas mais desafiadores da crítica é definir, de modo satisfatório, a natureza do drama como forma de arte, porque, como bem sabemos, ele pertence tanto à literatura quanto ao teatro. É uma forma composta que utiliza várias "artes" para um único fim. Dramaturgo, autor,[1] cenógrafo e figurinista, com seus próprios materiais, contribuem separadamente com formas expressivas que se harmonizam e criam um só efeito unificado. Tal processo sugere fortemente um parentesco entre as artes; se não tivessem algo em comum elas dificilmente se mesclariam de forma tão suave e eficaz. E recai sobre nós a obrigação de encontrar – se é que desejamos explicar satisfatoriamente a forma dramática – um único princípio estético para todas as artes ou ao menos um princípio que explique o sucesso de sua associação em formas compostas. Só assim poderá ser elaborada uma teoria que explique a variedade do drama, os principais tipos de peças, a relação entre interpretação, ação e diálogo, o uso alternado de verso e de prosa e a criação do estilo e do efeito poético. Uma "teoria de literatura" em si não será suficiente. Precisamos de uma teoria que ligue literatura e poesia com outras artes, uma teoria que vá mais longe do que as concebidas meramente em relação às palavras ou às formas literárias de leitura.

Dentre um grande número de ideias sugestivas sobre arte há duas, "forma" e "expressão", que continuam a atrair o máximo de atenção e se têm provado

---

[1] A distinção feita por Peacock entre dramaturgo e autor não é muito clara. Presume-se que "autor", no caso, signifique o criador de espetáculos nos quais o texto é apenas um dos elementos cênicos dentro de um todo. O termo, nesse sentido, é mais usado em relação a diretores de cinema. (N. T.)

geralmente úteis, embora sua significação seja complicada e difícil de definir. Nenhuma das duas, no entanto, nos dá o auxílio necessário ao nosso problema específico. Por isso, basearei meus argumentos num ponto de vista de *imagens* e *imagística*, que no devido tempo será relacionado tanto à forma quanto à expressão. Como primeiro passo, tentarei estabelecer certos princípios de imagística em relação a todas as artes, inclusive as da linguagem, e podemos inicialmente dizer que isso implicará a libertação do termo da significação excessivamente restrita de figuras de retórica que adquiriu na crítica literária inglesa. Uma utilização característica de imagens em contextos estéticos será focalizada e relacionada a outras espécies de imagística e de pensamento, sendo também debatida a significação da metáfora.

O próximo passo será examinar a imagística implícita na linguagem, na forma escrita ou na falada, depois do que será possível sugerir uma definição global de arte. O problema das formas e das espécies literárias terá então de ser frontalmente encarado e tentarei reenunciá-lo, no que tange a seus aspectos estéticos, em termos de imagística, porém tendo em mente as influências psicológicas e sociais que podem explicar a gênese de tais formas e espécies. Dedicarei um capítulo à música e sua relação com a poesia, a fim de encarar de novo todo o problema, inclusive o conceito da música como a forma de arte perfeita, do ponto de vista dos novos princípios da imagística. Essa etapa explorará a significação de noções, como "a música da poesia", a natureza da interpretação das duas artes, a relação entre imagística auditiva na linguagem e na música, bem como a influência histórica do ideal musical cultivado pelos poetas românticos e simbolistas, e seus efeitos particularmente na visão moderna "do poético" em todas as artes. Será incluído também um comentário sobre a relação entre drama e ópera. Examinei todo esse assunto com particular cuidado também por ser o epíteto "musical" muitas vezes utilizado de forma vaga e imprecisa, já que tendemos a recair sobre ele para indicar de forma definitiva certo elemento da poesia que desafia toda análise. Isso tem o efeito de transformar a música num mistério injustificável e obscurecer a verdadeira relação que ela tem com vida e experiência, relação esta que creio compartilhar com poesia e outras artes. Finalmente, com o campo assim preparado em várias direções, poderão ser examinados os problemas da forma dramática.

Considero minha definição de arte, dada no capítulo VII, experimental, pois não aspiro formular enunciados que um filósofo profissional desejaria fazer. Ela é apresentada tão somente porque auxilia a exposição de meu principal argumento. Por ser este ensaio um estudo em estética, ele é limitado a um único aspecto dela, o do problema de formas de arte inter-relacionadas, que procura elucidar por uma teoria de *intertessituras* da imagística, na qual a feição característica é o *funcionamento* das imagens numa estrutura unificada. Isso coloca-me mais próximo da crítica do que da estética; um filósofo ou um psicólogo daria, por exemplo, uma explicação muito mais elaborada das imagens. De qualquer modo, existem inúmeras teorias sobre o acontecimento ou fenômeno mental conhecido como "imagem", e não se pode dizer que, até aqui, tenha-se alcançado qualquer acordo a respeito de uma hipótese geralmente satisfatória. Se começássemos por tentar resolver definitivamente o problema do que são as imagens, é provável que nunca chegássemos ao nosso problema particular. De modo geral, entretanto, considero a porção central de *Principles of Art*, de Collingwood, e *L'Imagination*, de Sartre, extremamente elucidativos, o que não significa que tenha adotado qualquer das duas teorias como meu ponto de partida. Pessoalmente, procurei dar grande ênfase à maneira pela qual as imagens têm sua construção modificada de acordo com sua função em determinados contextos. Dado esse objetivo limitado, espero que minha linguagem seja suficientemente precisa para significar algo de útil.

Ela terá de ser, no entanto, uma linguagem de generalidades, já que a essência de minha investigação não é a análise de determinadas artes vistas por meio de exemplos excepcionais, mas a busca de generalizações que expliquem parentescos, unidade na variedade, interpenetrações e formas de síntese. Estudiosos das várias artes, especializando-se em certo período, gênero ou artista individual, bem como em qualquer outro assunto limitado, têm à disposição vasto repositório de terminologia especializada cujo efeito, na medida em que esclarece detalhes, é o de tornar a generalização mais ampla um tanto insípida. Alguns podem sentir que as ideias deste ensaio são, por vezes, apresentadas numa forma generalizada que implica supersimplificação. Só posso esperar que, em sua totalidade, a tese tenha uma espécie de precisão e particularidade próprias. Se eu tivesse usado vocabulários técnicos e processos detalhados das várias especialidades a cada etapa (supondo que isso fosse possível a uma só pessoa), meu principal objetivo de sugerir uma teoria de inter-relações não poderia ter sido alcançado. Mas uma teoria dessa espécie é indispensável à elucidação de uma forma composta como o drama.

No texto, procurei evitar digressões polêmicas e até mesmo, em grande parte, referências às muitas teorias de arte, de poesia e de drama até aqui formuladas. Dentro de limites decentes, procurei manter minha argumentação o mais simples e desimpedida possível. Bibliografia selecionada e notas indicarão parte de meus débitos a estudos anteriores. Digo parte porque hoje em dia é impossível relacionar todos os escritos estéticos e críticos que se leem. Meu interesse nos aspectos estéticos do assunto remonta a meus dias de estudante na Inglaterra e na França, e mais tarde na Alemanha, onde um de meus primeiros estudos foi dedicado aos aspectos musicais da obra de Thomas Mann.

Parte do material dos capítulos IX e X apareceu, em forma ligeiramente diferente, num artigo intitulado "Probleme des Musikalischen in der Sprache", em *Weltliteratur*, Festschrift für Fritz Strich (Francke, Berna, 1950), e em Rylands Lecture, "Public and Private Problems in Modern Drama", publicada em *Bulletin of the John Rylands Library*, v. 36, n. 1, 1953. Meus agradecimentos aos editores dessas publicações pela permissão de uso desse material.

CAPÍTULO II

Imagens e Representação

1. IMAGENS E OBJETOS REAIS

Na pintura e na escultura, no drama, na narrativa e na poesia descritiva, estamos acostumados a encontrar representações do mundo exterior. Ao mesmo tempo, temos consciência de que nossa apreensão dessas imagens de arte não é o mesmo que vermos o mundo real a nossa frente. Quando observamos um homem e seu retrato, vemos duas coisas diferentes: um é um objeto vivo, que se move, e o outro é uma imagem afixada por tintas a uma tela. Mas as aparências da natureza podem ser tão fielmente captadas na arte que reconhecemos a semelhança e falamos então de "representação". O que se aplica aos retratos é também válido para quadros de paisagens, de interiores e de cenas.

Os processos envolvidos em ver-se uma pessoa ou uma cena no original e sua representação e em reconhecer-se a semelhança entre eles são extraordinariamente complexos. Para compreendê-los basta que nos lembremos de que há muitas maneiras de se alcançar, com tintas, a semelhança de uma mesma cena e de se retratar o mesmo modelo, todas elas verdadeiras e semelhantes. Não é parte de minha intenção discutir os problemas da teoria do conhecimento ou analisar em detalhe os processos psicológicos pelos quais apreendemos o mundo exterior. Desejo apenas encontrar um modo conveniente de distinguir as imagens da arte das de outras espécies ou, em outras palavras, focalizar a atenção nas características dos contextos estéticos da imagística em contraposição a outros contextos dos quais as imagens participam. As percepções, sensações e impressões (ou "impressões-imagens") que tenho como reação ao mundo exterior são parte de um fluxo constante em meio ao qual executo certas ações; ou uso-as para minhas atividades ou elas são acompanhamento de fundo. Por outro lado, imagens que lembram objetos formam parte dos contextos do pensamento como tema de simples recordações ou de uma análise estudada ou de informação e assim por diante; mas elas também pertencem a um processo incessante de mudança. A primeira marca do contexto estético, digamos numa pintura ou num poema descritivo, é o fato de as imagens serem fixadas num meio. Ao ver um pôr de sol, num entusiasmo estético poderei formar um belo quadro para mim mesmo, mas a cena muda, o sol se põe e não há o que eu possa fazer para impedir. Os sóis de Turner, sempre a se porem, nunca se põem. São uma fórmula de tinta, uma construção com uma espécie particular de significado e realizada com seus objetivos próprios.

O que são tais significados e objetivos será abordado gradativamente nessa investigação, porém um deles nos confronta logo de princípio porque concerne à questão da semelhança, da similitude entre uma descrição de arte e um original da natureza. A arte não é simples imitação, porém alguma semelhança é muitas vezes parte do objetivo do artista. Sem dúvida, ele dirá que seu quadro é "sua" visão ou sua "impressão" da cena, que difere da de outro artista (e da sua e da minha), e que ele considera valiosa a diferença, que marca sua originalidade. Todavia, o quadro é, até certo ponto, uma retratação, e *de* alguma coisa. Ele tem alguma ligação com um original. E as perguntas que surgem são: quais são os limites de tal semelhança? Poderão aproximar-se tanto que deixarão de ser arte?

Haverá mais clareza se, a essa altura, nos concentrarmos nas artes visuais, já que o problema de representação aparece nelas em sua forma mais gritante e também porque drama, do qual nos ocuparemos mais tarde, implica representação de pessoas e do ambiente. O melhor é começarmos com as seguintes perguntas: o que queremos dizer quando falamos da aparência "real" de uma coisa? É possível reproduzir isso num desenho? E tal desenho é "arte"?

Para termos um ponto de referência, usarei a noção de "realismo ingênuo", pressupondo um mundo de senso comum em virtude do qual poderemos falar de várias visões ou "interpretações" das coisas observadas. Se duas pessoas sentam-se num parque, verão diante de si objetos, um grupo de árvores, um arbusto, um lago, gramados, canteiros, idosos sentados em bancos, moças empurrando carrinhos de bebês, meninos jogando bola, casas com vista para o parque e assim por diante. Eles podem falar a respeito dessas coisas e compreender as referências de cada um. E se selecionassem uma casa e a desenhassem de onde estão sentadas, seus desenhos – dado um mínimo de habilidade – provavelmente teriam algo em comum, como contorno, cor e distribuição de portas, de janelas e de telhado. Esse conteúdo de percepção comum denota o mundo exterior a respeito do qual há acordo. Fora do conteúdo comum há elementos variáveis, pelo fato de cada um de nós ver as coisas de forma diferente, cada um percebendo algumas em detrimento de outras, sendo alguns mais sensíveis à forma, outros à cor e assim por diante.

Esse mundo acordado da percepção comum é de certa forma um mundo seguro; é reconfortante sentir que parque, gramados, lago, árvores e casas estão solidamente ali e não fugirão. Mas, por outro lado, e do ponto de vista visual, ele também é um mundo impreciso, já que está sempre mudando com a hora do dia, a atmosfera, as estações e os anos e já que duas pessoas, mesmo simultaneamente, nunca observam uma cena visual idêntica, tampouco, necessariamente, a examinam ou a absorvem. Isso é o que dificulta a questão sobre a aparência "real" das coisas. Normalmente, o que de fato vemos é uma quantidade de objetos aproximadamente percebidos ou visualizados. Por outro lado, quando procuramos descobrir a aparência "real" das coisas, interrompemos o que estamos fazendo para buscar um objetivo especial. Embarcamos numa indagação e surpreendemo-nos a olhar mais precisamente, a focalizar nossa atenção, a considerar e a pensar e, de fato, a proceder a um exame. E tal exame pode nos levar, pela análise, à precisão conceptual e científica, ou, pelas imagens, à precisão estética. A primeira leva a um mundo público de conhecimento científico, enquanto a segunda permanece como uma experiência pessoal e individual.

O problema fica bem delineado na atitude de alguns fisiologistas e psicólogos de hoje, que fazem distinção entre "mundo físico" e "mundo perceptual". O primeiro é um mundo comum cientificamente estabelecido pela prova e pela dedução e de comum acordo aceito como a fonte do mundo perceptual.

O mundo da percepção é privativo de cada indivíduo, determinado por todos os fatores de sua própria constituição fisiológica e de sua situação no mundo físico num dado momento. Esse mundo da percepção foi descrito como "representação simbólica do mundo físico".[1] É uma representação e um conjunto de símbolos porque seu conteúdo não é idêntico nem contemporâneo a alguma coisa no mundo físico, mas *corresponde a* ele, cuja verdadeira sede é a própria mente que gera a representação.

Desenhos que buscam a semelhança mais exata possível dos objetos físicos são animados, em princípio, por um objetivo científico; evitam cuidadosamente a visão impressionista, subjetiva e parcial; buscam uma verdade de aparências "normais". Pensemos, por exemplo, num complicado cruzamento de ruas com um trevo duplo, ilhas de trânsito e sinalização iluminada com lâmpadas de várias formas e cores. Em tal lugar tem-se normalmente uma vaga impressão geral das pistas, dos meios-fios, das pilastras e dos postes de concreto, das ilhas, das elevações e das outras formas. Mas uma tentativa de desenho da cena "real" seria uma complicada planta mostrando a disposição precisa das pistas, dos sinais de trânsito etc., tudo devidamente espaçado (e visto, naturalmente, de dada posição no espaço) proporcionalmente às duas posições reais, e com suas formas e cores particulares. Tal desenho ainda é falho, no sentido estrito da palavra, em precisão, porém eliminou o elemento de impressão e evita também qualquer sentimento em relação à cena. É uma reconstrução pictórica baseada em análise. As chamadas representações fiéis são sempre assim, elaboradas até os mínimos detalhes. Examinamos os objetos por todos os ângulos, isolando e inspecionando seus detalhes um a um, selecionando uma pequena área após outra como objeto da concentração de nossa atenção e eliminando os aspectos incidentais. Exame com microscópios, telescópios, raios X e todos os outros instrumentos de análise é como prolongamento natural e lógico desse processo. O desenho do aspecto real da mão é suplementado pelo aspecto de um segmento de pele visto num microscópio ou o da estrutura de um osso no raio X. Uma cópia realista da natureza é uma imagem na qual cada detalhe do objeto recebe atenção

---

[1] Cf. W. Russell Brain, *Mind, Perception and Science*. Oxford, 1951.

isolada, com as medidas espaciais constituindo o único elemento de coordenação das partes. Ilustrações botânicas e anatômicas são exemplos apropriados de desenho analítico. Desenhos e pinturas dessa espécie constituem um tipo de imagística, a que proponho chamar de imagens-cópias científicas. É claro que nenhuma reprodução gráfica pode atingir precisão perfeita; imagem figurativa perfeita não existe. Elas são sempre mais exatas nas proporções das medidas, que são de mais fácil tratamento, do que na cor e na luz. De resto, são realmente apenas aproximações. Semelhanças fotográficas monocrômicas também são baseadas em medidas, razão pela qual muitas vezes se usa esse termo para transmitir um sentido de realismo. Vale a pena notar, no entanto, que as fotografias monocrômicas, a não ser por sua exatidão de medidas e por certos efeitos de luz e sombra, não são realistas. (Eisenstein reconheceu nesse aspecto a potencialidade do filme como uma forma de arte, com o preto e branco constituindo em si uma convenção ou uma formalização.)

Imagens-cópias científicas, que pertencem como ilustrações a contextos de pensamento e de teoria, são dedicadas a "objetos", enquanto imagens estéticas preocupam-se com aparências. Não se pode dizer que as duas sejam completamente separadas uma da outra, o que pode ser verificado pelo tipo de imagem intermediária e que pode funcionar igualmente bem como ilustração científica e imagem estética. Uma pintura perfeitamente figurativa de uma maçã que tenha sido colocada de modo a enfatizar sua "maçã-dade", isto é, seu caráter de representar sua classe (no que reside um processo normalizador preliminar), seria a um só tempo uma imagem-cópia científica, analítica e uma imagem estética de um possível modo de aparência. Creio que também se deva admitir que uma representação exata de qualquer uma das inúmeras "aparências" possíveis de uma maçã, de *per se* ou com outros objetos, e segundo a luz, a cor e a forma visual, tem caráter científico, porém com uma mudança de direção; o objeto da representação não será o objeto comum "maçã", mas as formas da cor e da luz em si mesmas. Em parte ou no todo, obras de arte poderiam facilmente levar à exatidão da ilustração científica, como podemos verificar em muito da arte holandesa e flamenga, nas aquarelas topográficas de Dürer ou no desejo de Leonardo da Vinci de ser fiel a uma visão exata dos objetos como ao menos parte de seu objetivo.[2] O impressionismo, também, desenvolveu-se a partir de um início realista como tentativa de captação de imagens visuais precisas, embora momentâneas, resultantes de fugazes efeitos da luz.

Reconhecer a interpenetração das imagens-cópias científicas e das imagens de arte ajuda-nos a compreender suas divergências por motivo de seu uso e da função que lhes é dada. As primeiras pertencem a um contexto de visão analítica e de verdade científica ou conceptual. As últimas pertencem a um contexto de visão estética ou imaginativa. Ambas são "construções" no sentido de serem ativamente incorporadas aos processos do pensamento, uma com um objetivo conceptual, a outra com um objetivo imaginativo. Outros elementos, porém, entram nesse último contexto, como interesses naturais, desejos, gostos e sentimentos do artista, e todos esses, embora ajudando a criar um contexto estético, tendem a impedir o científico ou o conceptual. E é para eles que agora nos voltamos.

2. A GÊNESE DAS IMAGENS DE ARTE FIGURATIVAS

Se a imagem-cópia científica tenta responder à indagação sobre qual seja a aparência *real* das coisas, o que implica um senso racional do normal e do médio, a imagem estética nos mostra o que elas *parecem*, admitindo-se uma multiplicidade de aparências visuais possíveis. Isso traz consigo a sugestão de certo modo de atenção do qual resulta determinada espécie de contexto para as imagens.

Schopenhauer classificou o estado estético como aquele no qual cessamos de estar envolvidos em ação interessada (a mola acionadora da vida) e nos tornamos contemplativos. Nessas condições, o aspecto das coisas para o qual nossa agitada atividade objetiva nos cegava nos é revelado. Tal ideia, embora supersimplificada sob alguns aspectos, continua a ser uma das pistas mais úteis a respeito da experiência estética, por indicar com clareza o quadro dentro do

---

[2] Cf. H. Read, *Icon and Idea*, cap. V (The Illusion of the Real), para uma ideia do papel desempenhado, em boa parte da pintura renascentista, pelo desejo de conformidade com as leis da ciência.

qual ela ocorre: uma espécie de atividade cessa e outra se inicia. A primeira é vital, física; o pensamento só é nela envolvido na medida em que as faculdades mentais, o uso da inteligência e do conhecimento, etc. colaboram para os objetivos da atividade, como andar, cozinhar, jogar bola, tomar ônibus, ganhar a vida ou o que for, coisas que podemos fazer melhor se nos aplicarmos um pouco. A segunda espécie de atividade é puramente mental.[3]

Nosso hábito comum é, assim, o de tratarmos os objetos de maneira prática, concentrando nossas atenções neles apenas na medida em que convêm aos nossos objetivos. Quando vamos a uma estação tomar um trem, ficamos vagamente conscientes do que nos cerca como um fluxo de sensações em meio ao qual percebemos, de forma um pouco mais estabilizada e concreta, nosso percurso até o trem. Já que desejamos tomá-lo, registramos "nosso trem" e pressupomos que ele é um objeto de muitos aspectos, mas com dois ou três atributos eminentemente importantes para nós naquele momento, como suas faculdades de locomoção, de transportar passageiros e a de ser o trem que desejamos tomar. Seja qual for sua aparência ou, para complicarmos um pouco mais, seja qual for a gama de imagens que ele possa apresentar ao olho desinteressado, é conveniente para nós nesse momento ignorar todas elas e agir a partir do objeto convencional "trem". De outro modo, podemos permitir que as imagens prendam nossa atenção, entrando por conseguinte num transe estético, e perdemos o trem, o que muitas vezes acontece com os artistas. O pressuposto de um objeto que se nos defronta corresponder a um tipo convencional torna possível um sem-número de ações quotidianas enquadradas num sistema de hábitos automáticos que economizam tempo.

Tais hábitos, de que somos imbuídos pelas necessidades práticas, tornam-nos imunes à aparência das coisas. Às vezes, por mero acaso, a natureza fenomenal de certa cena se força sobre nós, como uma paisagem de montanhas e de lagos com o sol brilhando através das nuvens de maneira a dificultar a distinção

---

[3] Para os objetivos de minha argumentação geral, só estou preocupado aqui com as distinções básicas úteis para um ponto de vista moderno. Para discussão da gênese das imagens de arte na história primitiva do homem e a evolução subsequente da arte, ver especialmente H. Read, *Icon and Idea*.

entre água, céu e montanha; os três apresentam-se com forma semelhante um ao outro e só a rememoração de nossa situação geográfica num mundo de senso comum pode persuadir-nos de que, a nossa frente, existe algo mais do que uma composição de raios fugidios em vários tons de cinza. Normalmente, no entanto, se desejamos buscar grande consciência visual de alguma coisa, temos primeiro de nos preparar. Vemos, por exemplo, de forma um tanto vaga, a rua principal de uma cidadezinha pela qual temos de passar para chegar ao nosso destino, e não observamos mais do que exige nosso objetivo. Mas se atentamos para a rua como um conteúdo variado de coisas visíveis, experimentamos um estado de conscientização visual e de concentração que pode tornar-se exclusivo sob vários aspectos e estabelecer certa espécie de todo completo destacado do resto das coisas. Onde anteriormente havia aparências difusas ou pelo menos desapercebidas, sem valor para uma mente atenta, formam-se agora uma coerência e uma significação pictóricas. Não que haja apenas uma significação para a cena. Mentes e sensibilidades diversas ou a mesma mente em diversos estados de espírito ou em graus variados de atenção verão variações do quadro visual, embora a experiência, ainda que modificada, seja reconhecível. As impressões sensoriais foram organizadas em determinada ordem, de modo a podermos dizer: "Que riqueza de vida e de cor!" ou "Como é tranquila a rua, e como são belas e repousantes as casas brancas e baixas e as árvores que se curvam sobre elas sob o céu azul!" ou, com intenções mais requintadas: "Que desenho impressionante de linhas, de massas, de superfícies, de texturas, de cores!". Se, passando além da situação estética, quiséssemos fazer arte e pintar um quadro dessa cena, nós o faríamos de modo a tornar aparente nossa principal impressão ou nosso sentimento, pela seleção de alguns e modificação de outros dos vários elementos visuais da cena. Em outras palavras, construiríamos com tinta a imagem que incorporasse nossa ideia ou nosso sentimento centralizador.[4]

---

[4] Cf. a seguinte passagem de Joyce Cary: "Suspeito que o tema, para mim e para a maioria dos autores, seja na verdade o elemento vital. E que ele seja ativo nos dois extremos do trabalho do escritor, tanto no primeiro germe quanto no desenvolvimento.
Quero dizer que, quando vejo na rua um rosto que sugere um personagem, uma atitude a ser registrada em algum monólogo ou diálogo, posso julgar que foi o mero acaso que colocou tal rosto em minha frente. Mas na verdade alguma preocupação em minha mente,

É isso o que queremos dizer por contextos estéticos, que são contextos de pensamento imaginativo e a base das imagens da arte em seus aspectos figurativos mais simples. Um quadro é uma imagem total dessa espécie, e por imagem total queremos dizer um esquema unificado de imagens no qual todos os elementos da cena são adaptados e assimilados uns aos outros, segundo um objetivo visual predominante. Analiticamente, numa pintura distinguimos sua composição, sua cor, sua luz, sua tonalidade, sua perspectiva, seus motivos, sua composição, etc., mas todos esses elementos se ligam inseparavelmente numa imagística que traz em si uma interpretação visual de uma cena.

Contextos de conscientização imaginativa, que nisso se distinguem de conscientização conceptual ou perceptiva, permitem-nos fazer descobertas visuais a respeito do mundo, e muitos pintores exploraram a natureza nesse sentido. Resolvidos a estudar suas aparências, sentiram sempre que sua pintura descobria aspectos da natureza que não eram de forma alguma uma questão "subjetiva", mas, essencialmente, elementos ali presentes para serem vistos e, uma vez mostrados, prontos a exigir o consentimento dos outros. Constable é um exemplo destacado, pois buscou – por meio da mais atenta observação – qualidades da natureza que não haviam sido retratadas antes, falando de uma "arte de ver a natureza" a ser aprendida pela mais humilde dedicação.[5] Um comentário de Cézanne ilustra como o artista procura situar-se no contato mais íntimo possível com a natureza que o circunda:

---

mais ou menos inconsciente, escolheu aquele rosto na multidão porque ele ilustrava um tema geral, uma ideia geral ou uma ideia-sentimento sobre a natureza do mundo e o dilema humano nesse mundo.

Pois suponho que cada escritor deva ter tal ideia – que canaliza todas as suas impressões. Sem isso ele não poderia retirar qualquer esquema claro do caos dos acontecimentos quotidianos, não encontraria nada de significativo na confusão das coisas e não teria nada o que expressar. De fato, todos devem ter tal ideia, mais ou menos específica e consciente, do que é importante nos acontecimentos e do que não é ou então ninguém poderia emprestar qualquer sentido à sua existência. Só o idiota, no mais absoluto sentido da palavra, o imbecil completo, desconhece todos os valores, não tem qualquer ideia de proporção, nenhum sentido de forma" ("Theme and Impression", *The Author*, v. LXIV, p. 85). Cf. também as citações de Matisse sobre esse princípio de composição e da maneira de pintar dadas por H. Read, *The Meaning of Art*. Pelican, p. 186-88.

[5] Cf. H. Read, *The Meaning of Art*. Pelican, p. 131-32.

> E, assim, fui obrigado a desistir de meu projeto de refazer todo Poussin diretamente da natureza e não construído pedaço por pedaço a partir de notas, de desenhos e de fragmentos de estudos; em poucas palavras, de pintar um Poussin vivo, ao ar livre, com cor e luz, em vez de uma dessas obras imaginadas num estúdio, onde tudo tem a coloração marrom de uma fraca luz do dia, sem reflexos do céu e do sol.[6]

Em vez de uma dessas obras imaginadas num estúdio — Cézanne coloca aqui a imaginação em contato direto com a cor e a luz para que sua pintura, por sua vez, possa refletir essa intimidade. Ele vê e, depois, pinta.

Como dissemos anteriormente, no entanto, em relação à cena de rua, diferentes aspectos de um panorama podem ser focalizados e não se pode tê-los todos de uma só vez, mas sucessivamente. É preciso que se escolha o significado visual em que se está mais interessado no momento ou o que mais impressiona ou aquele a que se reage mais emocionalmente e que, portanto, se deseja fixar. De modo que, embora a experiência estética produza uma "descoberta", no sentido antes examinado, constituirá sempre uma imagem seletiva tirada de todas as possíveis imagens da cena. Quando Constable procurava representar alguma coisa na natureza que ainda não fora descoberta, supõe-se que fosse necessário para ele ressaltar aquilo em detrimento do que já se sabia; de forma que sua descoberta não terá sido a da "realidade" em termos absolutos, mas a de um novo aspecto da realidade apresentado como imagem. Não se trata de alguma imagem de capricho, fabricada apenas por sua imaginação e sem correspondência com alguma coisa que outras pessoas pudessem sentir, mas nem por isso deixa de ser uma imagem que constitui uma interpretação seletiva. Assim, podemos dizer que o aspecto representacional da arte mostra uma descoberta gradativa da verdade visual em toda a sua variedade, em oposição à percepção habitual, prática e aos processos mecânicos que determinam a proeminência de alguns aspectos em detrimento de outros em nossa experiência normal de percepção.

Quando a imaginação interpreta o mundo exterior pela forma acima sugerida, devemos admitir a existência, nesse processo, de um fator de construção,

---
[6] Robert Goldwater (ed.), *Artists on Art*. Londres, 1947, p. 363.

já que seleção ou ênfase são processos construtivos. Como dissemos antes, o próprio interesse, elemento pré-racional, como o interesse de Constable pela paisagem, constitui uma orientação inicial do processo imaginativo. Mas o fator construtivo é importante em relação à composição e à unidade de efeito por ela alcançada, pois a unidade da imagem de arte é construtiva, em contraste com a desunidade analítica da imagem-cópia científica. Nesta última, os únicos aspectos unificados são os contornos ou as formas simples dos objetos naturais, ou suas partes constituintes, tomados separadamente. Existe coordenação matemática, sem dúvida, mas fora isso tais imagens servem uma unidade que não está dentro, mas fora delas, ou seja, a unidade conceptual implícita da teoria científica. Na imagem de arte a unidade deriva do enfoque de um significado em termos visuais (evito complicações a esta altura) e do consequente caráter centrípeto de todos os elementos da composição.

Até este ponto, tentamos compreender a qualidade ou a função representacional das imagens pela simples razão de que a arte muitas vezes inclui retratação como parte de seus objetivos. Já mencionamos, entretanto, que vários motivos, a maior parte deles mais passionais do que racionais ou científicos, influenciam a produção da arte, de forma que, raramente ou nunca, a "representação pura" é seu único objetivo. O artista pinta uma paisagem, mas também expressa seus sentimentos. Interpretação visual, que associamos ao tipo estético de imagística, é em si profundamente influenciada pelos sentimentos, que nos falam com grande eloquência pelas imagens da arte. A pintura do artista nos mostra a natureza tal como foi vista por ele, à sua maneira, e para cuja realização seus sentimentos e seu temperamento contribuíram mais ou menos. O que um pintor pinta ou um poeta escreve, os temas que escolhe, as ideias que tem, são guiados tanto pelo estímulo imediato – certo tema ou certa cena – quanto por todos os seus hábitos mentais e emocionais, que determinam a direção de seus interesses. Todo mundo está à mercê desse poder pré-intelectual e pré-moral, cuja influência se estende pela própria maneira de conceber e de tratar os problemas que estamos sempre a ter de enfrentar conscientemente. Há um significado não figurativo e subjetivo em todo quadro ou poema, nem que seja apenas pela simples razão de reunir *esse* conteúdo, *esse* tema, *essas* situações, quando poderiam ter sido escolhidos tantos outros; e isso aplica-se ao quadro mais propositadamente "objetivo" jamais pintado. Rafael escolhe um tema, Rembrandt outro, segundo a compulsão de seus interesses.

A verdade é que representação e sentimento expressivo se interpenetram constantemente, sendo um erro desejar delimitar os objetivos da arte quando ela efetivamente nos mostra o mundo exterior, a um ou a outro. Do problema da completa "distorção" das formas naturais, e da abstração a ela relacionada, trataremos mais tarde. Consideramos aqui o elemento da representação deliberada e seu lugar na arte e desejamos (em oposição a uma forte tendência contemporânea de menosprezar sua importância em favor de teorias extremadas de simbolismo e expressionismo) defender seus direitos, mas em bases estéticas adequadas. Segundo essas, a melhor maneira de apresentar o assunto é dizermos que na arte o figurativo inclui a expressão, como na natureza da visão individual; e, por sua vez, a expressão pode incluir o figurativo, já que alguns de nossos sentimentos são uma reação direta ao mundo visual. A fusão desses dois elementos toma inúmeras formas, como podemos observar nas paisagens de artistas tão diversos quanto Constable, Ruysdael, Turner, Corot e os impressionistas. Todos os termos definidores da crítica de arte refletem esse processo, como podemos ver quando, em relação à pintura paisagística, encontramos margem para uso de rótulos, como idealista, neoplatônico, literário, piedoso, heroico, dramático, sentimental, arcádico, sereno, nostálgico e assim por diante. Essa linguagem da crítica, indicando a um tempo natureza e tratamento, impressão com reação, realidade e sentimento inerente, está à altura da grande variedade de tom emocional com que o mundo exterior pode ser representado. *Landscape into Art*, de Sir Kenneth Clark, é uma análise brilhantemente sustentada dos caminhos do figurativo e do expressivo na retratação da natureza. Mas, em tudo isso, o essencial é que o interesse não resida ingenuamente na cena natural, tampouco apenas nos sentimentos, com a cena reduzida a mero agente estimulante, mas simultaneamente em ambos, isto é, na reação emocional e na cena que a provoca. Um exemplo de processo estético semelhante é encontrado em Wordsworth, no qual significados humanos e emocionais nascem de lagos, de cascatas, de rochas, de flores, de pássaros e de animais da natureza do autor, mas que só são reais enquanto a própria natureza for real. São inseparavelmente ligados à *presença* da natureza.

O limite da arte figurativa é atingido quando a imagística perde toda significação literal possível e torna-se puramente "simbólica" ou abstratamente "expressiva". Exemplos óbvios são as paisagens alegóricas ou de sonho, como as de Bosch ou as dos surrealistas. Outro, menos óbvio, seria Claude, cujas paisagens muitas vezes apresentam uma cena admissivelmente possível na natureza, porém com seus elementos tão selecionados e compostos, e geralmente relacionados, numa recessão serena, a uma distante amplidão de luz, que se tornam saturadas de uma nostálgica aspiração ao Paraíso ou a algum mundo de beatífica ausência de culpas. A cena natural, esvaziada de sua significação — quer de representação, quer de natureza — tende a transformar-se apenas em veículo de sentimento ou, ao menos, de uma idealização nascida do sentimento.

Com isso, completamos nosso levantamento das possibilidades de imagens "figurativas". Num extremo da balança, teremos as imagens-cópias científicas, perto das quais encontraremos uma imagem estética simples de função figurativa, isto é, uma imagem fielmente descritiva. Depois disso, observamos toda uma gama de imagens — as mais costumeiras na arte figurativa — nas quais a função expressiva coexiste com o figurativo. E finalmente, no outro extremo, vemos imagens perdendo seu significado natural e funcionando como símbolos dentro de um esquema alegórico ou emocionalmente expressivo.

3. AMBIVALÊNCIA DA IMAGEM DE ARTE EM RELAÇÃO À REALIDADE

Adotamos o ponto de vista de que uma situação estética se inicia quando a mente interrompe o fluxo de sensações e de impressões e fixa uma seleção dele; o olho deixa de ficar em contato receptivo com esse fluxo do mundo visível e é absorvido por um esquema estabilizado de visão-pensamento. Nessa altura, "realidade" — o mundo físico — deixa, estritamente falando, de ser relevante, a não ser como fonte implícita da construção imaginativa, embora esta última seja, como dissemos, uma interpretação daquela realidade. O sintoma disso na obra de arte terminada é que sua imagística exerce influência compulsiva sobre o espectador. Diante da natureza cada um tem a liberdade de fazer sua própria seleção de aspectos, de compor seu próprio quadro, por assim dizer, e de substituí-lo por outro no momento imediato e por outro logo a seguir. Mas a obra de arte guia os olhos do espectador pelos complexos caminhos de sua própria imagística; o artista escolheu as imagens e distribuiu os valores e não se pode escapar deles. Por isso, quem olha tem de ver as imagens do artista o mais exatamente possível; a tela, o texto são sagrados. Nosso modo de olhar quadros difere, portanto, do de olhar a natureza. Por um processo que é em parte consciente e em parte inconsciente, o artista seleciona suas imagens e constrói sua própria visão. Quem olha tem de render-se ao artista e construir para si a precisa imagística do quadro que lhe foi dado. O artista não copia a natureza, mas quem olha um quadro de certo modo "copia" a obra do artista com seus próprios olhos. Esse olhar sem preconceitos é a base da apreciação e da crítica, as quais, sem isso, são arbitrárias.

É conveniente relembrar, a este ponto, a observação antes feita sobre a necessidade do mundo de realismo ingênuo como ponto de referência. Pois só tomamos consciência da natureza particular da imaginação e de seus produtos por conhecermos outras espécies de experiências, de pensamentos e de conscientizações. Só reconhecemos uma estrutura imaginativa de pensamento por contraste com outras espécies. Percebemos a aproximação ou o distanciamento da "realidade" numa pintura pela rememoração de outras espécies de contato com a realidade. Por exemplo, comparamos representações da figura humana com nosso próprio conhecimento perceptivo e científico dela. Nesse sentido, muitos pintores têm sido criticados por não conhecerem sua "anatomia". Esse conhecimento científico e perceptivo constitui uma referência *constante*. Enfim, existe quase sempre implícita na arte uma referência (que serve para estabelecer semelhanças e contrastes) ao mundo perceptivo do senso comum, referência essa que consequentemente é um dos componentes da experiência imaginativa. Quando olhamos um quadro, por exemplo, ou assistimos a uma peça, num momento ou noutro sempre percebemos que abandonamos o mundo quotidiano, da mesma forma que sabemos imediatamente quando saímos desse nosso transe temporário. Em outras palavras, os que se sentem atônitos diante da arte o fazem porque não conseguem encontrar nela o mundo ingênuo do realismo, o único que conhecem, enquanto aqueles que gostam de arte o fazem precisamente porque nela o mundo parece diferente e novo.[7]

4. REPRESENTAÇÃO, REALISMO E ARTE DEFEITUOSA

Um problema associado à questão da representação é a do "realismo" na arte. Partindo da imagística, ficamos em posição de lidar com esse problema de maneira sensata. Toda arte figurativa tem, obviamente, de ser realista até certo ponto, mas, como existem mil formas de realismo, essa expressão não pode ter nenhum valor na crítica a não ser como um termo relativo. E na verdade foi como ela começou sua carreira por volta de 1830, e o aspecto histórico nos auxilia no esclarecimento de seu uso. Àquele tempo, muitos artistas e literatos, saturados do romantismo, tinham começado a descobrir um novo interesse no que poderia ser chamado de mundo "real" em contraste com o mundo romântico da nostalgia, da fantasia, dos sonhos, dos contos de fadas, do lirismo subjetivo e de várias formas de transcendentalismo. "Realismo" era uma palavra útil para indicar corrente contrária e, claro, muitas vezes ela adquire o sentido de confrontação com uma realidade *desagradável*, em oposição aos sonhos agradáveis e ao escapismo. Hoje em dia, queixamo-nos de que o termo é por demais geral, mas nesse contexto histórico ele tem ao menos uma significação suficientemente particularizada.

Estilo figurativo não deve ser confundido com arte de má qualidade ou com aquela que corteja o gosto popular. A média dos retratos convencionais, por exemplo, agrada às pessoas incultas por ser "muito parecido", o que

---

[7] As mudanças que a física do século XX trouxe à nossa concepção da matéria tornam necessário que a ciência também use o mundo do senso comum como ponto de referência. Não é questão de voltar à "realidade", mas de manter uma relação entre espécies de conhecimento e espécies de experiência.

geralmente quer dizer que só foram reproduzidos (e de maneira óbvia) os traços naturalmente mais proeminentes (cabelos brancos, nariz carnudo, face rosada, lábios grossos, etc.). Isso desagrada os de gosto cultivado por sua falta de interesse artístico ou de estilo. A sensação de desagrado, no entanto, não nasce de ser o retrato muito "figurativo" ou "realista"; afinal de contas, um retrato que elimina o modelo deixa de sê-lo, e muitos retratos feitos por grandes pintores foram muito fiéis no sentido de serem "muito parecidos". O retrato convencional não satisfaz porque é pobre na concepção ou de má qualidade na execução. Dada sua intenção de retratar, ele na verdade é um desenho científico, uma imagem-cópia do tipo mencionado anteriormente; e mesmo retratos artisticamente bons têm aspectos desse tipo de imagem.[8] A acusação de pobreza ou de preguiça na concepção pode ser feita quando o retrato permanece aquém desse objetivo essencial e não chega a ser suficientemente exato. O fracasso pode ser da observação sensorial, ou da acuidade psicológica, ou da incompetência técnica de se fazer justiça a eles. No bom retrato, por outro lado, o pintor dispõe de uma técnica figurativa tão precisa e delicada que chega a igualar em tom e cor as requintadas formas da natureza (como na arte dos Van Eycks), e portanto, como a própria natureza, sugere a alma nas formas, tornando-se humanamente interessante, ou, tendo força psicológica, configura uma interpretação do caráter por meios sensoriais adequados. Isso, claro, implica seleção e ênfase de alguns aspectos em detrimento de outros. Pode implicar também modificação – ou "distorção" – das imagens naturais, de modo a trazer à superfície o que fica oculto ao olhar de relance. E naturalmente, tão logo aparece a "interpretação de caráter", ficam em jogo o temperamento e os interesses do próprio artista, inclusive a motivação idealizadora (como em Ticiano), o que resulta no aparecimento de um elemento de autoexpressão na criação do retrato. Mas isso só nos mostra como o retrato obedece às mesmas leis de toda arte figurativa.[9]

---

[8] Cf. o que é dito no cap. X a respeito do realismo psicológico no drama renascentista.

[9] Esses comentários são gerais. Recomendamos ao leitor a sutil análise da arte do autorretrato em H. Read, *Icon and Idea*, p. 113 ss.

5. REPRESENTAÇÃO NA ARTE LITERÁRIA

Definido o problema da imagem figurativa onde ela é mais patente, isto é, nas artes gráficas, voltemo-nos agora à arte literária e, depois, ao drama. Na arte literária o problema é consideravelmente modificado por duas coisas. Em primeiro lugar, o processo de representação é uma evocação; só vemos as coisas por meio das palavras. A descrição de uma pessoa ou de uma cena num poema ou num romance trabalha com as imagens que podem ser configuradas pela imaginação, e embora possam por vezes ser muito vívidas e fiéis, elas o são de forma diversa das imagens visuais das artes pictóricas. Em segundo lugar, o escritor não representa diretamente de modelos tão frequentemente quanto o faz o pintor, a não ser em relação a locais usados como ambientação de suas histórias. Ele faz uso fragmentário de modelos reais, construindo uma ficção que constitui um retrato generalizado da vida. Mas a representação, no sentido da descrição evocativa, é sem dúvida o seu objetivo, e os princípios que o governam são os mesmos que os das artes pictóricas, embora os detalhes possam variar.

Quando falamos de representação em obras literárias queremos dizer alguma coisa mais do que a simples transmissão de informação. O contador de histórias, sejam elas em prosa ou em verso, evoca o ambiente de suas cenas, sugere a aparência de seus personagens e os locais, as casas e as salas em que vivem e trabalham, gastando toda a sua arte para tornar tudo isso vívido à imaginação sensorial. Acima de tudo, faz seus personagens "viverem", como costumamos dizer, indicando que dá corpo à própria matéria da vida, fazendo-nos aceitar sua ficção em pé de igualdade com uma história real. É claro que o significado de "representação" vai além dos aspectos visuais das pessoas e de suas vidas e, na verdade, a maior parte dos bons romancistas evita muita descrição propriamente dita, que retarda a narrativa; satisfazem-se com um leve invólucro de vida visual dentro do qual retratam mais poderosamente a sequência de acontecimentos e de diálogo.

Toda a complexidade da arte literária figurativa escapa, obviamente, ao âmbito deste capítulo. Para o objetivo que temos em vista, basta que mencionemos uma ou duas das espécies mais simples de descrição das quais as imagens participam.

Tão válida na literatura e nas artes visuais é a regra de que as representações são sempre constituídas por imagens que encarnam uma interpretação. Seu objetivo não é o de colocar diante de nós objetos reais sem total exatidão, mas o de apresentar uma imagística selecionada fiel àqueles *aspectos* do assunto de que o artista necessita para seus objetivos imediatos. As possibilidades são, naturalmente, ilimitadas. Cada autor, poeta, romancista, ensaísta, historiador tem seus próprios métodos. Porém, dois trechos, um em prosa e outro em verso, indicarão aspectos importantes do problema. Primeiro uma passagem em prosa de *The Ladybird* [A Joaninha], de D. H. Lawrence:

> Moça alta, bem proporcionada, ela tinha a bela estatura de seu pai. Seus ombros ainda eram retos. Mas que magra era sua alva garganta! Usava um vestido preto simples pespontado com lã corrida em torno da gola, e seguro por um largo cinto colorido: fora isso, nenhum ornamento. E seu rosto era lindo, claro, de compleição suave, exótica e branca, com faces delicadamente rosadas. Seu cabelo era macio e pesado, de um belo dourado pálido, louro-cinza. Seu cabelo e sua compleição eram tão perfeitamente cuidados que eram quase artificiais, como uma flor de estufa.
>
> Mas, infelizmente, sua beleza era um fracasso. Ameaçada de tuberculose, era magra demais. Seus olhos eram sua parte mais triste. Tinham contornos ligeiramente avermelhados, gastos pelos nervos, com pálpebras pesadas e cheias de veias como se não quisessem permanecer abertas. Os olhos em si eram grandes e de um lindo tom verde-azulado. Mas eram opacos, lânguidos, quase gláucicos.

As descrições de pessoas, de lugares, de animais e de objetos por Lawrence testemunham seu intenso interesse nos aspectos visuais das coisas. Essa passagem não é por certo apenas uma vaga evocação ou mera indicação adequada da aparência de um de seus personagens. Ela descreve com insistência; convida o leitor a visualizar ou, em vez disso, compele-o a fazê-lo e amontoa detalhe sobre detalhe. Mas eles são organizados por uma ideia central, pela sensação melancólica de que a moça que devia ser bonita não o era, com o fracasso sendo revelado e indicado por meio de todas as contradições dos detalhes.

Passagem em verso ilustra uma característica muito diferente, porém muito marcante da narração descritiva, isto é, aquela na qual uma impressão dominante é transmitida com grande sentido de clareza e impacto sensorial pelo uso de muitas imagens que em si podem ser inteiramente indefinidas. *The Eve of St. Agnes* [A Véspera de Santa Inês], por exemplo, começa assim:

> *St. Agnes' Eve – Ah, bitter chill it was!*
> *The owl, for all his feathers, was a-cold;*
> *The hare limp'd trembling through the frozen grass,*
> *And silent was the flock in woolly fold:*
> *Numb were the Beadsman's fingers, while he told*
> *His rosary, and while his frosted breath,*
> *Like pious incense from a censer old,*
> *Seem'd taking flight for heaven, without a death,*
> *Past the sweet Virgin's picture, while his prayer he saith.*

> [Véspera de Santa Inês! – Ah, estava um frio amargo!
> A coruja, apesar de todas as suas penas, estava com frio;
> A lebre manquejava trêmula pela grama congelada,
> E o rebanho estava silencioso, num novelo de lã:
> Dormentes estavam os dedos do Homem das Contas enquanto dizia
> Seu rosário, enquanto seu hálito congelado
> Como piedoso incenso vindo de antigo turíbulo
> Parecia alçar voo para o céu, sem morte,
> Passando pelo retrato da doce Virgem, enquanto ele dizia sua prece.]

O poeta, por meio de referências a fragmentos de uma cena, evoca a imagem de uma fria noite de inverno, e cada referência a coisas específicas é tão geral quanto a imagem total é completa, vívida, precisa e particular. Qual o aspecto da coruja? Não sabemos; é *uma* coruja, qualquer coruja. A lebre manqueja, trêmula, pela grama; mas existem muitas maneiras de até mesmo uma lebre manquejar pela grama. Os dedos que seguram o rosário estão dormentes, mas a não ser por estarem dormentes de frio, qual é sua conformação física? Seriam gordos ou magros, enrugados ou lisos, sujos ou limpos? O doce retrato da Virgem é igualmente geral; cada um de nós pode completá-lo com algum que conhece ou mesmo com algum imaginado momentaneamente. Mas de todos esses objetos mencionados de forma tão pouco particularizada e à qual cada um de nós reagirá com imagens captadas em nossas próprias lembranças, com maior ou menor vivacidade, nasce alguma coisa muito específica, uma impressão ou ideia vívida e unificada de uma fria véspera de Santa Inês que o poeta nos descreveu e sobre a qual todos concordamos à base de sua representação. Esse é o tipo de descrição que provoca, nos primeiros estágios do adestramento da apreciação, a exclamação: o poeta nos faz *sentir* frio! – embora se ele realmente o fizesse é possível que ficássemos menos satisfeitos.

Esse intercâmbio entre generalização e precisão no uso das imagens é um dos aspectos mais fundamentais da arte literária. Sem ele, fracassam as descrições de pessoas ou de cenas. Basta pensar na frase de Wordsworth, "hoste de dourados narcisos", na qual a precisão da imagem não nasce da adição de três palavras ou de imagens separadas, mas da relação contextual entre elas. Uma passagem de Giraudoux ilustra a questão. Em *Fin de Siegfried* [Fim de Siegfried] ele descreve um homem como "alto, magro, triste" e acresce: "Essas vagas palavras fazem dele um retrato tão preciso que tu o reconhecerás entre mil". É verdade; as três palavras são separadamente vagas, mas em conjunto impõem uma imagem vívida. Quando bem-sucedidas, as passagens descritivas nunca buscam o acúmulo de detalhes com o mesmo índice de qualidade visual, mas a produção de uma impressão visual cuja unidade e precisão residem nas relações criadas por uma ideia orientadora.

Descrição literária depende integralmente de nosso conhecimento e de nossa experiência prévias das coisas da natureza para alcançar uma realidade visual ou de qualquer outra forma sensorial. Ela depende implicitamente de referências à nossa memória de experiências sensoriais, tornando-se inócuas em sua ausência.[10] Sei, por exemplo, qual é o aspecto de safiras, brilhantes e rubis, que, quando mencionados, a imagem adequada me vem à mente. Mas fico bem

---

[10] Cf. Bertrand Russell: "A sensação, a percepção e a memória são essencialmente experiências pré-verbais" (*Human Knowledge*, p. 144).

menos seguro em relação ao ônix ou à ágata. A essas palavras reajo com um pensamento, não com uma imagem, o pensamento de "pedras preciosas"; ou, na melhor das hipóteses, tenho uma imagem hesitante, fluida e um tanto falsa de gemas coloridas que provavelmente não passam de pura invenção. Por outro lado, somos capazes de conceber imagens – de flores exóticas desconhecidas, por exemplo – às quais não conseguimos nomear.

Nossa dependência da memória sensorial traz consigo obstáculos de maior ou menor monta à nossa compreensão da narrativa escrita. Muitas narrações que ocorrem em romances, histórias, biografias e livros de viagens não se preocupam com o tipo de cena encontrado no exemplo de Keats, mas buscam uma fidelidade mais exata aos detalhes reais de um panorama local ou da aparência de uma pessoa. Quanto mais se busca esse tipo de fidelidade, mais se depende de uma experiência prévia do leitor com aspectos locais semelhantes. Exemplos simples são as descrição de cenas passadas em países estrangeiros em épocas remotas. O que significa uma "diligência" para quem só viu automóveis na vida? Ou um samovar para um francês que só toma café? Ou uma vasta e misteriosa *"Wald"* [floresta] alemã para um inglês que só passeou por *"woods"* [bosques]? Pensemos na patética ignorância de crianças de favelas em grandes cidades que, nunca tendo visto uma árvore na vida, não sabem o que a palavra significa. Em geral, a tentativa de transmitir por palavras uma imagem sensorial de cenas ou objetos desconhecidos é condenada ao fracasso. O máximo que o escritor pode fazer é transmitir uma "ideia" de seu assunto por um hábil uso de analogias que caiam dentro do campo de experiência prévia do leitor.

Tal procedimento é largamente explorado por jornalistas e comentaristas radiofônicos mesmo para descrições de coisas familiares, pela simples razão de garantir a obtenção imediata de uma imagem vívida, desde que a referência seja conhecida. Qualquer personalidade pública conhecida, por exemplo, serve muito bem para esse tipo de truque descritivo. Dizer que alguém tem "cara de Churchill" ou "andar de Carlitos", o que constitui retratação analógica de extrema rapidez, significa que o escritor depende não de uma linguagem comum, mas de uma imagem-referência comum. O preço que tal método paga por sua eficácia momentânea é o da rápida mortalidade, já que, tão logo determinado conjunto de referências em uso seja substituído por outro, mais ligado ao novo momento, as pessoas param de compreender a intenção da analogia.

Outra ilustração do mesmo princípio, mas por outro ponto de vista, é encontrada na experiência comum de lermos uma descrição verbal da aparência de uma pessoa anexada a um retrato, como muitas vezes acontece em obras biográficas ou históricas. À medida que vamos verificando o que nos dizem as palavras segundo o que vemos na reprodução do retrato, sentimos que os termos usados são justos e perspicazes. Mas o que visualizaríamos se só tivéssemos as palavras?

Em vista dessas dificuldades, temos de aceitar a existência de enorme variação de vivacidade (ou de compreensão visual) em termos de descrição. Nos casos mais bem-sucedidos, encontramos alto grau de realização sensorial; nos piores, o que nos fica é apenas um esquema de informação ou de conhecimento não concretizado. É claro que no último caso "compreendemos" até certo ponto o que o autor quis dizer, mas a significação estética fica inteiramente prejudicada.

Não é fácil julgar o valor das descrições em geral, já que entram em jogo tantos valores e tantas complicações. Mas, sem dúvida, temos de estabelecer alguma distinção entre a descrição que só é satisfatória porque evoca pessoas ou lugares que já conhecemos (por exemplo, uma descrição do bairro onde vivemos ou de nossa cidade) e a que coloca diante de nossa imaginação o cenário fictício de uma história. Essa última espécie tem de ser uma criação da imaginação. A primeira pode ser apenas um lembrete eficiente, mas também pode ser uma criação se concebida com a mesma intensidade pelo leitor que não conhece o local descrito. De modo geral, podemos dizer que será mais vívida e terá o estilo poético mais poderoso aquela passagem na qual – como na de Keats – uma nítida impressão dominante for alcançada por meio de imagens que, tomadas em separado, podem ser de natureza geral, mas que se combinam para alcançar um significado uno. Nesse processo, o poeta coloca a própria imaginação do leitor a seu serviço, permitindo-lhe liberdade de criação de detalhes, porém guiando-a inexoravelmente na direção de sua ideia principal, de sua imagem dominante.

O fator da ideia dominante, como notou Coleridge, é da maior importância, deixando-nos bem claro que a intenção figurativa na arte literária obedece a uma lei semelhante à que rege as artes visuais, apesar das peculiaridades da linguagem já mencionadas. Pois também nesse caso a representação não constitui uma imagem-cópia, mas uma seleção e uma transposição de imagens que atinge uma visão ou uma interpretação particular do mundo exterior ou de um mundo a ele semelhante. A precisão cumulativa de todos os detalhes possíveis de determinada cena ou de determinado objeto real é abandonada em favor de uma seleção orientada, cujo resultado é uma imagística vívida que transmite um sentido mais convincente de realidade em aspectos escolhidos.

Como nas artes visuais, entretanto, são muito raras as descrições muito simples. As imagens geralmente são incorporadas a um contexto no qual funcionam não só pictoricamente mas também como expressões de sentimento. Um bom exemplo desse processo mais complexo, no qual é mantida essa dualidade de funções, é o poema CXV do *In Memoriam*, de Tennyson, sobre a volta da primavera:

> *Now fades the last long streak of snow,*
>   *Now burgeons every maze of quick*
>   *About the flowering squares, and thick*
> *By ashen roots the violets blow.*
>
> *Now rings the woodland loud and long,*
>   *The distance takes a lovelier hue,*
>   *And drown'd in yonder living blue*
> *The lark becomes a sightless song.*
>
> *Now dance the lights on lawn and lea,*
>   *The flocks are whiter down the vale,*
>   *And milkier every milky sail*
> *On winding stream or distant sea;*
>
> *Where now the seamew pipes, or dives*
>   *In yonder greening gleam, and fly*
>   *The happy birds, that change their sky*
> *To build and brood, that live their lives*
>
> *From land to land; and in my breast*
>   *Spring wakens too, and my regret*
>   *Becomes an April violet,*
> *And buds and blossoms like the rest.*

[Ora desaparece a última longa estria de neve,
    Ora brota toda a trama fértil
    Em torno aos quadrados florescentes, e em massa
Junto às raízes pálidas balançam as violetas.

Ora soa o bosque com sons altos e longos
    A distância toma tonalidades mais belas,
    E afogada naquele vivo azul distante
A cotovia torna-se uma canção cega.

Ora dançam as luzes nos gramados e nos campos,
    Os rebanhos são mais brancos no vale,
    E mais leitosa cada leitosa vela
Em serpenteante corrente ou mar distante;

Onde ora grita a gaivota, ou mergulha
    Naquele brilho verdejante, e voam
    Os felizes pássaros, que mudam seu céu
Para construir e procriar, que vivem suas vidas

De terra em terra; e em meu peito
    Também acorda a primavera, e meu lamento
    Torna-se uma violeta de abril,
E brota e floresce como o resto.]

Para expressar o término da dormência da dor e o renascimento da vida, o poeta integra-se no ciclo da natureza e retrata a chegada da primavera pela evocação de alguns de seus aspectos característicos, como o degelo da terra, as primeiras flores em locais protegidos, o despertar das aves, a volta da luz e a recuperação das cores brilhantes. A bela sensualidade do quadro vive com o pulsar da vida e da alegria renascentes, de forma que, se o quadro conduz ao sentimento – "em meu peito também acorda a primavera" –, esse já havia sido provocado pelo quadro.

Dando mais um passo adiante, podemos tirar do drama uma ilustração de outro tipo de relação entre a imagem descritiva de um poeta e a realidade da natureza ou das pessoas, relação sempre dependente de um contexto e da refração das imagens segundo seu funcionamento dentro dele. Descrições no diálogo dramático mostram uma dupla relação funcional entre realidade e imagem, primeiro na própria descrição e segundo na função simultânea da descrição na economia dramática. Vejamos, por exemplo, a famosa descrição de Cleópatra em sua galera no Ato II, cena 2, de *Antônio e Cleópatra*:

The barge she sat in, like a burnish'd throne,
Burn'd on the water. The poop was beaten gold;
Purple the sails, and so perfumed that
The winds were love-sick with them; the oars were silver,
Which to the tune of flutes kept stroke, and made
The water which they beat to follow faster,
As amorous of their strokes. For her own person,
It beggar'd all description. She did lie
In her pavilion, cloth-of-gold, of tissue,
O'erpicturing that Venus where we see
The fancy out-work nature. On each side her
Stood pretty dimpled boys, like smiling Cupids,
With divers-colour'd fans, whose wind did seem
To glow the delicate cheeks which they did cool,
And what they undid did.

Agr.   *O rare for Antony!*

Eno. *Her gentlewomen, like the Nereides,*
So many mermaids, tended her i' th' eyes,
And made their bends adornings. At the helm
A seeming mermaid steers. The silken tackle
Swell with the touches of those flower-soft hands,
That yarely frame the office. From the barge
A strange invisible perfume hits the sense
Of the adjacent wharfs. The city cast
Her people out upon her; and Antony,
Enthrone'd i' th' market-place, did sit alone,
Whistling to th'air; which, but for vacancy,
Had gone to gaze on Cleopatra too,
And made a gap in nature.

Agr.   *Rare Egyptian!*

[A galera em que se sentava, como trono brunido,
Queimava na água. A popa era ouro batido;
Púrpuras as velas, e tão perfumadas
Que os ventos estavam doentes de amor por elas; os remos eram prata

Que ao som de flautas mantinham as remadas, e faziam
A água que batiam para seguir mais rápida,
Amorosa de seus golpes. Quanto à sua própria pessoa,
Tornava mendiga qualquer descrição.
Estava deitada em seu pavilhão de tecido de ouro,
Retratando aquela Vênus onde vemos a fantasia superar o trabalho da natureza. A cada lado dela

estavam meninos bonitinhos, de covinhas, como cupidos sorridentes,
Com leques de várias cores, cujo vento parecia
Afoguear as delicadas faces que refrescavam,
E fazer o que desfaziam

Agr.   Que raro para Antônio!

Eno. Suas damas de companhia, como as Nereidas,
Quais sereias, cuidavam-na bem à vista,
E tornavam adornos suas reverências. Ao leme
Uma bela sereia navegava. O velame sedoso
Enfunava-se ao toque dessas mãos suaves como flores,
Que tão habilmente desempenham seu ofício. Da galera
Um estranho e invisível perfume atinge o sentido
Das margens adjacentes. A cidade atirara
Seu povo sobre ela; e Antônio,
Entronizado na praça do mercado, ficou sentado sozinho,
Assobiando para o ar; o qual, a não ser pelo vácuo,
Teria ido também admirar Cleópatra,
Deixando um buraco na Natureza.

Agr.   Rara Egípcia!]

Essa passagem, aberta com a promessa "Vou contar-lhe", tem a firme intenção de descrever; Enobarbo propõe-se transmitir a rara e irresistível impressão que Cleópatra causou a Antônio quando este a viu pela primeira vez, e suas palavras acendem a imaginação com a vívida sensação da presença de Cleópatra, de sua força e de seu esplendor como mulher e como rainha. A passagem, parece-me, invoca um quadro, no sentido visual, mas sua qualidade sensorial não se limita a isso. Observamos novamente que, como em Keats, ela é formada de fragmentos de evocação, de sugestões de natureza bastante geral, que acabam por criar uma única impressão sensorial de grande impacto. Trata-se de uma "imagem" não só em virtude de uma certa parcela de conteúdo *visual*, mas porque uma ideia central, o "efeito" dominante de esplendor exótico e erótico, propaga-se por meio de uma complexa evocação sensorial; pois não só cada um dos sentidos, visão, olfato, audição e tato, é provocado por seu turno, mas através do todo perpassa um apelo a fortes emoções sensuais de várias naturezas.

A passagem ilustra bem a complexidade da natureza da imagem da descrição verbal, ambiguamente pousada entre uma ideia construída e a ilusão das realidades sensoriais. Nem como a criação de Enobarbo na peça, nem de Shakespeare, representa ela uma realidade visual, isto é, Cleópatra em sua galera, situada no tempo e no espaço. Os que realmente testemunharam a cena viram coisa muito diferente, ou parcialmente diferente, pois cada um formou seu quadro, sua variante particular. Podemos supor que Cleópatra estaria presente nelas todas, mas os relatos e as opiniões a seu respeito variariam necessariamente. Essa imagem particular é a de Enobarbo e, além disso, é de Shakespeare, posta na boca de Enobarbo em determinado momento da peça para servir de modo muito preciso ao objetivo total da ação. Em resumo, ela é parte integrante de uma interpretação trágica da vida na qual um dos fatores é essa aparição de Cleópatra e sua descrição por um dos personagens da obra a outros.

O exemplo ilustra, tanto em si quanto em seu contexto dramático, o quanto a imagem figurativa é sempre uma imagem construída de forma a executar certa função num determinado contexto.

6. REPRESENTAÇÃO NAS OBRAS HISTÓRICAS

Será útil concluir esta seção com uma breve referência à relação entre a história e a espécie de representação que se encontra na arte. A história tomada como *registro* dos acontecimentos consiste no estudo comparado das provas e em depoimentos que lhe dão uma base de fato. Como *descrição* dos acontecimentos, a história tende a afastar-se da objetividade dos fatos e a aproximar-se da arte. As implicações são os diferentes tipos de verdade contidos por um lado nos documentos e por outro na descrição. Muitos dados históricos são tirados de declarações orais ou escritas que dizem coisas como "Nasceu um príncipe há uma hora" ou "O Parlamento acaba de aprovar uma nova lei tributária". Frases como essas são simplificações de situações altamente complexas, que resumem, em termos vagos e gerais, acontecimentos complexíssimos. Sua verdade reside em sua generalidade e no depoimento de várias ou até muitas testemunhas, e elas constituem o esqueleto da história.

Qualquer tentativa de se apresentar acontecimentos ou situações em toda a sua complexidade leva a a) um relato muito mais detalhado da sequência de acontecimentos cujo total constituiria o "nascimento de um príncipe há uma hora" ou a "aprovação de nova lei tributária", e b) uma descrição satisfatória de cenas e de pessoas. Esta última deriva, igualmente, de depoimentos escritos ou orais deixados por pessoas que tomaram parte nesses acontecimentos ou os testemunharam, o que nos leva a uma distinção crucial para nosso princípio. Esta última espécie de depoimento, isto é, descrições de situações complexas em seus aspectos sensoriais é tanto fragmentária quanto parcial; constitui a experiência direta e limitada de vários indivíduos condicionados por caráter, por temperamento e pela natureza particular de sua ligação com os acontecimentos descritos. Tais depoimentos constituem, assim, uma "interpretação", no sentido em que o termo vem sendo usado neste capítulo. Conhecemos bem esse tipo de depoimento nas autobiografias e nos livros de memórias políticas ou em obras de historiadores como Clarendon, que foi pessoalmente testemunha de grande parte do que relata. Em teoria, tais contribuições históricas poderiam não passar de mera catalogação de "fatos" objetivos. Na prática, sempre se faz algum esforço, por vezes excepcionalmente bem-sucedido, para que os fatos sejam apresentados em estilo vivo e pictórico. Nessa forma, o depoimento histórico, embora amarrado a uma estrutura de cronologia e de geografia objetivas, submete-se também às leis da arte figurativa.

Historiadores nem sempre são participantes. Nesse caso, eles têm dois meios de lidar com esse tipo de depoimento descritivo. Podem incorporar à sua própria narrativa tantos depoimentos individuais de natureza descritiva quanto lhes tenha sido possível reunir, dando-nos um registro composto, multiforme dos acontecimentos, ou podem, por meio da seleção e da interpretação, construir um novo documento descritivo. O primeiro método, além de canhestro, nunca poderá ser completo; o segundo, desincumbe-se de sua obrigação primordial para com a verdade objetiva e cronológica, sem esquecer-se de fazer justiça, ao menos em parte, à complexa constituição de todo acontecimento e situação, que exige descrição sensorial para que sua verdade característica seja de algum modo transmitida. A história inclui a arte figurativa como parte do processo de buscar fazer uma apresentação viva da complexidade sensorial das situações, seja por meio da contribuição de uma testemunha ocular, seja pela cuidadosa e percuciente avaliação e reconstituição, feita pelo historiador, das evidências.

7. REPRESENTAÇÃO NA ARTE DRAMÁTICA

Drama é ligado às artes visuais por sua localização no palco, pelos cenários e pelo uso de atores e à literatura, pelo uso da palavra. Quanto a esta última, é melhor esclarecer de início ao menos um ponto: o próprio diálogo, como projeção dos personagens, como parte de seu comportamento, uma representação direta, no que difere da representação verbal por evocação, debatida na seção anterior. Sob esse aspecto ele fica mais próximo do método das artes visuais no sentido de constituir imagens do mesmo modo que seus originais na natureza (ou seja, a fala das pessoas humanas), da mesma forma que a pintura constitui imagística do modo visual. Literatura, ao contrário, mistura evocação com significados proposicionais de relatos de terceira pessoa.

Presença visual e auditiva da cena e dos atores torna o drama uma forma altamente figurativa, cujos problemas serão discutidos em detalhe em capítulo subsequente. De momento, não devemos fazer mais do que aplicar ao drama os princípios já observados nas artes às quais é ligado e anotar uma ou duas consequências. E a esta altura não falamos de estilos característicos de dramaturgia (que serão debatidos mais tarde), mas da cena e dos atores como elementos de uma arte figurativa.

Em primeiro lugar, por mais "realistas" que sejam, a cena e os personagens são um conjunto de imagens no qual está corporificada não a realidade, mas uma visão ou uma interpretação dela. E a lei da relação funcional de todas as imagens a um objetivo dominante (seja ele uma ideia, uma impressão ou uma emoção) continua tão válida aqui quanto nos outros casos. Cenografia e aparência dos atores são parte integrante da concepção dramática, mas apenas sua aparência, a aparência que têm vistos da plateia. Aos objetivos estéticos, nem os objetos de cena em si nem os corpos particulares dos atores existem. À arte dramática eles só existem como esquema de imagens cuidadosamente elaborado. Para comprovação simbólica disso, basta que pensemos na maquilagem, que de perto não faz sentido, mas que cria a ilusão desejada quando vista a distância pelo público e sob a iluminação do palco, que dá o brilho adequado ao material de cena e aos figurinos, fazendo trapos parecerem vestes reais. Naturalmente, é possível construir um cenário que seja um equivalente material da realidade. O mobiliário de uma sala de estar moderna pode ser colocado num palco, bem como é possível copiar fielmente um salão de época, com móveis autênticos, como normalmente acontece nas peças de Ibsen. Mas mesmo assim todos os elementos ficarão integrados no objetivo que orientou o autor ao compor o total de sua peça.

Um sentido consciente de imagem no ator (em lugar de no espectador, como até aqui) aparece frequentemente em duas maneiras; primeiramente, na ironia da comédia, que muitas vezes exige exagero e controle muito grande para alcançar um efeito preciso no público; e, em segundo lugar, quando o ator, em seu papel, deve simular sua própria arte.

Ao tratarmos da descrição literária, notamos que Keats usava imagens gerais e indefinidas (coruja, lebre manquejante, etc.) para definir uma impressão total precisa. Creio que exista algo de semelhante na relação entre o ator e seu papel no drama, embora a ideia possa, de início, parecer paradoxal. Atores diferentes interpretam o mesmo papel, o rei Lear, por exemplo, confrontando-nos com aparências físicas inteiramente diversas, embora certas convenções tradicionais sem dúvida forneçam uma estrutura estabilizadora. Dois Lears sempre serão mais semelhantes entre si do que um Lear e um Hamlet. Mas não somos perturbados por tais diferenças físicas entre um Lear ou um Hamlet e outro; aceitamo-las como possíveis variações e não julgamos que uma impossibilite a outra. E isso porque qualquer interpretação individual de Lear funciona como uma imagem *geral* ou "variante", como a coruja e o coelho de Keats, dentro de um contexto *preciso*. O detalhe particular da aparência tem pouca importância, a não ser dentro dos limites determinados pelas características do personagem, como idade, posição, época e localização, meio cultural e assim por diante, porque o total do contexto da peça é o que, por fim, se estabelece, bem como a seus significados, em nossa mente. O mesmo aplica-se à cenografia e à produção de modo geral. O que exigimos de um produtor não é a cópia de uma versão "oficial", "original" ou "especial" de uma peça (se é que qualquer uma dessas coisas possa existir), mas uma versão coerente consigo mesma e fiel ao espírito e ao significado da peça. Um *Hamlet* em trajes modernos é possível; o que não é possível é um *Hamlet* interpretado como se fosse *A Tempestade* ou um *Hamlet* no qual o príncipe aparece em trajes modernos enquanto todos os outros usam roupas de época.

Outro ponto liga-se ao diálogo. Novamente, aqui os problemas específicos, especialmente os que dizem respeito a estilo, serão tratados mais tarde, mas, em relação ao tópico deste capítulo (imagens figurativas), observamos que o diálogo é ambivalente. Por um lado, é nitidamente uma representação, sendo um aspecto dos personagens, que numa peça falam segundo a maneira das pessoas na vida real. Por outro lado, é altamente fictício, já que nenhum diálogo dramático representa um diálogo verdadeiro da vida real. Sob esse aspecto o diálogo difere das artes visuais, nas quais a representação, quase que invariavelmente, implica uma cena ou um modelo original do qual a obra de arte é (como temos dito neste capítulo) uma "interpretação". Representação por meio de personagens e de falas dramáticos é sempre oblíqua. Não é réplica fiel de acontecimentos ou de pessoas reais, porém os tem como modelo de modo a buscar na verdade de cada um deles elementos para suas próprias imagens.

8. CONCLUSÃO

Podemos resumir assim este capítulo da seguinte forma: a representação na arte refere-se a alguma coisa representada — paisagem, objeto, pessoa —, porém constitui sempre um determinado aspecto selecionado e nunca uma repetição do "objeto" em si, embora o objeto seja importante como fonte de interesse. O interesse principal pode ser o visual ou a reação emocional ao aspecto visual, mas a representação inclui uma referência inequívoca ao objeto como fonte de estímulo.

Um enunciado mais elaborado pode ser feito em termos de imagens e dos contextos nos quais elas funcionam. Imagens de arte são semelhantes às imagens de impressão (de percepção direta) no sentido de que ambas implicam processos de observação semelhantes; "olhamos" uma cena da natureza e um quadro dela, um modelo de escultura e a escultura, a ambientação social de uma peça e a peça e assim "vemos" objetos exteriores. Mas, em outro sentido, imagens de arte são como imagens puramente mentais porque todas elas — a paisagem pintada, a escultura, o cenário de uma peça — não são objetos naturais e sim construções de determinada espécie menos e mais que o objeto original. São fabricadas, recém-constituídas, com características diversas das de seus modelos, embora ainda relacionadas a esses. Formam assim um tipo especial de contexto; não um contexto de percepção comum, tampouco apenas outro de rememoração ou de devaneio, mas um contexto estético. Tal contexto pode ser estabelecido face a objetos; quando isso acontece, o observador, que nesse instante se tornou um artista, interrompe o fluxo das impressões e fixa sua "visão" num meio de expressão.[11] Tal visão não comporta todo o potencial de visualização dos objetos. Ela desenvolve alguns de seus aspectos, tornando-se desse modo independente e "criadora". Trata-se de um processo por meio do qual as faculdades mentais elaboram certa espécie de contexto de pensamento, que tem foco e unidade, de modo que podemos falar de sua ideia ou do tom ou do sentimento "predominante".

Como auxílio à tentativa de esclarecer tal contexto, utilizamos um contraste. Às representações que buscam o mais alto grau de fidelidade na reprodução chamamos "imagens-cópias científicas". Estas baseiam-se numa seleção normativa, têm intenção essencialmente analítica e são feitas para servir o pensamento conceptual, razão por que as incluímos nos contextos da teoria científica.

Expressando as diferenças em termos de "simbolismo" poderíamos dizer: 1) que o mundo da percepção é uma "representação simbólica do mundo físico" (como citado anteriormente); 2) que a imagem-cópia científica é uma representação simbólica do mundo da percepção, tornada tão precisa quando

---

[11] A natureza e a influência do meio, bem como a questão da criação progressiva do artista ou a "descoberta" de seu trabalho, serão discutidas mais tarde.

possível, porém permanecendo inevitavelmente aproximada; e 3) que a imagem de arte figurativa é um simbolismo concomitante das aparências, com reação emocional a elas.

Assim, o contexto estético figurativo é um campo de imagística com foco de sentido e tom emocional unificados. O modo mais simples de indicar o que o diferencia do objeto original é dizer que as imagens da percepção são selecionadas, modificadas ou até mesmo "destorcidas" à medida que se incorporam à visão estética; porém, talvez fosse mais exato dizermos que algumas das imagens perceptivas são abandonadas e substituídas por outras, recém-imaginadas. O que importa é que nesse processo, em parte receptivo e em parte construtivo, todas as mudanças e substituições contribuem para a composição e para a unidade do sentido, razão por que vemos que o conjunto de imagens não constitui mais apenas questão de simples referência, tornando-se importante por sua *função* em relação ao significado da nova construção. Todas as imagens são influenciadas por esse processo; todas são "modificadas" ou "reconstruídas", do mesmo modo que uma cor varia de tom ao ser superposta a outras. Um exemplo simples é a função que pode ter a imagem de uma árvore na pintura de uma paisagem. Ela própria pode ser o foco de interesse e, nesse caso, as imagens dos outros objetos cairão em sua devida relação funcional com ela, com uma correspondente diminuição de sua identidade e de sua importância. Mas o objetivo principal do quadro pode ser a retratação de uma tempestade. Nesse caso, a imagem da árvore, e a de todos os outros objetos, seria assimilada pela significação central e levada a funcionar como indício da agitação atmosférica e da sensação dramática que essa proporciona.

Esse processo é altamente significativo porque salienta a tendência para a metáfora que existe mesmo na arte figurativa. As imagens significam alguma coisa que não apenas elas mesmas. Tal obliquidade é a marca infalível da transposição da imaginação e o segredo de toda expressividade em arte. Voltemo-nos agora para outros aspectos desse princípio.

CAPÍTULO III

Imagens e Sentimento

1. ARTE E SENTIMENTO

A arte tem sido muitas vezes – a bem dizer usualmente – ligada à expressão de sentimentos e, como acontece com muitas generalizações feitas sobre o assunto, essa ideia contém algo de essencialmente verdadeiro, enquanto ao mesmo tempo simplifica excessivamente a questão. Os melhores exemplos de seus aspectos verdadeiros são encontrados na poesia lírica de amor ou de estados de alma, na arte expressionista, na qual as distorções da forma e da cor normais dos objetos simbolizam um mundo dinâmico de emoção, e, naturalmente, na música, por convenção aceita abertamente como a mais pura linguagem do coração. Outras formas de arte não dependem de modo tão claro dos sentimentos ou, ao menos não são neles focalizadas. Poesia didática ou epigramática, arte geométrica, bem como arquitetura e suas associadas, artes decorativas e aplicadas e mesmo algumas formas musicais mais severas, como fuga, ditas "intelectuais", devem muito de seu caráter a motivos outros que o sentimento no sentido estreito da palavra. Mas, mesmo assim, sentimento é uma das melhores palavras orientadoras para estabelecer a natureza e a função particulares da arte em contraposição a outros tipos de pensamento. O que existe nas obras de arte, podemos perguntar, que não encontramos em outros produtos da mente? A resposta mais simples a essa pergunta é, sem dúvida, a de que elas não interessam apenas ao nosso intelecto, à nossa razão, ao nosso anseio por conhecimento, religião ou ciência, aos nossos desejos práticos e assim por diante, mas também nos *comovem*, fazendo apelo direto e forte às nossas emoções humanas; supomos, por outro lado, que todo artista seja "tocado emocionalmente" ao criar sua obra e que, se não for assim, a ela provavelmente reagiremos com frieza.

Os acontecimentos característicos da vida humana e seus percalços, o comportamento de outras pessoas, além do cenário natural, estão entre as coisas que provocam forte reação emocional em nós, razão por que constituem fonte inesgotável de assunto e tema aos artistas em geral. É pela mesma razão que quase toda arte, de certo modo figurativa (pois retrata ou evoca o mundo dos objetos), é ao mesmo tempo uma expressão de sentimento. Como dissemos anteriormente, só em teoria se pode ter uma representação pura e simples *em arte*; se não for por outra razão além dessa, alguma influência irracional ou afetiva pelo menos determina o interesse do artista por este ou por aquele assunto. Tais reações emocionais, porém, diante do que vemos no mundo à nossa volta nascem de uma vida de sentimento que é parte de nós e de nossa existência e é de alguma forma autônoma. Ela é ativa e dinâmica; suas reações a estímulos exteriores são apenas uma das formas que assume. Vida e experiência sempre incluem em seu significado essas fundações da vida de paixão, de sentimento e de emoção que são, por vezes, um fator de reação a eventos, mas sempre também um fator configurante.

Essa vida autônoma dos sentimentos, que diferenciamos do estímulo emocional causado por objetos externos, busca expressão própria na arte e observamos duas tendências em particular. Ou os objetos da natureza são utilizados arbitrariamente como sinais de emoção ou sinais sem qualquer significação literal ou figurativa são especialmente construídos para esse propósito. No primeiro caso, a significação normal dos objetos é alterada e sua forma visual modificada, talvez distorcida (como se diz vagamente), em favor de uma significação substituta afetiva, enquanto no segundo, formas abstratas, não figurativas, são imbuídas de significação emocional. Tal é o processo que desejamos agora examinar mais detalhadamente. Ao fazê-lo, repetiremos o método do capítulo anterior, tentando isolar os exemplos mais "puros" da imagem, como sentimento ou fórmula para emoção, do mesmo modo por que tentamos individualizar os mais puros exemplos da imagística figurativa. Dessa maneira, procuraremos configurar dois polos, sendo um a imagística figurativa com um mínimo de "distorção" afetiva (por exemplo, naturezas-mortas ou marinhas holandesas), e o outro as imagens não figurativas altamente expressivas de sentimentos.

2. IMAGÍSTICA DA MÚSICA

Apesar da grande quantidade de "arte abstrata" na pintura e na escultura nas últimas décadas, música é o exemplo óbvio e mais frequentemente invocado de arte não figurativa. Certas ressalvas devem ser feitas a respeito, das quais falaremos adiante. No momento, concordaremos com a ideia de maneira geral, pois, quando selecionamos a música para tal exemplo, falamos da música "pura", da música em sua forma mais inflexível, da música tal como a encontramos, por exemplo, na arte da sinfonia clássica ou do quarteto de cordas, da música tal como era antes que o romantismo nela introduzisse seus interesses literários.

Portanto, pensando na música em seu sentido puro, podemos descrevê-la como um sistema de imagens auditivas e rítmicas que tocam a imaginação por intermédio dos sentidos auditivo e motor, excluídas todas as outras espécies de experiência sensorial, acima de tudo da visual, pois, de modo geral, a música é cega ante o mundo dos objetos. Nessa imagística estão melodias, harmonias e ritmos que compõem elaboradíssimos esquemas, dos quais fazem parte considerável também fenômenos como contraste dinâmico, que é extramusical, pois não pertence apenas à música. Outro ponto a ser notado é o de que, apesar de distinguirmos melodia, harmonia e ritmo, só podemos fazê-lo por análise, já que estão, em grande parte, contidos uns nos outros. Um sistema harmônico está normalmente implícito na forma de uma melodia, enquanto uma sequência de notas privada de ritmo pareceria caótica ou, pelo menos, não melódica.

Não nos resta outra alternativa senão a de usar termos tão gerais e abstratos quanto esses em relação aos modos quintessenciais de uma arte esotérica. Mas podemos encontrar algum consolo numa certa dualidade do caráter da música, pois, se por um lado sua organização gramatical é complicada e recôndita, por outro, sua atração pela melodia, pela harmonia ou pelo ritmo é extraordinariamente direta. Direta no sentido de sermos imediatamente dominados por melodias, vozes ou temas, tornando-nos participantes satisfeitos num estado de significação autossuficiente. A complexa imagística expressa, como dizemos, "sentimentos", e com isso queremos dizer que não é simplesmente uma espécie de jogo engenhoso, mas ela tem ligações íntimas com a experiência. É um produto da imaginação que se liga, por meios diretos e indiretos, à vida do sentimento, da sensação e da sensibilidade, que é a força compelidora. É a fórmula que exterioriza, em termos sensoriais, alguma coisa interior e lhe permite ser repetida. Essa dualidade pode ser notada nas mais singelas canções e nas mais complexas composições. Nas primeiras, muitas vezes observamos claramente alguma qualidade ou estado de alma a que se pode dar nome, como felicidade, alegria, tristeza, melancolia, aspiração e assim por diante; nas últimas, nas formas maiores de música sinfônica, coral ou instrumental, encontramos provas de que a imaginação musical pode operar em escala comparável a toda a complexidade da experiência e às maiores conceituações espirituais da humanidade.

Certas formas musicais testemunham esse aspecto mais palpável de seu caráter, especialmente a canção, na qual encontramos tanto sua mais antiga manifestação quanto uma longa tradição de composição vocal. A voz fornece a ligação orgânica entre o sentimento e sua expressão na música; usamos nossa voz para projetar sons e a emissão de gritos exclamatórios é um aspecto do comportamento expressivo natural. Porém, a espantosa eficácia do som musical também é condicionada por reações vasomotoras e pela natureza do próprio som em relação à nossa sensibilidade auditiva.[1] As mais remotas utilizações da música explicam-se por meio desses condicionamentos físicos e psicofísicos, como no caso de suas ligações com os rituais dançados, que também são uma extensão imaginativa de comportamento expressivo; e explicam também sua apoteose lendária no mito de Orfeu, que domou as mais violentas paixões de homens e de feras com sua arte e comoveu até pedras e rochas. Sabemos que a música, como arte, é uma forma de imaginação que transcende o orgânico e o físico, porém os condicionamentos e as associações acima

---

[1] O assunto foi admiravelmente discutido por Helmuth Plessner em *Die Einheit der Sinne*, Bonn, 1923.

ajudam-nos a explicar como suas significações não verbais conseguem ser tão impressionantemente persuasivas.

Sob esse prisma, podemos acrescer que o ritmo muitas vezes se torna um nítido elemento de ligação entre a frase musical e alguma coisa que se aproxima mais do figurativo ou de algum sentido expressivo definível, especialmente quando se pensa nas formas de dança, música coreográfica, e a complexa expressividade músico-rítmica do balé, principalmente em virtude de suas ligações com história e mímica. Porém, a mesma coisa pode ser aplicada à forma melódica e à harmonia. É possível reconhecer certa congruência entre a estrutura da forma da "Marcha Fúnebre", de Chopin, por exemplo, e a gesticulação de tristeza e de dor, especialmente nas pesadas e cansadas repetições, e os movimentos descendentes do tema do movimento inicial, que correspondem às expressões corporais do luto. Tais inter-relações e analogias reduzem o mistério esotérico da música. A *Paixão segundo São Mateus*, de Bach, oferece riquíssimo repositório da expressividade mais abertamente eloquente em formas musicais.[2]

A tradição ininterrupta da música vocal dá-nos formidável contribuição direta e indireta em favor desse ponto de vista, por nos mostrar a música, ligada explicitamente a determinados significados verbais, como órgão interpretativo. A música de uma canção, é verdade, difere em sua forma das formas de música instrumental por tomar sua estrutura – a forma da melodia, o colorido harmônico e a forma da composição – do poema a ser musicado, mas nem por isso chegamos a sentir que, como música, ela seja diferente em espécie. Muito pelo contrário, observamos constantemente, mais do que as diferenças, a semelhança de estilo entre música vocal e não vocal de autoria do mesmo compositor, como, por exemplo, Bach ou Mozart. Houve compositores que encontraram meios de imitar, em figuras musicais, o sentido das palavras e também, no século

---

[2] Por exemplo, os acordes descendentes no acompanhamento da ária "O Salvador cai tão baixo"; os coros "Desapareceram nas nuvens os raios e os trovões?", "Ele é culpado de morte", "Dizei-nos, Cristo, quem vos bateu agora?", "Que Ele seja crucificado" e outros igualmente dramáticos; o recitativo do Evangelista narrando a traição de Pedro ("e Ele saiu e chorou amargamente"); o acompanhamento recitativo de "E vede que o véu do Templo foi cortado em dois", com o coro que a ele se segue, "Na verdade este era o Filho de Deus", etc., etc.

XVII e no início do século XVIII, as convenções da retórica tradicional, sendo Bach particularmente fértil nesse tipo de invenção.[3] Se a música vocal não houvesse feito mais do que isso, ela se teria constituído, sem dúvida, numa espécie independente. Porém, consideramos tais figuras como subsidiárias e não como foco central da expressão. O teste definitivo para a música de uma canção ou de uma ária está em ser ela ou não *congruente* com o sentido e o "sentimento" da letra. Sob certo aspecto, isso implica uma qualidade geral na relação, o que permite várias ou mesmo inúmeras composições musicais para um mesmo poema. Mas certa particularidade também é implícita, já que a congruência é necessária com o poema a ser musicado. Creio que música instrumental ou "absoluta" tem a mesma qualidade geral, por exemplo, no clima predominante de cada movimento de uma sinfonia ou de uma sonata, e que ela transmite também, por implicação, certo sentido de particularidade semelhante ao da canção em relação à sua letra. Seja como for, sendo uma grande quantidade de música vocal e coral, fica bem claro que suas ligações incontestáveis com significados verbalmente explícitos são numerosas e são continuamente afirmadas e renovadas. A questão da música programática e dos temas literários relaciona-se a isso, e há grande número de obras instrumentais baseadas especificamente pelo próprio compositor em determinado programa, como é o caso da *Sinfonia Fantástica*, de Berlioz, das sinfonias de Mendelssohn ou dos *Poemas Sinfônicos*, de Liszt. Recordamos também o conhecido hábito de Haydn, afinal um mestre da sinfonia e do quarteto de cordas, de compor tendo em mente uma história romântica ou uma cena da natureza. E, por fim, esse ponto de vista é reforçado pelos resultados do estudo comparado do estilo, que mostra que a sensibilidade de cada época se afirma simultaneamente na literatura e em outras artes.

Enfatizei esse aspecto porque é essencial compreender que a música não é apenas uma criação transcendental, mas uma arte que tem relações com a experiência, da mesma forma que todas as outras. Só com isso bem firme na mente é que podemos apreender sua mais notável característica, que reside na combinação do mais alto grau de abstração com a mais intensa evocação de sentimentos,

---

[3] Cf. Arnold Schering, *Das Symbol in der Musik*. Leipzig, 1941, especialmente o capítulo 2, II.

da construtividade imaginativa mais independente e do mais profundo sentido de realidade emocional. A mais singela das músicas nos mostra isso, pois, por mais claro que seja seu clima emocional, por mais perto que paire do limiar da expressão verbal explícita, mesmo assim ela permanece uma fórmula de imagística; não se trata de um objeto ou de um sentimento real, mas de uma fórmula construída de imagens sonoras, uma criação da imaginação auditiva. Mas o argumento se torna particularmente claro em virtude das características de composição das formas musicais predominantes nas quais alguns "temas" ou "grupos temáticos" são desenvolvidos, elaborados, transpostos, colocados em sequência e em contraste, tudo isso dentro de um complicado sistema de relações tonais e rítmicas e, de algum modo, um jogo de criação sublimemente incontrolado. Aí jaz a abstração da música, a rédea solta que ela dá à inventiva da imaginação e a purificada idealidade do resultado. Mas esta permanece, na constituição da música, em contraponto com sua mais contundente força afetiva. Nenhuma outra arte é, ao mesmo tempo, tão idealmente rarefeita e tão apaixonada na própria natureza de seus meios.

Podemos esclarecer tal característica ainda de outra maneira. A arte da composição musical é sobrecarregada de "teoria", precisamente em virtude de sua natureza abstrata. Harmonia, contraponto, "forma", orquestração, exigem um tipo de estudo intensivo que fica muito distante da "observação" visual do pintor ou do romancista, aproximando-se mais das preocupações do matemático. No entanto, toda essa teoria será pura perda a não ser que os motivos e as frases dos quais se desenvolve a composição sejam de início vitais. Frases curtas, cuja elaboração forma a composição, os "temas", como são tecnicamente chamados, de uma fuga, de um movimento de sonata etc. contêm os significados emotivos centrais; e as grandiosas relações "formais" não são mais que o desenvolvimento sistemático de relações formais implícitas na configuração dos próprios temas e em suas inter-relações. Dessa maneira, a força emocional dos temas se propaga por todo um movimento ou uma composição, e isso se aplica tanto a uma fuga de Bach quanto a uma sinfonia de Beethoven.[4] Os termos

---

[4] Isso se aplicaria, no meu entender, àqueles temas de Mozart que Tovey chama *"formulae"*. Ele insiste sempre na notável capacidade de Mozart de desenvolver música maravilhosa

"elementos formais" ou "relações" são infelizes e enganosos, já que sugerem algo imposto aos temas ou motivos musicais, quando, na verdade, são inerentes à imagística sonora e só podem ser separados analiticamente. Como um conceito puramente teórico, as "relações formais" podem ser exemplificadas pelos exercícios de fuga ou quaisquer outros que os exames de música exigem dos candidatos, e que não atingem significado expressivo. Por outro lado, qualquer um de nós pode inventar um pequeno trecho melódico, que, de forma limitada, pode ter significado momentâneo para nós. O gênio musical pressupõe os dois aspectos integrados um no outro.

A música oferece-nos o exemplo perfeito de como uma fórmula imagística destituída de significação figurativa, de referências a objetos ou de associações verbais pode ser aceita como sendo significativa por corresponder a "sentimentos". Proponho que essa característica seja chamada *imagem-fórmula expressiva*, termo menos ambíguo de todos aqueles considerados relevantes. "Símbolo" tem significações em demasia, "imagens formais" é excessivamente simplificado e carrega toda uma herança no epíteto, enquanto "construído" e "abstrato" não são suficientemente precisos.

Como nos propusemos no início deste capítulo, isolamos a imagem não figurativa da maneira mais clara e pura possível como contrapartida da imagem figurativa. Essas são as duas grandes classes de imagística que encontramos nas artes, tanto em separado quanto em interpenetração. E para mim parece útil conceber a ambas como *imagística*, já que a facilidade de sua interação em certas artes será assim mais facilmente aceita sem mistérios, bem como porque isso ajuda a estabelecer racionalmente o parentesco da música com as outras artes, o que representa um passo adiante na vitória sobre as teorias que enfatizam a individualidade e a peculiaridade da música. A relação mais firme entre as duas reside no fato de serem ambas uma imagística que funciona nas construções

---

das *"formulae"* mais simples e convencionais. Não creio que essa ideia invalide meu argumento. Tais *"formulae"* contêm ou implicam esquemas dinâmicos e emocionais, da mesma forma que qualquer outro tema. Além do mais, parece-me que o uso de Tovey da palavra *"formulae"* tem o curioso efeito de desnudar os temas a que ele se refere, porque, ao implicar o mínimo absoluto de expressividade, ele *atribui* tal mínimo a temas que não merecem tanto assim sua condenação.

interpretativas ou expressivas da imaginação. Tivemos grande cuidado em mostrar como, por várias razões, imagens figurativas são sempre uma *interpretação* do mundo visível e funcionam como imagens e não como realidades dentro dessa estrutura. O mesmo se aplica às imagens auditivas da música. Embora relacionadas a sentimento, por serem imagens e não realidades, elas são ideias ou interpretações de sentimentos e funcionam unificadamente em relação a isso. Da mesma forma que a imagem da Virgem varia de pintor para pintor, assim a imagem do *Agnus Dei* ou do *Te Deum* varia de compositor para compositor. Ainda assim, como observamos, essas imagens não figurativas ou não pictóricas são, em última análise, interligadas numa variedade infinda de maneiras com as imagens da natureza e do rosto e dos gestos humanos, fornecendo-nos muitos caminhos de compreensão intuitiva por analogia.

3. OUTRAS ESPÉCIES DE IMAGENS-FÓRMULAS

A música é o exemplo mais independente, mas não o único, da *imagem-fórmula expressiva*. Pois aqui devem ser incluídos os valores acústicos e rítmicos da poesia e fenômenos como aliteração, rima, eufonia geral e métrica. Há quem hesite em aceitar a ideia de uma imagística rítmica, sem dúvida por ver uma diferença entre os sentidos visual e auditivo, por um lado, e motor, por outro, não conseguindo outorgar ao último o mesmo tipo de relação com a imaginação. Ritmo, no entanto, é uma sensação complexa. Mesmo se se puder isolar uma sensação puramente motora, ainda restam as muitas manifestações do ritmo combinadas com experiências visuais ou auditivas, como quando *vemos* o quebrar das ondas, o movimento do vento num trigal, um cão correndo ou quando *ouvimos* o quebrar das ondas, o ruído rítmico familiar de um trem, o ranger de uma cadeira de balanço e assim por diante. De modo que, em contraposição ao ritmo "sentido" interiormente, temos de colocar o ritmo exteriormente percebido, no qual espécies diversas de sensações são correlacionadas. Esse é sempre o caso das artes. Ritmo em poesia é tanto motor quanto auditivo, mas é em si uma imagística "abstrata" ou não figurativa, no sentido em que o é o desenho linear.

Na pintura também existe uma imagística de fórmula. As linhas não são apenas um modo de divisão espacial ou de ordenação composicional porque têm implicações emocionais, o que também se aplica à cor e sua distribuição. A própria perspectiva pode tornar-se um símbolo emocional.[5] Os artistas falam de cores e formas "expansivas", de cores quentes e frias ou de formas quentes e frias. Linha é uma fonte inesgotável de imagens-fórmulas expressivas. Como contorno, é claro, ela pertence parcialmente à figuração, embora seja uma "abstração". Mas os artistas têm forte sentido da linha tratada com liberdade como um análogo do sentimento. Manuais de desenho informam-nos que as linhas verticais expressam dignidade, as horizontais, força, estabilidade e repouso e as oblíquas, movimento, enquanto as curvas trazem vida e alegria. Retratos feitos a linha e caricaturas mostram-nos linhas expressivas que são abstrações tiradas de rostos, de corpos ou de membros que, como as imagens-gestos estilizadas do balé, constituem uma ponte entre o figurativo e o expressivo-abstrato.[6] Não devemos esquecer que o grande protótipo da imagem expressiva na natureza é o rosto humano, pois nele temos a mais fundamental e intuitiva experiência do aparecimento de qualidades não sensoriais em formas sensoriais. Feições nobres, rugas melancólicas, olhos doces, queixo forte, sobrolho altivo, todos são lugares-comuns da interpretação moral das feições físicas, a partir do quê o poeta e o romancista constroem os maiores refinamentos. Por essa razão, a arte do retrato, embora altamente figurativa, é naturalmente expressiva. Da mesma forma, desenho, contornos e efeitos espaciais da arquitetura afetam-nos de tal modo que podemos dizer que expressam certas atitudes emocionais e até mesmo filosóficas diante da vida, atitudes que sintetizamos em termos estilísticos, como gótico ou barroco. Na verdade, o estilo de um período nasce da descoberta do sistema de imagens-fórmulas que corresponde a

---

[5] H. Read, *Icon and Idea*, p. 100-01.

[6] O balé, como a arte da dança, mostra os movimentos do corpo transformados de um comportamento físico num análogo ideal de sentimentos. Como a música, com seu estímulo real de reações vasomotoras, ele é firmemente ligado à realidade física (especialmente para quem o executa). Mas os sentimentos e as sensações são transmutados em movimentos físicos que são ou tipos de gesto aperfeiçoados ou sugestões simbólicas ou símbolos rítmicos inventados. O refinamento da força muscular e da sensação nos intérpretes mostra o controle do físico a fim de convertê-lo em ideia para o resultado estético.

mais vital conscientização de uma época. Michelângelo oferece-nos exemplos vívidos de expressividade cognata em imagens figurativas e não figurativas, pois suas esculturas (Moisés, Davi, o túmulo dos Medici) compartilham com suas formas arquitetônicas (Campidoglio, Palácio Farnese, Capela dos Medici) qualidades como grandeza, coragem, dignidade, poder, afirmação, nobreza, triunfo e esplendor, demonstrando o complicado intercâmbio que existe nas artes entre o pictórico e a imagem-fórmula expressiva. Mesmo o mais simples esquema de decoração interior é imbuído do sentido de certas qualidades, que são assim evocadas por serem desejadas e darem prazer aos sentimentos. Na poesia e na pintura a imagística de fórmula expressiva é sutilmente entrelaçada com outras espécies, uma característica de complexidade que será considerada em detalhe em capítulo subsequente. A arquitetura fica mais próxima da música por ser constituída de formas não figurativas, o que fez com que fosse cognominada de "música congelada"; mas, por outro lado, seu aspecto utilitário introduz uma influência prática que está ausente na música. Eu incluiria aqui também os grandes ritmos de desenho implícitos no desenvolvimento de peças e de romances. Eles naturalmente refletem o "ritmo dos acontecimentos" da vida quotidiana, o que nos permite argumentar que são, ao menos nessa medida, figurativos, embora também sejam construções sutis de efeito expressivo calculado, de grande importância à sensação de "revivência" (a ser discutida mais tarde) e suas reações emocionais correspondentes.

A construção de imagística não figurativa deriva da faculdade de abstração imaginativa, que podemos observar em sua forma mais óbvia na "visão abstrativa", que nos permite ver um aspecto de um objeto, como, por exemplo, seu contorno, independentemente de quaisquer outros. Imagens e formas abstratas estão um passo mais afastadas da complexidade orgânica da natureza, enquanto inventividade livre nos mostra a imaginação propulsionando ainda mais o processo assim iniciado. A experiência da natureza dá-nos muitas ilustrações desse processo, pois há um intercâmbio onipresente entre fenômenos naturais e formas abstratas. No crepúsculo, por exemplo, as cores vão sendo paulatinamente apagadas até que a paisagem, com suas colinas, várzeas, campos arados e árvores, transforma-se numa composição de formas opacas. Do alto de uma montanha, contornos, massas e configurações predominam em prejuízo do detalhe variado e colorido. Pedras e cascalho à beira-mar são lavados e aterrados até que os contornos latentes em suas diversas densidades apareçam como formas de estranha beleza e expressividade. Do mesmo modo, existe um mundo natural de som, que se evidencia no vento, nas ondas e nas tempestades ou nos gritos, nos urros e nos cantos dos animais e das aves, nos quais, ao menos, há relações com timbre e ritmo. Por intermédio dessas relações, somos lembrados de que as imagens de arte que por conveniência chamamos de "formas abstratas" (ou "elementos formais") são intimamente ligadas com a natureza orgânica e nitidamente diferenciadas da abstração específica que caracteriza a teoria e a ilustração científicas. Além do mais, observamos que, se devemos de alguma forma tomar conhecimento de tais formas "abstratas", elas terão de, uma vez abstraídas de determinado contexto da natureza, ser ressituadas num âmbito sensorial, por mais rarefeito que ele possa ser. O que é outra maneira de dizer que elas só podem existir como imagens. Por isso, por mais livremente que tenham sido inventadas ou elaboradas e aparentemente divorciadas do pictórico, retêm sua ligação com o mundo da natureza da mesma forma que a música as retém com o psicofísico, e assim elas preservam em sua transformação, pela engenhosidade da mente enraizada na natureza, a qualidade apaixonada do Universo vivo. Creio que todo esse processo está implícito no seguinte comentário de Picasso:

> Não existe arte abstrata. Temos sempre de começar com alguma coisa. Depois, podemos remover toda aparência de realidade; não há perigo porque a ideia do objeto deixou sua marca indelével. Foi o objeto que desafiou o artista, estimulou suas ideias, perturbou suas emoções. As ideias e as emoções ficarão seguramente aprisionadas em sua obra; não importa o que ele faça, elas não poderão escapar do quadro; formam parte integrante dele, mesmo quando sua presença não pode mais ser discernida. Queira ou não queira, o homem é um instrumento da natureza, que impõe seu caráter e sua aparência a ele (...) Não podemos contradizer a natureza, que é mais forte que o mais forte dos homens! É compensador para nós ficarmos em bons termos com ela. Podemos permitir-nos algumas liberdades, porém só nos detalhes. (Citado por H. Read em *Art Now*, p. 146-47)

Essa ligação sub-reptícia não pode ser confundida com teorias estéticas baseadas em "formas naturais". Sem dúvida, a forma orgânica é importante para as formas na arte, seja de maneira óbvia ou recôndita, mas, quando baseada simplistamente em esquemas de contornos ou lineares, fornece ajuda bem modesta à compreensão da força expressiva da arte.[7] A característica essencial da arte não é o bom desenho num sentido exterior, mas o uso de formas que, embora derivadas da natureza, foram transformadas, reconstruídas ou reestruturadas em formas análogas de sentido e de sentimento. A arte começa onde as formas orgânicas são aplicadas funcionalmente – pela sensibilidade humana – e consequentemente modificadas, num contexto que envolve pensamento, sentimento e experiência.

O ponto essencial a ser apreendido nessa questão é o de que os aspectos formais de uma obra de arte não são exclusivamente "intelectuais" ou "estruturais", como se tem dito muitas vezes. Tais termos são adequados quando usados em conexão com o desenho de obras não estéticas, pois todo esforço da mente tem de ter alguma espécie de configuração. Um livro de filosofia, um memorando, um artigo de fundo, um folheto e assim por diante, todas essas coisas mostram certa ordem em sua apresentação, como o fazem todas as variadíssimas formas de ilustração pictórica, porém isso não as transforma em obras de arte. No contexto estético, o que muitas vezes chamamos de forma ou de composição ou de desenho não constitui uma ordem de natureza analítica ou racional segundo a qual um mundo material é catalogado; ele é um aspecto da imagística que interpreta o mundo material e expressa sentimentos. Uma vez que estejamos prontos a admiti-lo e a compreender como, em primeiro lugar, formas aparentemente "abstratas" em última análise derivam de fenômenos naturais e cósmicos, e em segundo lugar como nossas próprias forças psicofísicas irrompem nos objetos e nas formas da natureza e em sua elaboração imaginativa, então a barreira artificial que teoricamente existe entre as formas figurativas e não figurativas desaparece. De grande ajuda nesse caso foi o trabalho da psicologia ao estender a ideia de imagem além do campo

---

[7] Ver particularmente *Aspects of Form*, ed. por L. L. Whyte. Londres, 1951.

visual, que por muito tempo manteve prerrogativa sobre essa palavra, para outras espécies de experiência sensorial.

Certos comentários feitos por Paul Valéry sobre ritmo e composição poética ilustram bem o problema. Ele chamou nossa atenção para o processo por meio do qual um esquema rítmico se afirma nos estágios iniciais da composição de um poema, antes mesmo que as ideias e o assunto tenham sido apreendidos:

> Um dia me vi obcecado por um ritmo, que de repente se tornou sensível à minha mente, após um período de tempo em que eu só tinha uma semiconsciência dessa atividade lateral. Esse ritmo se impunha a mim, com uma espécie de exigência. Parecia-me que quisera ter um corpo, chegar à perfeição do ser. Eu diria até que só podia se tornar mais claro para a minha consciência tomando emprestado ou assimilando de alguma forma elementos *dizíveis*, sílabas, palavras, e essas sílabas e essas palavras eram sem dúvida, nesse ponto da formação, determinadas por seu valor e suas atrações musicais... ("La Création Artistique", em *Vues*, La Table Ronde, 1948, p. 300)

Ou ainda:

> Algo inteiramente inesperado desperta o poeta no homem, algum acidente dentro ou fora dele: uma árvore, um rosto, um "assunto", uma emoção, uma palavra. Agora, será o desejo de expressar esse algo que começará a fazer a bola rolar, a necessidade de traduzir alguma coisa sentida; agora, será algum elemento formal, o primeiro rascunho de uma expressão que busca sua causa, sua significação no espaço de seu espírito. Perceba bem essa possível dualidade do estímulo que pode pôr em movimento a invenção poética: por vezes há um sentimento que se deseja expressar, por vezes, o meio de expressão buscando utilização. ("Poetry and Abstract Thought", em *Essays on Language and Literature*, ed. J. L. Hevesi, Londres, 1947, p. 109)

Quando Valéry diz "o meio de expressão buscando utilização" está realmente sugerindo que a imaginação tem consciência de certas formas não figurativas (digamos, ritmos), que são potencialmente os correlatos de certas emoções e, consequentemente, expressivos. Suas palavras anteriores "o primeiro rascunho de uma expressão que busca sua causa" atingem ainda mais de perto o alvo. Se fosse possível escrever um poema completa e exclusivamente num esquema rítmico, ele já teria sido escrito. Algo de comparável nas artes gráficas seria uma composição *abstrata* formada somente de *linha* feita a lápis. Desse ponto de vista, o estudo da "técnica" em arte constitui nada menos que uma exploração de várias espécies de imagística com o objetivo de se descobrirem suas expressividades peculiares e os modos pelos quais eles poderão ser integrados, da melhor maneira, na complexidade total da obra acabada. Um dos signos da arte realizada é que ela é uma interestruturação orgânica de várias espécies de imagística.

Após considerar tanto as imagens figurativas quanto as não figurativas, observar que elas são intimamente relacionadas em virtude de serem imagens e tendo sugerido que o que as distingue reside em sua função dentro de determinada espécie de contexto interpretativo e expressivo, podemos então entrar por enunciados mais particulares sobre tais contextos e sobre a função da imagística, o que nos levará à questão de palavras e de imagens e, daí, a uma definição de arte e de poesia. Porém haverá grande vantagem em introduzir, a esta altura, uma breve consideração sobre metáfora, que é o exemplo mais flagrante, no método poético, de não serem as imagens válidas em si mesmas, mas em virtude de sua função, uma característica para cuja elucidação ora tende nosso argumento.

4. METÁFORA

Metáforas pertencem aos efeitos de estilo para os quais a linguagem comum da crítica literária reserva o termo "imagística" e são de uma importância para a poesia que dificilmente podemos superestimar. Ainda mais na tradição inglesa, na qual sua abundância tornou-a talvez a principal característica do poético em geral. Neste capítulo, meu objetivo é tratar a metáfora à luz da teoria mais ampla de imagem aqui apresentada. Desejo salientar um ou dois aspectos principais da expressão metafórica; acima de tudo, a questão de como as imagens assumem várias funções e de como são elas alteradas durante esse processo. Minhas considerações serão breves, comparadas com a amplidão do campo que o assunto oferece, porém meu objetivo é o de situar a metáfora em relação ao argumento geral.[8]

Em suas utilizações mais singelas, a metáfora é ilustrativa, consistindo muitas vezes numa imagem visual que empresta vivo apoio a um significado dado. Por exemplo, na frase "Seu discurso provocou uma tempestade de desaprovação", a metáfora contida na palavra tempestade produz uma mistura de lucidez e de brevidade muito superior a qualquer coisa que a definição abstrata pudesse alcançar. Metáforas desse tipo contribuem generosamente para a vivacidade da prosa e nos mostram a imaginação trabalhando mesmo quando presa ao objetivo relativamente sóbrio de ilustrar o pensamento. Tal uso da metáfora (tão comum que nem sempre notamos até que ponto ele é presente, ao menos sob a forma de "metáforas desmaiadas"), mesmo na linguagem mais corriqueira, e sua extraordinária eficácia na obtenção de maior vigor na fala, é em si uma prova de quanto nosso pensamento depende de imagens. Ao mesmo tempo, ainda é possível falar de forma e de conteúdo nas metáforas usadas dessa maneira. Um sentido é apresentado na forma de metáfora. Na metáfora ilustrativa o pensamento é dirigido para uma significação racional que, sendo atingida, pode descartar seu instrumento. Na poesia, essa dualidade desaparece.

Os efeitos mais sutis da metáfora residem em seu modo de fazer apelo aos sentimentos. Quando dizemos que um homem é de "natureza fogosa", a metáfora do fogo usa um objeto, o fogo, para sugerir certas propriedades de outro, um homem. E consegue fazê-lo porque há propriedades comuns ao fogo e à natureza apaixonada: calor, movimento, tempestuosidade, perigo, poder voraz. A metáfora resume o enunciado de todas essas qualidades, dependendo simplesmente do modo pelo qual reagimos à ideia de "fogo". Dessa forma, o homem é descrito por meio de nossa reação emocional às propriedades do fogo. Um significado complexo fica implícito na reação psicológica a uma única palavra. Inúmeros exemplos vêm-nos à mente de imediato. Em frases como "Ele foi um leão na batalha" ou "O eleitorado da oposição desmoronou-se", percebemos

---

[8] Ver discussão introdutória dos problemas ligados às metáforas e a seu significado em I. A. Richards, *Philosophy of Rhetoric*.

o sentido porque percebemos o "sentimento". Isso significa que são utilizados fatores psicológicos extraintelectuais na comunicação para que o ouvinte seja devidamente "tocado" e, consequentemente, compreenda. Tocá-lo dessa maneira corresponde a dizer-lhe alguma coisa.

Assim, a metáfora tem dupla atração. Por meio de seu uso a imaginação explora o estímulo da experiência sensorial e, ao mesmo tempo, esclarece determinada ideia. Trata-se de processo interessantíssimo porque contraria duas tendências muito pronunciadas na natureza humana. Por um lado, estímulo físico e emocional em si, mesmo quando apenas imaginado, obscurece as faculdades mais lúcidas, como pode ser verificado pelos efeitos da ira ou da paixão ou até mesmo no arrebatamento da felicidade; enquanto por outro, a faculdade do raciocínio faz ponto de honra a eliminação dos fatores irracionais em suas tentativas de definir a verdade. Na metáfora, as emoções da experiência mesclam-se com a clareza do raciocínio. Além do mais, sendo a imagem usada oblíqua, indireta, isto é, afastada da realidade em questão (como no caso de "desmoronamento" e de "eleitorado" no exemplo anterior), fica bem claro que se trata de um mecanismo de pensamento que fala da imaginação.

Mas é claro que um instrumento capaz de executar tal função é perfeitamente apto a pronunciar-se sobre a vida sensorial e sobre a própria experiência. Isto é, recorrendo a uma imensa variedade de analogias, consegue evocar as reações adequadas de modo a obter determinada espécie de projeção e de esclarecimento. E isso nos dá a razão de sua importância na poesia, que, em grande parte, propõe-se a nos apresentar algum aspecto da experiência. Tomemos, por exemplo, o seguinte:

> *Tomorrow and tomorrow and tomorrow*
> *Creeps in this petty pace from day to day*
> *To the last syllable of recorded time...*

> [Amanhã e amanhã e amanhã
> Esgueira-se nesse mesquinho passo de um dia para o outro
> Até a última sílaba do tempo inscrito...]

Aqui a metáfora "esgueira-se nesse mesquinho passo" é tão ilustrativa quanto os exemplos mais simples citados anteriormente e relata-nos como esses amanhãs passam devagar. Porém, sua grande força está em dar-nos vivamente a "sensação" da lenta passagem do tempo, principalmente pelo reforço que ela recebe da segunda metáfora de a "última sílaba" e de "inscrito". Tal sensação é o que deve ser apreendido, ou seja, é a experiência que deve ser repetida pela imaginação. Consequentemente, o sentido não é apenas contido num pensamento em cuja direção tende uma ilustração, mas algo que reside na imagem, chamando a mente para si repetidas vezes. Ela permanece inalteradamente fixada no esquema, insistindo em sua presença na "ideia" apresentada na passagem. Descarte-a e a experiência se desintegra. Numa argumentação, as metáforas são abandonadas com todo o aparato verbal tão logo a demonstração esteja completa, mas num poema as palavras e as imagens circulam em volta uma da outra porque, embora sendo ideias (ou seja, um produto da mente), seguem a estrutura da experiência viva. Consideremos, por exemplo, as duas primeiras linhas de *Ricardo III*:

> *Now is the winter of our discontent*
> *Made glorious summer by this sun of York.*

> [Ora é o inverno de nosso descontentamento
> Transformado em verão por este sol de York.]

A imagem é uma brilhante evocação do contraste das estações do ano e carrega consigo a sensação de vivenciá-las, provocando o aparecimento de nossas reações usuais a elas. Assim, o sentido apaixonado da vida é preservado em meio à função intelectual de esclarecimento de outra situação da vida (ou seja, a situação com a qual começa a peça). A teoria linguística moderna fala da metáfora como a linguagem natural da emoção. Voltaire dizia que a metáfora, quando natural, era algo passional. Por mais funcionais que sejam as imagens, elas preservam a força do universo físico e estão, portanto, sempre em sintonia com o que em nós está ligado ao físico e ao orgânico. O poder de uma imagem derivada da natureza corresponde à natureza em nós. Além da adequação imediata que se liga às metáforas que reforçam o pensamento, é de certo modo apropriado que a natureza fora de nós constitua o meio mais adequado para esclarecer os efeitos da natureza, em toda a sua complexidade psicofísica, sobre nosso íntimo.

Outra característica do processo metafórico é a de que, embora a metáfora seja funcional, no sentido de sua implicação de que *"x é como y"*, seus termos tornam-se recíprocos no momento em que é concebida, fazendo com que o conteúdo da imagem, usado para esclarecer outra coisa, adquira ele mesmo uma clareza mais aguda:

Thou still unravish'd bride of quietness!
  Thou foster-child of Silence and slow Time,
Sylvan historian, who canst thus express
  A flowery tale more sweetly than our rhyme...

Full many a glorious morning have I seen
Flatter the mountain-top with sovereign eye,
Kissing with golden face the meadows green,
Gilding pale streams with heavenly alchemy...

  The wedded light and heat,
  Winnowing the witless space,
  Without a let,
  What are they till they beat
  Against the sleepy sod, and there beget
  Perchance the violet!

  Es schlug mein Herz, geschwind zu Pferde!
  Es war getan fast eh gedacht;
  Der Abend wiegte schon die Erde
  Und an den Bergen hing die Nacht:
  Schon standl im Nebelkteid die Eiche,
  Ein aufgetürmter Riese, da,
  Wo Finsternis aus dem Gesträuche
  Mit hundert schwarzen Augen sah.

Full of desire I lay, the sky wounding me,
each cloud a ship without me sailing, each tree
possessing what my soul lacked, tranquillity.[9]

---

[9] As passagens são de Keats, Shakespeare, Patmore (*Wind and Wave*, em *Selected Poems*, Londres, Phoenix Library, 1931), Goethe (*Willkommen und Abschied*) e Kathleen Raine (*Passion*, em *Stone and Flower*, Londres, 1943).

[Tu, noiva ainda inviolada da quietude!
   Tu, filha adotiva do Silêncio e do Tempo lento,
Historiadora silvestre que podes assim expressar
   Um conto florido mais docemente que nossa rima...]

[Muitas manhãs gloriosas eu já vi
Bajular o alto da montanha com olho soberano,
Beijando com face dourada os campos verdes,
Dourando pálidos riachos com celestial alquimia...]

   [A luz e o calor, casados,
   Cortando o espaço insensível,
   sem obstáculos,
   O que são eles até bater
   De encontro à terra adormecida, onde concebem
   Talvez a violeta!]

   [Meu coração batia
   rápido a cavalo!
   Estava feito quase antes de ser pensado;
   A tarde já embalava a terra
   E a noite pendia das montanhas
   O carvalho já estava vestido de névoa
   Um gigante construído como uma torre, lá
   Onde a escuridão, dos arbustos
   com cem negros olhos olhava.]

[Cheio de desejo eu jazia, o céu a me ferir,
   cada nuvem um navio partindo sem mim, cada árvore
   possuindo o que faltava à minha alma, a tranquilidade.]

   O uso da metáfora conduz a uma elaborada evocação do mundo sensorial em geral, com nossas emoções nascidas de reações a ele, de tal modo que podemos dizer que na poesia a natureza está presente duas vezes, por fornecer assuntos, histórias, emoções e, depois, imagens subsequentes de si mesma que tornam o quadro verdadeiro, vívido e memorável. Desse modo, a imaginação atinge a intensidade e a incandescência que marcam o sentido de "natureza exaltada" ou de propiciação de vida que emana da poesia. E é nesse efeito global, nessa realização última de relações complexas, que desaparece a dualidade de forma e de conteúdo.

Assim, metáforas têm sempre três pontos de referência significativos. Está envolvida nelas uma imagem do mundo sensorial que pode ser tão simples quanto "e assim baixou-se o pano sobre sua vida" ou tão intricada quanto

> *When to the sessions of sweet silent thought*
> *I summon up remembrance of things past...*
>
> [Quando às sessões do doce pensamento silencioso
> Eu conclamo a lembrança de coisas passadas...][10]

mas que sempre nasce do mundo da experiência concreta. Em segundo lugar, referem-se elas a emoções estimuladas pela imagem utilizada. E em terceiro, indicam um sentido de proposição. O sentido total, no entanto, não reside em nenhum desses aspectos separadamente, porém nas relações existentes entre os três, que são ideias. Tudo isso deriva do *funcionamento* da imagem. A imagem é necessária, a imagem particular de cada caso; a imagem do mundo judiciário, evocada por "convocação" e por "sessões" na passagem anterior, não pode ser substituída por nenhuma outra. Porém, a imagem não é o que se deseja significar, embora sugira algo de semelhante. Ela se integra, portanto, muitas vezes num contexto figurativo sem ser em si o objeto figurado. Mas é também expressiva por atuar, como vimos, por meio do apelo aos sentimentos e às reações emocionais adequados, sendo por isso relacionada às fórmulas-imagens expressivas sobre as quais falamos, sem ser uma. Ela é, portanto, intermediária nessa estrutura entre imagem figurativa e não figurativa.

Voltemos agora ao nosso argumento.

5. MÚSICA, METÁFORA E SÍMBOLO

A análise anterior permite-nos ver a metáfora como um foco para compreensão da imagística estética, por ser intimamente ligada, como é, às principais espécies de imagens, além de conseguir ilustrar tão claramente que a importância de uma imagem reside tanto em sua função quanto em sua própria natureza.

---

[10] Tanto *"sessions"* quanto *"summon"* são termos usados especificamente em relação a tribunais. (N. T.)

Ao examinarmos as imagens figurativas, insistimos no fato de nunca lhes faltar certa influência afetiva; nunca são objetos, mas imagens de objetos observados sob alguma espécie de pressão emocional ou em relação a alguma ideia ou a algum objetivo emocional. Em outras palavras, elas contêm um elemento de expressividade que pode ser observado à medida que a imagem do objeto é "destorcida" ou no modo pelo qual são executadas a seleção e a ênfase da imagística naturalista ou a adaptação mútua das imagens num contexto unificado. Assim, imagística é parcialmente simbólica dos objetos da natureza e parcialmente uma fórmula para a emoção; para o artista, ela equivale a "o objeto e eu". Seu significado reside nessa ambivalência de sua posição funcional e justamente por ser funcional, isto é, por representar tanto a si mesma quanto alguma coisa fora de si mesma, ela *tende para* a metáfora. Não há necessidade de dizer que ela *é* uma metáfora, já que esta última constitui fenômeno bem definido da arte literária; porém, a imagem *tende a* compartilhar a natureza do metafórico. Um processo simbólico está claramente envolvido em tudo isso, mas dizermos simplesmente que estamos lidando com "símbolos" talvez seja por demais generalizado, além de não fazer justiça à sutileza do processo.[11]

Por outro lado, também é comum à metáfora e às imagens não figurativas a capacidade de evocar emoções de maneira direta. De modo geral, implícitos na metáfora há sempre tanto um símile quanto um símbolo; na verdade, muitas vezes a metáfora é a contração de um símile por meio de um simbolismo intensificado. Em vez de "Nosso descontentamento é transformado em contentamento por este filho de York, do mesmo modo que o sol transforma o inverno em verão" o poeta escreve:

> *Now is the winter of our discontent*
> *Made glorious summer by this sun of York.*
>
> [Ora é o inverno de nosso descontentamento
> Feito glorioso verão por este sol de York.][12]

---

[11] Isso constitui uma fraqueza, penso eu, do livro notável e importante de Susanne Langer, *Philosophy in a New Key*, bem como de seu termo "simbolismo de apresentação", na medida em que se refere ao estético.

[12] Na tradução, perde-se o jogo de palavras feito com o som de "sun" [sol] e "son" [filho]. (N. T.)

"Descontentamento" permanece aqui como uma pista geral, enquanto a significação concentra-se em "inverno", "verão" e "sol", que funcionam como símbolos dos sentimentos aos quais se refere o autor. A presença da pista direta estabelece a metáfora e mantém o método do lado do simbolismo total. Mas é o aspecto de simbolismo direto que dá à metáfora um impulso na direção do não figurativo ou da imagem-fórmula expressiva. Esta última é mais nitidamente um "símbolo", sem a pista intermediária sempre encontrada na metáfora. Mesmo assim, é nítida a proximidade ou o parentesco entre os dois processos e talvez ainda a(o) possamos perceber mais claramente se novamente pensarmos na canção. Dissemos anteriormente que a verdadeira prova de qualidade de uma canção era sua congruência com o "sentimento" da letra; isto é, sua capacidade de expressar à sua própria maneira o sentido do texto. Tal relação implica algo realmente muito próximo da metáfora, pois da música de uma canção podemos dizer que tem – em virtude de sua *função* – uma relação metafórica com as palavras de seus versos. Ela fortalece seu significado por evocar diretamente fortes reações emocionais, o que constitui precisamente a função das metáforas na poesia. Metáforas estão para a significação proposicional de um poema como a música de uma canção está para a do texto. Se as significações proposicionais forem totalmente omitidas de um poema, só restarão os símbolos a exercer uma influência evocativa sobre os sentimentos; se for eliminada a letra de uma canção, novamente restarão apenas os "símbolos", isto é, as imagens-fórmulas expressivas da música.[13]

Metáfora repousa sobre a possibilidade de encontrarmos inúmeras analogias diferentes para emoções iguais ou semelhantes. Não fora isso, os poetas teriam há muito desistido de encontrar expressões novas para os sentimentos e as experiências humanos permanentes. O exemplo mais vívido de tal fenômeno encontra-se nos sonetos de amor da Renascença; em Spenser, por exemplo, o universo é vasculhado para fornecer imagens que ilustrem a única paixão do amor e do objeto desse amor. Metáfora compartilha tal característica com a música e com todas as imagens-fórmulas expressivas. Há uma imensa gama de

---

[13] Cf. continuação da discussão no capítulo IX.

símbolos sensoriais para as mesmas emoções; quantos movimentos de obras instrumentais expressam "estados de alma" iguais com a mesma clareza! O processo pode ser observado dentro de um mesmo movimento, do que Bach é exemplo constante. O primeiro movimento de seu concerto em dó maior para dois cravos, por exemplo, é uma elaborada associação de temas musicais com o mesmo objetivo expressivo, um complexo de analogias de sentido contido no mesmo tom geral, todas contribuindo para uma marcha de sentimentos radiosa, alegre e triunfal. A particularidade e a individualidade das obras musicais têm sido muitas vezes usadas para sublinhar o caráter absoluto da música, seu isolamento e sua pureza auditivos e para repudiar suas características programáticas e diretamente expressivas. Mas isso não passa de má interpretação de sua individualidade. Não existe uma frase musical considerada única para expressar, digamos, uma alegria tranquila: Existem muitas possibilidades, porém todas elas são *manifestações* de uma alegria tranquila.[14]

Para completar nossa argumentação e incluir as principais possibilidades, devemos fazer referência a outro tipo de função da imagem. É amplamente conhecido o fato de o significado emocional poder acumular-se em torno de um objeto com tal força que o objeto em si acaba por ser menos importante que as emoções que gera. Qualquer objeto – uma árvore, certa rua ou edifício, um animal, uma cadeira ou um grupo de objetos, como uma sala e sua mobília – pode adquirir importância nesse processo. Quando isso acontece, o objeto tornou-se um símbolo emocional. O que acontece na vida real repete-se na arte, na qual se faz largo uso de objetos simbólicos com o propósito de se expressar sentidos emocionais. Em tais imagens, substitui-se um significado expressivo figurativo por um não figurativo. Ou, em outras palavras, uma imagem figurativa é transformada numa imagem-fórmula expressiva em virtude de sua função.

---

[14] Juan Gris comenta sobre um fenômeno correlato (as imagens não realistas da arte): "A escultura negra fornece-nos contundente prova das possibilidades de uma arte *não idealista*. Inspirada por um espírito religioso ela nos oferece uma representação variada e precisa dos grandes princípios e das ideias universais. Como negar o nome de arte a um processo criador que produz, em tais bases, representações individuais de ideias universais, cada vez de um modo diferente? É o inverso da arte grega, que partia do individual e *tentava sugerir* um tipo ideal" (citado por D. H. Kahnweiler, *Juan Gris*, Londres, 1947, p. 137).

CAPÍTULO IV

A Imagística e a Interpretação da Experiência na Arte

1. A IMAGÍSTICA E O MUNDO DA EXPERIÊNCIA

Antes de lidarmos com alguns problemas de linguagem e de imagística para irmos, daí, a uma definição de poesia e de arte, vale a pena fazer um pequeno resumo da posição a que agora chegamos. Falamos de imagens e de alguma coisa à qual elas se relacionam. Sabemos que a significação da imagística estética existe em si mesma, já que ela é "ideia" e não objeto e tampouco é somente uma linguagem de informações que comunica conhecimento de acontecimentos. No entanto, é o mundo da experiência que fornece a matéria do pensamento, inclusive a das imagens estéticas. De modo que duas coisas estão envolvidas: por um lado, um mundo de experiência, e, por outro, um mundo de imagens relacionadas ao primeiro.

Podemos dividir o primeiro num mundo de objetos e de sentimentos, mas não se trata necessariamente de esferas separadas, já que existe permanente interferência entre eles. Donde podemos, então, conceber três divisões: 1) os variadíssimos objetos e acontecimentos do mundo exterior; 2) esses mesmos objetos e acontecimentos associados a reações emocionais ou outras influências afetivas de maior ou menor força; e 3) o mundo subjetivo da emoção autônoma.

A imagística da arte corresponde a essas três divisões da seguinte forma: 1) uma imagem figurativa perfeitamente realista de um objeto (digamos, uma maçã) seria um símbolo perfeito desse objeto. Como vimos, é muito duvidoso que tais imagens existam ou que não sejam simplesmente hipotéticas; ou então são imagens-cópias científicas perfeitas. Em imagens de arte nada pertence tão simplesmente ao mundo dos objetos e dos acontecimentos exteriores. Tal mundo é o mundo não interpretado ou o mundo que num modo de pensar diferente pode ser objeto de análise científica. 2) As imagens que correspondem à segunda divisão são símbolos de "objetos (e acontecimentos) modificados pelas emoções", isto é, um duplo simbolismo que compreende tanto o objeto quanto a emoção que ele provoca no observador, é inerente a uma mesma imagem (uma paisagem *ideal*, uma cena *pastoral*, um retrato *trágico*, uma situação *dramática*). Tais imagens são sempre uma seleção feita dentre as imagens possíveis oferecidas pelos objetos ou os acontecimentos da natureza e estão em cuidadosa sintonia com as emoções envolvidas. Isso implica certo grau de "distorção", em contraste com a realidade ingênua ou científica. 3) No terceiro grupo, no qual o mundo subjetivo dos sentimentos é projetado em termos sensoriais, estão as imagens-fórmulas expressivas, como na música, na arquitetura ou na arte "abstrata", ou as imagens pictóricas que funcionam não como símbolos, mas como imagens-fórmulas expressivas, como nos estilos "musicais" de pintura ou no "expressionismo" em suas formas extremas.

Essas divisões aplicam-se a todas as artes e também à imagística básica da literatura, com o que desejo indicar os aspectos da vida e da natureza que se encontram no enredo e nos personagens da narrativa ou do drama ou que são evocados pelo poeta lírico com a imagística auditiva da língua falada. Metáfora, que constitui uma imagística secundária, assume uma posição especial, não pertencendo a qualquer um dos grupos, embora ligada aos três. Ela nasce naturalmente da natureza da linguagem, na medida em que esta última tem buscado constantemente ampliar sua capacidade de conotação e de evocação por meio de permanente aprimoramento dos processos analógicos, sendo a metáfora um instrumento de grande economia e eficiência. O que importa em relação à metáfora como imagística secundária é o fato de ser ela um franco mecanismo da imaginação, que revela com certo histrionismo o próprio processo imaginativo em ao menos um de seus aspectos. Desse ponto de vista, revela inequivocamente a ambivalência do mundo da imaginação. Quanto mais figurativa é a imagem, tanto mais ela obscurece o caráter ideal da arte; quanto mais não figurativa, mais obscurece a experiência da qual toda arte é uma interpretação. Metáfora, na qual as imagens são instrumento que ilustram algo que não elas mesmas, funciona entre sentido e abstração, entre fenômeno e ideia. Ela mostra claramente o papel peculiar da imaginação, do mesmo modo que estabelece um mundo da ideia e da identidade saído de um mundo de sensação e de experiência. E isso fazem todas as artes, embora o processo seja velado. Por essa razão, a metáfora sempre gozou de prestígio especial na literatura. Pela mesma razão, quisemos estabelecer sua posição peculiar em relação às outras espécies de imagística.

2. RELAÇÃO ENTRE AS VÁRIAS ESPÉCIES DE IMAGÍSTICA NA ARTE

No interesse da clareza analítica, ao discutir as imagens, frisamos uma diferença entre as ênfases figurativa e expressiva. Convém, porém, insistir uma vez mais no fato de todas as imagens na arte serem construções novas, isoladas do mundo instintivo da sensação contínua e fixadas como imagística mental. Não constituem, nem mesmo quando pictóricas, transcrições da percepção, mas elementos de um novo contexto de ideia estética. O que significa que o que importa numa imagem de arte não é se ela é exclusivamente figurativa ou expressiva, mas o que é – e como *funciona* – em seu contexto característico. Já dissemos que na arte a imagem figurativa também é sempre expressiva, simbolizando tanto um objeto quanto um sentimento a ele relacionado. Dissemos também que a imagem de um objeto, como os próprios objetos, pode tornar-se um símbolo puramente emocional, o que o torna, em virtude de sua função, uma imagem-fórmula expressiva. A transferência inversa, embora mais rara, também ocorre. A métrica de um poema e o ritmo de uma canção frequentemente ajudam a evocação de imagens visuais descritivas (o ritmo é "adaptado ao sentido"), como no caso de *Erlkönig* ou *Die Forelle*, de Schubert. Certos tipos de música, como a de Debussy ("Impressions de Mer", "La Cathédrale Engloutie"), ou a música programática de Wagner, de Berlioz, de Liszt e de seus seguidores, têm efeitos pictóricos por vezes surpreendentemente vívidos.

A principal característica comum a todas as imagens de arte é, portanto, sua adaptabilidade construtiva a um contexto. Por vezes, e especialmente nas artes plásticas, podem ser semelhantes às imagens da percepção, mas diferem delas por serem reestruturadas para reforçar uma ideia expressivo-interpretativa. As várias espécies de imagística, que separamos por análise, são assimiladas umas às outras e também a outra coisa – uma "ideia" ou um sentimento dominante – na síntese do contexto estético. Isso é o que distingue as imagens de arte das de outras espécies – das imagens de percepção, das imagens mentais comuns ou imagens de memória e das imagens-cópias científicas, que pertencem a outros contextos de pensamento ou de sensação. Isso significa também que o simbolismo, ou a função simbólica, das imagens de arte deve distinguir-se das espécies usuais de símbolos, como a linguagem ou a matemática, nas quais determinados símbolos têm determinada significação, bem como das simbologias racionais da fábula, da alegoria e da heráldica ou mesmo do simbolismo inconsciente dos sonhos.

Desse modo, o que qualquer imagem de arte é, depende, em última análise, de sua função, de sua contribuição – por seu caráter sensorial e efeito evocativo – à "imagem total", ao contexto de imagística que todo poema, toda pintura, toda peça, toda sinfonia, etc. é. Podemos esperar que uma imagem, talvez de uma árvore numa paisagem, seja figurativa, mas constatamos que ela é o símbolo de um estado de espírito. Podemos esperar que o ritmo de um poema ressalte algum efeito "musical", entretanto, o que efetivamente conseguimos é a imitação de um cavalo a galope, de uma rajada de vento arrebatadora ou de um homem manco. A imagem, embora sempre uma forma sensorial, é em si indeterminada e adquire seu verdadeiro caráter na função de sua contribuição. Esse aspecto é fundamental à imagística de arte e podemos descrevê-lo como um funcionalismo metafórico, tomando o termo da natureza da metáfora e de seu modo de funcionamento, tais como foram descritos.

3. BELEZA, DESENHO E ARTE

Esse funcionalismo metafórico de toda a imagística de arte elucida um dos mais irritantes problemas da estética, que é a relação entre as qualidades do desenho (inerentes a toda arte e que lhes dá "beleza") e as da expressividade. Mais uma vez, temos aqui um conflito mais teórico do que real ou que pelo menos não nasce de uma diferença fundamental, mas da relatividade das ênfases.

É lugar-comum que a harmonia e a proporção são elementos da "beleza". O desenho, a relação das partes ao todo, a unidade dentro da variedade, a clareza, a sequência, tudo isso contribui para a beleza da perfeição formal. A primeira coisa que devemos notar é que essa espécie de "beleza" pertence a contextos de pensamento fora da arte e também a esquemas cósmicos e orgânicos. Penso que não se trata de um fenômeno puramente "intelectual", mesmo em suas manifestações mais abstratas e recônditas, como na matemática, na lógica ou nos sistemas filosóficos, pois inclui sempre certo componente afetivo. Há certos fatores básicos de prazer psicológico e fisiológico e de bem-estar em resposta à harmonia e à proporção. E assim, é fácil perceber que as formas sensoriais que incluem tais qualidades, embora não sejam uma imagística de arte, *tendem* a transformar-se em alguma coisa muito próxima da imagística de fórmula expressiva. Desse modo, a beleza do desenho, da ordem e da clareza insinua-se naturalmente na imagística expressiva da arte. Tal beleza, que como dissemos pode pertencer a muitas coisas fora da arte, não constitui em si e por si uma arte, mas, quando aplicada à expressão ou integrada com uma imagística expressiva, fortalece a arte. É como a forma orgânica na natureza, que também não é arte, mas que, explorada e transposta com sentimentos e ideias, reforça o poder de outras imagísticas expressivas.[1]

Três ordens mesclam-se constantemente na arte, embora numa imensa variedade de maneiras: o desenho ou a "beleza formal", o retrato da vida ou da natureza e as emoções que este provoca e a imagística de fórmula, composta pelas analogias sensoriais da vida do sentimento e da sensibilidade. O equilíbrio entre elas difere de obra para obra, de arte para arte, de estilo para estilo. Por vezes alcançam maravilhosa reciprocidade, como nas esculturas do Partenon e de Michelângelo, em Ticiano, em Shakespeare, em Racine, em Cézanne, nas grandes obras corais de Bach, em uma ou duas óperas de Mozart. Nesses

---

[1] Cf. H. Read, *Icon and Idea*, capítulo II. Londres, 1955.

casos não existe o problema do contraste entre beleza e expressão, entre arte e vida ou entre formalismo clássico e calor emocional, para mencionar apenas os mais comuns dos fantasmas dos debates sobre arte. A maior complexidade e engenhosidade possível em imagística e relações formais cinge, em tais casos, a maior complexidade e intensidade de referência ao mundo e aos sentimentos. Nessa intricada equivalência reside o segredo último da arte. A arte nunca nasce apenas de emoção forte; nasce da faculdade de "fazer", do dom de rimar, de cantar, de pintar, etc. Mas tudo isso pode ser trivial e só se tornar interessante, de forma sustentada e maior, quando aplicado à "vida" com toda a sua riqueza e todas as qualidades do caráter e da mente humanos. O mero jogo de formas, mesmo quando são belas, cansa logo a mente. A grande descoberta humana, implícita na arte e renovada em cada obra bem-sucedida, é a de que o jogo das formas e da imagística pode ser levado a encarnar sentimentos e aspectos da experiência que são axiomaticamente profundos e não passíveis de expressão por qualquer outro modo.

CAPÍTULO V
Imagens e Palavras

A não ser por uma única exceção, até este ponto evitamos os problemas da significação verbal na literatura. Fizemo-lo a fim de enfatizar a importância das imagens, que são de naturezas várias e preenchem diversas funções, mas pertencem à própria natureza da arte, inclusive à da poesia. Antes de entrarmos na questão das significações verbais, temos insistido no fato de ser possível expressar significações adequadamente na imagística, que independe das palavras, como acontece na música, nas artes visuais e na mímica e, por implicação, nas imagens expressadas por palavras.

Na poesia as palavras oferecem em si, como sons falados, uma série de imagens auditivas; e muitas palavras, segundo o objetivo do poeta, evocam na imaginação imagens visuais, de modo que ao lermos um poema "vemos", com maior ou menor intensidade, lugares, pessoas, cenas, objetos e assim por diante, ou pelo menos tomamos consciência de um mundo de sensações que é importante como tal. Poesia e arte literária dependem largamente desses sistemas imagísticos e de figuras metafóricas, que implicam o pensamento em forma de imagens substituindo a definição abstrata. Seria um erro chamar tais imagens de não verbais, pois as palavras são usadas para produzi-las; mas fica bem claro que, embora a poesia use palavras, suas relações com ela são problemáticas, na medida em que o uso que faz dela tem um caráter todo particular.

A principal característica é que a poesia, ao usar a linguagem, explora o valor de imagem da palavra, sua estrutura sensorial, suas associações, sua capacidade de evocação. Não penso que o uso poético da linguagem possa ser distinguido como sendo uma seleção de determinadas *espécies* de linguagem. As palavras são usadas por todo mundo para inúmeros objetivos não estéticos, para informação e explicação, para instrução e comando, para argumentação filosófica e exortação homilética, sendo que muitas atividades têm sua própria linguagem técnica peculiar. A poesia pode englobar todos esses usos a que são destinadas as palavras. Quando a mente interpreta em poesia – isto é, por meio de palavras – o que observa, pode naturalmente utilizar *qualquer* elemento de seu próprio conteúdo de ideias e de conhecimento, elementos esses muitas vezes indissociavelmente ligados a certas palavras e, portanto, pertencentes ao meio utilizado. Linguagem poética não é uma questão de áreas diferentes de linguagem, mas de maneiras de usá-la. Ela significa certo modo de pensar, e reconhecemo-la quando observamos que o enunciado linguístico (que não é poético em si) é assimilado a um complexo sistema de imagística que inclui ritmo, som, metáfora, evocação sensorial e desenho.

As ambiguidades da linguagem tornam tudo isso mais fácil do que se possa pensar a princípio. Pois as palavras movem-se entre os polos do "concreto" e do "abstrato", entre a proximidade da impressão sensorial e o afastamento dela no pensamento conceptual. Até mesmo muito da linguagem abstrata preserva uma ligação com a percepção sensorial. Se digo, por exemplo, "a virtude é a sua própria recompensa", que é uma generalização abstrata, convém lembrar que o provável é que eu faça tal declaração sentenciosa tendo em vista um exemplo dado; nesse caso, a observação preliminar realmente é: "Fulano executou um ato perceptível de virtude que o deixará num estado de espírito de contentamento, uma recompensa que dispensa quaisquer outras de ordem material". Ainda há na mente uma impressão recente das condições das quais nasceu a generalização. Se, por outro lado, alguém sugerir para mim, como se para iniciar um debate: "A virtude é sua própria recompensa, não é?", começarei a pensar e, ao apreender o sentido da frase, ou da pergunta, provavelmente referir-me-ei à "virtude" como abstrata, a "uma pessoa virtuosa" ou a "uma ação virtuosa", o que fará com que por minha mente passe, com o enunciado abstrato, uma modificação dele, ou seja, uma pessoa virtuosa executando uma ação virtuosa tende a sentir-se suficientemente recompensada pelo próprio ato; modificação essa que preserva certa generalização do enunciado, mas que se aproxima consideravelmente mais do concreto, da imagem.

Essa análise é muito breve e, do ponto de vista filosófico, provavelmente muito crua, mas serve a nosso objetivo presente se ilustrar uma das ambiguidades da linguagem como signo da conquista de uma independência nos processos mentais em meio a uma dependência das referências concretas e da imagística sensorial. Num extremo da escala está uma percepção específica, no outro, a mais abstrata das generalizações; num extremo uma "imagem", no outro um enunciado generalizado no qual restam ecos de imagens particulares. E talvez para serem compreendidos, até mesmo os enunciados mais abstratos dependam de referências constantemente reavivadas à percepção sensorial.

A importância disso para a poesia é a seguinte: já que há imagens implícitas em tantas palavras, ou, pelo menos, já que se recorre a elas para o processo do pensamento e para a revivificação dos significados, não existe nenhuma área importante da linguagem como tal que, por uma questão de princípio, precise ser excluída da poesia. O que determina a qualidade poética da linguagem, em contraposição à abstrata, é como ela é usada, ou seja, como é manipulado o repositório de palavras a que todo escritor tem acesso (que é o mesmo para todos), para que fins e com que intenções. Além do mais, a distinção aqui estabelecida não é entre prosa e poesia, nem entre "emotivo" e "abstrato" mal contrastados, mas entre o uso da linguagem como parte de um sistema de complexa imagística e seu uso para obtenção da precisão teórica que por vezes chamamos de "científica" ou para alguma enunciação extremamente conceptual. Distinção semelhante pode ser feita entre o desenho na arte e nas figuras geométricas. É bem verdade que os pintores muitas vezes compõem sobre bases que, para efeitos práticos, podemos chamar de "geométricas", mas que nunca são mais do que reminiscentes da geometria. Ao serem utilizadas para objetivos não matemáticos, as figuras convertem-se em imagens da natureza ou em imagens-fórmulas para provocar emoção. Formas geométricas usadas como geometria são destituídas de qualquer apelo sensorial, sendo válidas apenas como aproximação de conceitos, cuja importância reside justamente em sua precisão não sensorial, teórica ou lógica.[1] Em certas utilizações da linguagem, como a científica e a legal, tentativa

---

[1] Cf. Bertrand Russell, *Human Knowledge*, particularmente Parte IV.

semelhante é feita com intuito de eliminar a ambiguidade e alcançar uma precisão teórica da definição. Tal esforço seria dispensável se forças contraditórias não fossem liberadas pela própria linguagem, forças essas que derivam da ambiguidade referida anteriormente, ou seja, a de que a linguagem aponta ao mesmo tempo para as imagens e evocações, com um sem-número de ecos afetivos, e para os conceitos abstratos. A tendência da linguagem científica é a de trabalhar por meio de uma série de palavras que classificam. Por exemplo, a palavra flor indica uma classe de objetos, da qual rosa é uma subdivisão, rosa-chá ainda outra subdivisão e cada passo do processo alcança uma referência um pouco mais particular, embora mantenha em essência uma generalização. O conceito científico de determinada flor será, finalmente, composto de muitas referências, indo além do tipo acima de nomes gerais na direção de classificações exatas de haste, de folhas, de pétalas, de estames e de todas as várias partes da flor, acumulando assim uma soma de referências exatas que constitui a fórmula científica da flor. Uma fórmula teórica, no entanto, e não uma imagem, já que o método é conceptual e atinge uma precisão que só é consoante com a generalização de cada etapa. As palavras que denotam e descrevem cada parte da flor não se referem a imagens particulares, mas a classes. Quando os botânicos escolhem todas as classificações adequadas, só seu olho lhe poderá mostrar novamente a rosa e só a palavra "rosa" dirá o que ele vê. Não é por acaso que a ciência tende cada vez mais para as fórmulas matemáticas; a ambiguidade, a imprecisão essencial das palavras isoladas, compele o cientista à utilização de símbolos mais adequados à precisão teórica do que a linguagem.

 A atitude do cientista para com a imaginação confirma tal processo. Todo cientista usa a imaginação; ele conjetura, adivinha, experimenta, elabora hipóteses de trabalho e "imagina" relações possíveis entre os vários fatos do universo físico, tal como os conhecemos e podemos ainda vir a conhecer. Em grande parte, a descoberta científica é a confirmação de uma hipótese imaginativa por meio de provas palpáveis ou de experimentação. Mas o objetivo da ciência é o de enunciar leis que, uma vez concebidas, a imaginação é abandonada por pertencer aos meios e não aos fins. Ela é válida como instrumento, mas não como ciência.

A poesia, ao contrário, reconquista para si palavras pertencentes ao conceito ou à teoria abstrata. Ela não abre mão do conceito ou das palavras conceptuais, mas usa a linguagem de modo a evidenciar plenamente sua imagística implícita e seu potencial uso metafórico. Como dissemos anteriormente, não se trata de selecionar palavras adequadas e de rejeitar outras, mas de colocar as palavras num contexto de imagística expressiva. O cientista foge da ambiguidade da linguagem buscando formulações teóricas extremas e abandonando o poder de evocação auditivo e pictórico das palavras, enquanto o poeta busca precisamente estas últimas qualidades e atenua o conceptual. A poesia alcança sua própria espécie de definição e precisão por meio da inter-relação entre palavras e imagens (visuais e auditivas) dentro de um contexto. Em outras palavras, linguagem poética é o oposto de linguagem literal e define as imagens fugindo às definições conceptuais das palavras separadas. É daí que nasce todo o aparato das "figuras de retórica" e todos os recursos por meio dos quais o pensamento abstrato toma emprestada a vivacidade do detalhe sensorial ou concreto. As abstrações, por exemplo, podem ser personificadas, como tantas vezes acontece na poesia do século XVIII: *Sobe vagarosamente o mérito recalcado pela pobreza.* Mas a personificação e os verbos concretos dominam a generalização abstrata dos dois substantivos e atrela-os a uma imagem.

Quando a poesia transforma a língua, na medida do possível, em veículo de imagens, coloca-a também em harmonia com modos não linguísticos ou pré-linguísticos de conscientização e de significado. Sem dúvida, aqui está a razão pela qual ela é por vezes chamada de mais "primitiva" do que a prosa e por que foram elaboradas teorias que dizem ser ela a linguagem "original" do homem, uma linguagem natural para um estágio anterior à análise e à diferenciação racionais. Tal linguagem é a marca de uma ingênua imersão no mundo orgânico, o mundo imediato da natureza no qual o homem é atirado e no qual labuta sem conhecer ainda qualquer veículo desafiador de distanciamento, como a linguagem da razão independente; pode ser verdade que a poesia seja mais primitiva nesse sentido. No entanto, o homem continua preso à natureza dentro e fora de si mesmo e o pronunciamento científico é apenas um dentre vários modos de conhecimento. Mas, como já dissemos, ao usar palavras a poesia pode usar todas as palavras, pode entrar e sair à vontade de qualquer parte do mundo verbal, que contém todo o conhecimento da memória e da ciência humanas consolidado através dos séculos. Se sob um aspecto ela é mais primitiva, por outro é mais intricada e completa, pois, enquanto preserva a força da imagem viva da natureza, tem a capacidade de incorporar toda a força de pensamento que o homem desenvolveu e estabeleceu como conhecimento permanente. Assim, a poesia é um jogo sutil de trocas entre significados não linguísticos e os da conscientização verbal, entre sentido de ordem e de coerência que se configura na imagística das palavras e a ordem que pertence às proposições verbais, entre contextos verbais da apreensão e os de sentido que escapam à mera conotação verbal.

Daí nasce o paradoxo da poesia, que pode ser observado na maneira fascinante pela qual a própria palavra está a um só tempo presente e ausente.

> *Where, like a pillow on a bed,*
>   *A Pregnant banke swel'd up to rest*
> *The violets reclining head*
>   *Sat we two, one anothers best.*
> *Our hands were firmely cimented*
>   *With a fast balme, which thence did spring,*
> *Our eye-beams twisted, and did thred*
>   *Our eyes, upon one double string;*
> *So, t'entergraft our hands, as yet*
>   *Was all the meanes to make us one,*
> *And pictures in our eyes to get*
>   *Was all our propagation.*
> *As 'twixt two equal Armies, Fate*
>   *Suspends uncertaine victorie,*
> *Our soules (which to advance their state,*
>   *Were gone out), hung 'twixt her, and mee.*
> *And whil'st our soules negotiate there,*
>   *Wee like sepulchrall statues lay;*
> *All day, the same our postures were,*
>   *And wee said nothing, all the day.*

[Onde, como um travesseiro sobre um leito,
    Um banco prenhe inchava para repousar
A cabeça reclinada das violetas
    Sentávamos nós dois; cada um o melhor do outro.
Nossas mãos estavam firmemente cimentadas
    Com um forte bálsamo, para onde saltavam
Os raios de nossos olhares entrelaçados, e enfiavam

        Nossos olhos em um fio duplo;
Assim entreacorrentar as nossas mãos, até então
        Era o único meio de nos fazer um só,
E obter imagens em nossos olhos
        Era toda a nossa propagação.
Assim como entre dois exércitos iguais o Destino
        Suspende a vitória incerta,
Nossas almas (que para promover seu estado
        Haviam saído) pairavam entre ela e eu.
E enquanto nossas almas negociavam ali,
        Nós jazíamos como estátuas sepulcrais;
Todo o dia foram as mesmas as nossas posturas
        E não dissemos nada, todo o dia.]

Aqui as palavras são tudo e não são nada. Nada porque, à medida que lemos, a situação dos amantes e seu estado de espírito se nos são apresentados tão integralmente como uma imagem que o meio de expressão silenciosamente desaparece, deixando-nos simplesmente envolvidos pela sensação de uma cena presente, pela ilusão ou pela ideia da realidade. As palavras, no entanto, são tudo, porque qualquer mudança no contexto, nas metáforas ou nos ritmos perturbaria o jogo da imagística e destruiria a imagem total. De modo que, embora nos esqueçamos das palavras, voltamos a elas. Ao lermos, as palavras deslizam para a ausência, mas sua presença nesse arranjo único é essencial para que possam assim apagar-se na imagem. Talvez seja esse o sentido da famosa passagem de Keats: "A poesia deve ser grande e discreta, alguma coisa que nos entra pela alma e que não surpreende ou espanta por si, mas por teu tema".

A poesia, por existir como "intertessitura" (a palavra é de Coleridge)[2] de várias espécies de conscientização expressada por várias espécies de imagística associadas a palavras, permite uma autoconsciência da mente que é mais intensa, delicada e completa do que qualquer outra que conheçamos. Sua gama de sentidos, verbais e não verbais, visuais e rítmicos, sensoriais e lógicos é tão vasta quanto é complicada sua organização. E por isso seus pronunciamentos transcendem as especializações desta ou daquela faculdade ou atividade da psique e indicam uma condição de "sensação espiritual", como disse Blake, ou segundo Coleridge, aquela em que "toda a alma entra em atividade".

---

[2] *Biographia Literaria*, cap. XV. Ocorre na passagem citada no cap. IX deste ensaio, à p. 162.

CAPÍTULO VI
Meios de Expressão

Atingimos um ponto em que podemos elaborar um enunciado decisivo a respeito da complexidade ou da intertessitura que é essencial para nossa compreensão das diferentes espécies de poesia, de literatura e de drama. Porém, é conveniente intercalar aqui uma palavra sobre o meio artístico de expressão. Nossa indagação sobre o funcionamento das imagens permite-nos redefinir o problema desse meio.

Meio de expressão (medium) é um termo muitas vezes usado de maneira imprecisa para indicar tanto a matéria-prima de uma arte, como pedra, pigmento ou palavra, quanto as formas, como lírica ou romance. É melhor talvez considerar as últimas como modos diversos de se manipular um mesmo meio. Embora reconheçamos uma ligação entre meio e espécies, a distinção acima sugerida entre eles é elucidativa. Meio é um fator físico e espécies ou "formas" são o resultado da variedade em sua manipulação. Palavras, por exemplo, existem fora da poesia e constituem, portanto, um meio, mas a forma da poesia lírica é parte integrante da literatura, sendo um modo de uso poético da linguagem. Se a diferença é essa, a ligação entre as duas coisas reside no fato de serem ambas aspectos do processo de formação de imagens.

Todo artista relaciona-se com seu meio de expressão, que se manifesta de dois modos diversos. Por um lado, fica a ele submetido e, por outro, domina-o. O artista cede ao meio, explora-o, acaricia-o como um objeto na natureza que não foi feito por ele e não o pode alterar senão dentro de certas limitações; após o que o artista assevera seu poder fazendo o meio servir sua mente. Nasce daí uma intimidade peculiar entre a mente criadora e seu meio, e a ela o observador reage quando tem, de uma obra, a impressão de que o meio é parte da experiência. É o que acontece, por exemplo, quando mesmo gente simples diz que a totalidade de Shakespeare está no esplendor de suas *palavras* ou quando os críticos de arte encontram mais da qualidade da própria pedra na escultura grega arcaica do que nas obras mais tardias dos séculos IV e V a.C.

Essa percepção do meio é da maior importância, porém não resta dúvida de que onde ele se salienta, tirando a atenção da ideia artística para exibição do material em si, começa a decadência. Se o material não deve salientar-se, ou, em outras palavras, se a ideia (ou visão) do artista é de importância primordial, por que o meio tem qualquer importância? Por que o artista gosta tanto dele? Por que razão encontramos mérito particular na obra que mostra intimidade com ele?

Tomamos a imagem como o fundamento da arte e, segundo ela, podemos dizer que o meio não é mais nem menos do que uma das partes constituintes da imagística. Quando observamos a aparência e o caráter das tintas, dos sons musicais, da pedra, da madeira ou dos sons e das evocações da linguagem, formamos imagens; e o artista integra as imagens do meio nas imagens visionárias que deseja que o meio retrate. Segundo nos informam, Turner e os impressionistas, pintores muito "pintores", exploram uma imagística de luz nas imagens de pigmento, assimilação que se torna mais aparente quando o tema é particularmente adequado a um meio. Por exemplo, o escultor que deseja expressar monumentalidade leva vantagem sobre o poeta ou o músico por tratar-se de uma qualidade do próprio material com que trabalha. A própria pedra projeta uma imagem do monumental que é congruente com o desenho "monumental" que se forma na mente do escultor. É bem verdade que a arte sempre expressa, por intermédio de um meio, muito mais do que aquilo que mais se adapta a ele; amoldá-lo é justamente um de seus triunfos. No entanto, ela nunca se afastará demasiadamente da imagística característica do meio. A pintura impressionista dificilmente poderia ser reproduzida numa xilogravura, e as várias tentativas de se escrever poemas compostos exclusivamente com som verbal sempre fracassaram.[1]

---

[1] Cf. T. Munro, *The Arts and their Interrelations*, Nova York, 1949, p. 251, onde é feita referência à teoria do meio como "imagens sensoriais apresentadas".

A afirmação deste argumento é que, do ponto de vista da arte, o meio deixa de ter importância como "coisa", como "material". Como tal, não passa de um fator condicionador e mesmo fortuito; lembremo-nos de que certas formas dependem dos materiais e das ferramentas à disposição de determinada cultura ou período, como a gravura, que se desenvolveu no século XV graças aos progressos no fabrico do papel. É essencial esclarecer bem esse ponto porque ele aparece muito frequentemente na especulação estética. Muitos autores tratam do problema em termos de "artesanato" ou "sentido artesanal", destacando o papel que desempenha a manipulação dos materiais independentemente das "formas" que são levados a ter. Artes plásticas contribuem largamente para tal noção, já que consistem tão obviamente de objetos concretos que podem ser tocados, transportados, desfigurados ou destruídos, tal como qualquer outro objeto, e já que os artistas nitidamente os criaram com pedaços de pedra ou de madeira ou com pigmentos, o que sugere a importância de sua natureza física. No entanto, quando olhamos uma escultura, rendemo-nos a alguma coisa totalmente ideal, e qualquer comentário sobre sua "tessitura" deverá ser relacionado à ideia ou à qualidade visionária da obra. E eu diria mesmo que o decantado amor do artista por seu material não é o amor de um objeto material, mas de sua aparência ou, em outras palavras, da imagística que ele propicia. Pois, como dissemos no primeiro capítulo, do momento em que passamos além da percepção, por meio da qual reconhecemos a *presença* dos objetos e os identificamos (mesa, pedra, cadeira, etc.), começamos a construir imagens e a ver relações entre elas. E assim é também com o artista ao contemplar seu meio. As possibilidades de expressividade de um meio residem em sua imagística.

E assim, podemos dizer que também aqui descobrimos o processo metafórico em operação, a começar com o próprio meio. Pedra, tinta, melodia, palavras, elas mesmas deslancham o processo por meio do qual uma visão é enunciada num esquema de imagística.

O comentário muito comum sobre os poetas, especialmente desde Mallarmé, de que "amam as palavras", quer dizer, sem dúvida, que são principalmente afetados por sua imagística, sua audibilidade, seu som e seu ritmo tanto quanto por seu sentido ou pelas imagens visuais que evocam. De outra forma, não estariam sós em seu amor. É de se supor que todos os que usam a linguagem, em qualquer de suas formas, para um objetivo específico, fiquem interessados em suas possibilidades, porém o amor das palavras engloba uma série de coisas diversas. Pode ser um grande prazer no pensamento lúcido ou na expressão vívida, que pode ocorrer em qualquer tipo de prosa; pode ser o amor de um filósofo pelos significados encastoados numa definição feliz. É muito provável que o poeta inclua tais entusiasmos em seu próprio amor pelas palavras, pois são provocados por características da linguagem que só são analiticamente dissociáveis e que, para ser mais preciso, são separáveis apenas analiticamente e, na verdade, interinfluenciam-se permanentemente. Mas sua afeição específica é pelas palavras como ele as usa, pelo material cujo conteúdo e superfície sensoriais ele explora para seu próprio trabalho com a imagem e a metáfora.

O corolário dessa noção de que o poeta como artista ama "as palavras" como material de sua arte é a ideia muitas vezes expressada de que "a poesia está nas palavras" e que precisa ser corrigida, segundo nossos esclarecimentos da primeira proposição. Está muito em moda hoje em dia a noção (muito bem-intencionada) de que o sentido de um poema está no próprio poema e em nenhum outro lugar, que não está nas ideias, na sociedade, na história ou onde quer que seja. Mas isso não passa de uma frase feita. Nunca dizemos que a arte está nas tintas ou nos sons. A arte reside na organização das imagens, e a poesia é a organização da imagística na linguagem.

Sob nosso princípio estético principal, a teoria aqui apresentada enquadra o elemento de artesanato que tem tantas vezes sido um tropeço da estética. Como objeto real, o meio deixa de ter significação diante do meio como imagística, mas, de um ponto de vista, ele tem uma posição inatacável como objeto real. Ele garante a enunciação da visão. O meio não faz arte, porém a abriga. Arte é um modo de pensamento e de conhecimento, porém sua eficácia geral só pode ser garantida por sua aparência num meio, pois de outro modo permanecerá isolada e privada. Como instrumento de ligação entre o artista e o observador, o meio torna viável a fórmula que permite à nossa mente reimaginar a ideia-imagem aspirada e alcançada pela imaginação do gênio.

CAPÍTULO VII
Arte e Experiência

1. UMA DEFINIÇÃO DE ARTE

Podemos agora unir os vários fios dessa indagação e tentar uma definição de arte. Já que nos preocupamos especialmente com diversas artes e com a complexa arte do drama, o tipo de definição de que necessitamos deve conter um princípio que não só indique uma unidade na criação artística e na experiência estética, mas que também compreenda as muitas áreas comuns em que as várias artes se superpõem, aqueles aspectos que as mostram utilizando elementos comuns ou influenciando uma à outra. A grande dificuldade em encontrar tal definição é a de que os princípios unificadores tendem a menosprezar ou a negar a importância do meio, sacrificando o que todo artista ou toda pessoa sensível sente ser um elemento essencial – o meio, os valores sensoriais, a particularidade, o artesanato – em favor de uma ideia abstrata e excessivamente filosófica; enquanto, por outro lado, os princípios que fazem justiça a tais elementos tendem a perder, na particularidade de determinada sensação, tanto a unidade da arte quanto seu âmago de espiritualidade. Espero que nossa teoria de imagens e seu uso funcional ajude-nos a superar algumas dessas dificuldades. Temos defendido o ponto de vista de que arte e poesia têm como referência alguma coisa que podemos chamar de natureza, ou de mundo do senso comum ou de realidade exterior, de onde derivam as imagens, e também o mundo interior do pensamento humano, da emoção e da acuidade espiritual. Falamos de imagens figurativas e não figurativas, porém salientamos sua origem comum e o fato de sua importância exata depender largamente de sua função em suas relações mútuas. Discutimos sobre metáfora e, subsequentemente, sobre as relações entre palavras e imagens na arte da literatura e conseguimos fixar, como resultado dessas linhas de indagação, a ideia da poesia como "intertessitura" de vários sistemas imagísticos e do sentido conceptual das palavras. Usando termos que serão subsequentemente mais extensamente definidos, podemos dizer que a experiência dos mundos exterior e interior está presente na criação da arte, que é, entretanto, uma criação ou uma construção independente, circunscrita.

A definição que desejamos propor é a seguinte: "Arte é a experiência revivida como ideia, sendo o instrumento dessa revivência a fórmula da imagística ou a imagística-dentro-da-linguagem".

Ao manifestá-la, vou além do que me propus no início deste livro, já que disse que meu objetivo não era necessariamente o de elaborar uma estética, mas simplesmente encontrar uma teoria que nos ajudasse a esclarecer as relações que existem entre algumas artes, especialmente entre poesia e drama. E mesmo agora, com a definição proposta, minha intenção não é, no sentido mais estrito, filosófica; não tenho a menor pretensão de posar de filósofo, mas de permanecer como crítico literário que tenta criar uma estrutura teórica para compreensão das formas poéticas. Porém uma definição experimental de arte talvez seja a maneira mais conveniente de focalizar tais relações. À medida que esclarecemos os termos da teoria que apresentamos anteriormente, espero que se possa perceber que ela preenche os quesitos mencionados. Ela enfatiza a natureza ideal ou construída da arte, atribui o devido valor aos vários meios subordinados a um princípio geral e consequentemente unificador, relaciona a arte com a vida ou com a experiência vivida e é compreensiva sem ser por demais generalizada ou vaga. Pode ser aplicada a todas as artes, sem exceção, e por isso mesmo também às suas inter-relações em formas complexas ou compostas.

2. EXPERIÊNCIA E ARTE

Em capítulos anteriores, dissemos que mesmo uma imagem puramente pictórica não é um equivalente da realidade, mas uma representação de um aspecto parcial dela. Trata-se de uma imagem seletiva, e a representação de qualquer objeto ou cena constitui uma imagem seletiva ou um esquema de imagens que pode ser chamado de "interpretação" desse objeto ou dessa cena. Dissemos também que as imagens figurativas não são normalmente puras, contendo uma mistura de expressividade subjetiva, uma carga emocional. E falamos também de imagens-fórmulas expressivas como símbolos sensoriais da emoção. Quando usamos o termo "experiência" em nossa definição, referimo-nos aos acontecimentos que precedem e conduzem à formação de todas essas imagens, ou o impacto do mundo exterior sobre o artista ou as emoções que sente e deseja expressar. É daí que nascem as imagens, e esses pontos de referência constituem parte de sua significação. Em outras palavras, a arte está profundamente ligada a um processo de vida e qualquer definição deve englobar tal ligação, razão por que usamos o termo experiência, que significa o que acontece em *nós* em meio a um mundo que *não* somos nós, o mundo da natureza, da sociedade e da vida supraindividual. Ele nasce do impacto de coisas exteriores sobre nosso corpo e nossa mente e da vida que circunda e transcende a limitação individual, variando, naturalmente, da mais íntima sensação física até as mais complexas perturbações mentais e espirituais. Não é possível indicar esta ou aquela classe de experiência como a matéria-prima da arte. O mundo de luz e de cor encontrado na pintura paisagística, construído com delicadas reações sensoriais, implica experiência tanto quanto os poemas de John Donne com todas as suas questões morais e religiosas.

Mas é necessário que mantenhamos o sentido de experiência, em nossa definição, bastante amplo e geral, distinguindo-o claramente da noção de experiências isoladas, como acontecimentos históricos particulares. Muitas vezes, obras de arte acompanham experiências individuais, como ser repudiado no amor, ver uma operação cirúrgica, participar de um bombardeio aéreo, ver uma paisagem, ficar de luto, etc., porém a arte não constitui um livro de registro dos acontecimentos autobiográficos da vida do artista, ela não é apenas lembrança ou memória. Pelo que dissemos anteriormente sobre imagística e interpretação da natureza, sabemos que obras de arte nunca podem ser históricas, no sentido estrito da palavra; elas apenas podem apresentar, mesmo em suas manifestações mais realistas, uma seleção dos acontecimentos da vida, que, por sua própria natureza, já é diferente da vida.[1]

Mas se rejeitamos a ideia de que a arte é um equivalente das situações reais nas quais o artista esteve envolvido, devemos insistir explicitamente em que as origens da arte residem na experiência concebida como o vasto reservatório de sensações, impressões, ações e acontecimentos experimentados que cada vida oferece à medida que é vivida, e sobre os quais trabalham o pensamento e a imaginação do artista, combinando e recombinando memórias e imagens. Os críticos positivistas de cinquenta anos atrás não se cansavam jamais de buscar os modelos da vida real nos quais os autores baseavam os personagens de peças ou de romances; mas os próprios autores, de modo geral, desdenham tais buscas por atribuírem-lhes pouca importância, não por não usarem tais modelos, mas por sua significação na arte ser diversa da significação das pessoas reais que porventura os possam ter ajudado a pôr em funcionamento sua imaginação. Pois alguma coisa que pertence a *toda* experiência entra numa obra de arte, mas a experiência é indispensável; é preciso que haja contato entre a imaginação e a vida do homem e da natureza. As relações específicas entre a obra de um artista como sequência espiritual e sua vida pessoal como sequência biográfica são sempre complicadas e diferem de artista para artista. Mas é certo que os artistas, como todo mundo, têm disposições características de suas emoções, suas obsessões e seus desejos inconscientes, têm temperamento e interesses compulsivos, todos verdadeiros, que existem antes da obra de arte, fluem nela e continuam a existir depois dela. Só esses darão verdadeiro caráter e consistência de estilo a uma série de obras, constituindo a vida da qual elas emergem e imbuindo-as de sinceridade. Obras de arte não são criadas por uma imaginação que trabalha sobre si mesma, refletindo-se a si mesma e a seus processos em espelhos; são criadas por interpretações, por pensamentos e por julgamentos sobre a vida e as emoções e as ideias que ela evoca. E é por isso que a novidade, que caminha a par com a vitalidade e a sinceridade pessoais, constitui um critério legítimo de

---

[1] Cf. W. H. Auden: "Em sua profissão, o artista ocupa-se da conversão desse material subjetivo (isto é, 'o pessoal e existencial que são seu assunto') numa forma objetiva a-histórica e sua desordem verdadeira numa ordem possível, entre outras" (*Partisan*, fevereiro, 1950).

arte. Onde está a novidade genuína está também o "espírito contemporâneo". E como tal processo criador é natural e orgânico, é provável que o artista seja mais genuíno e contemporâneo quando está integrado no que parece ser sua problemática pessoal do que quando procura hiperconscientemente generalizar a respeito de seu tempo e "representá-lo". Para ser verdadeiro a respeito de sua época, o artista só tem de ser fiel a suas próprias emoções.

O "retorno à natureza", rótulo de tantas revoluções poéticas e artísticas que têm produzido "naturezas" tão variadas, é uma das ideias gerais à sombra das quais os artistas libertam-se dos sentimentos, dos credos e das conscientizações de gerações anteriores, procurando definir os seus próprios, o que implica necessariamente novas "formas" e uma nova "dicção". Assim deu-se com Dryden e Pope, com Herder e Goethe no início da década de 1770, com Rousseau, com Wordsworth, com os pré-rafaelitas, com o realismo da metade do século XIX e com a procura da honestidade emocional no século XX após o vitorianismo. A crítica das novas gerações contra cada um desses "retornos à natureza" é com relação ao seu artificialismo, o que é perfeitamente natural. O processo de educação na infância, ligado à linguagem e às formas de arte existentes, não pode deixar de transmitir ideias e convicções não estritamente relevantes à nova vida da criança que se desenvolve, pois a soma de linguagem e de arte de qualquer momento dado representa o grau de esclarecimento atingido pelos que fazem uso dessa linguagem e dessa arte e que ampliaram sua expressividade. Embora assimilando conhecimento e ideias das quais precisará, a criança ainda terá de enfrentar a tarefa de esclarecer sua própria vida, que está adiante do sistema verbal e das formas de arte de seus pais e de seus professores. O esforço deliberado de revolta de cada geração é necessário a fim de bem contrabalançar o próprio processo educacional por meio do qual ela domina o conhecimento e a arte e chegar, assim, a atingir sua própria identidade. Imaginação é o mais poderoso dos instrumentos, descobrindo o segredo de novas emoções e de novas convicções.

Nasce daí o zeloso sentido de vocação e de missão dos jovens artistas e poetas, sua sensação de serem arautos de novas verdades e sua notória predileção pelas táticas de choque. Nada disso garante, por si, a descoberta de novos veios de riqueza. De modo geral, proclamam o falso tanto quanto o genuíno. Mas seu comportamento nasce do profundo instinto do temperamento imaginativo, ligado a fortes impulsos, para encontrar palavras e imagens para seu próprio ego, seu próprio espírito sacrossanto.

No sentido que lhe damos, o termo experiência abraça tanto o objeto quanto o sujeito, porém a relação entre eles toma as mais variadas formas. É claro que inclui fortes componentes da individualidade e do caráter emocional do próprio artista, já que determinam suas reações, como as de todo mundo. Inclui ainda aquele interesse primeiro de que falamos em capítulo anterior, a compulsão pré-racional e pré-consciente que dirige o artista – como todo mundo – em seus interesses e em seus gostos. É o que compreendemos ao sabermos, por exemplo, do prazer de Proust em anotar e analisar o que acontecia à sua volta, pois constitui um traço individual que o distingue de outras pessoas que não sentem esse mesmo prazer, com consequências para sua arte. Eliot escreveu que "experiência" é aquilo que nos acontece quando fazemos as coisas que queremos, de modo que a base da experiência sempre sugere determinada pessoa agindo e reagindo de certa maneira, sendo comovida ou impulsionada por coisas e por acontecimentos. Nas pessoas sensíveis ela sempre implica também pensamento e imaginação, agindo com a ação e a reação e influenciando-as. Assim, experiência vem a significar mais do que apenas o que nos acontece; ela é isso aliado a nosso conhecimento e a nossa compreensão do que acontece, bem como ao modo pelo qual relacionamos tudo a estes últimos e ao processo contínuo da vida. De forma que suplementamos nossas constatações do elemento fatual e pessoal da experiência com a noção de sua elaboração imaginativa. Como observou Henry James, não é realmente necessário que os artistas vivam todas as experiências magnas e violentas retratadas em sua obra; eles precisam de uma imaginação que descortine sua magnitude a partir de sugestões as mais mesquinhas. Não procuramos buscar mais longe do que em Shakespeare ou em qualquer outro dos grandes poetas trágicos para ilustrarmos tal verdade, pois nenhum deles foi o assassino que retrataram com tamanha precisão psicológica. Sem dúvida, esse é um dos aspectos da decantada "intuição" dos gênios.

A comunhão entre vida e intuição sobre o viver constitui, é claro, a matriz de onde nasce toda arte, e a razão pela qual a voz do gênio é sempre pessoal e impessoal. A inclinação pessoal é sempre sublimada no estilo da arte, porém a vida que fala por intermédio do indivíduo é supraindividual. É uma vida que flui através de todos os vários fenômenos da natureza e do homem e da qual o artista participa tanto quanto qualquer outro homem; porém, como uma imaginação, como meio de expressão da intuição, ele alcança conhecimento e significação mais amplos dessa vida e torna-se instrumento de alguma coisa que transcende muito seu eu individual e suas ações. Por meio da imaginação ele fica em contato com a espiritualidade que circunda e permeia a vida humana, e sua voz torna-se por isso maior do que ele mesmo. De modo geral, primeira pessoa do singular do poeta lírico é uma convenção ou um disfarce, já que oculta uma voz geral.

Assim, toda arte é ao mesmo tempo uma metáfora da individualidade do artista e uma metáfora da humanidade em geral, já que se alimenta inevitavelmente de ambas as fontes. Ela mostra uma busca pela identidade do eu em analogias sensoriais congruentes, uma delineação simbólica do eu mais profundo e secreto: é a imagística na qual o eu e o mundo coabitam. O eu é submerso no mundo, porém o mundo se expressa por esse eu. Tal é o processo que se consuma nas estruturas metafóricas da arte, que não são "objeto" nem "sujeito", mas ambos ao mesmo tempo numa transformação e numa construção ideais; isso explica sua ressonância e sua reverberação, o sentido de significação infinita encontrada em formas finitas. Vida e intuição, processo e imaginação, detalhe histórico e impacto supra-histórico mesclam-se na arte e é assim que a experiência é revivida como ideia.

Grandes pensamentos, ou "percuciências espirituais", não fazem por si a poesia porque, embora nasçam da estrutura da vida, não incorporam em si o mundo do processo sensorial, sendo formulados como abstrações impessoais. Podem, porém, formar parte da poesia quando se lhes é permitido aparecer dentro de um contexto maior que abranja a imagística da experiência, como acontece – para usarmos um exemplo notável e excepcionalmente pertinente – em O *Prelúdio*, de Wordsworth.

O caso é semelhante ao misticismo, ao qual vale a pena fazer breve referência, já que o poeta e o místico muitas vezes existem na mesma pessoa. O essencial aqui é não confundir a verdadeira experiência mística com sua descrição ou com a poesia, quando tal descrição tem qualidades poéticas. Muitos místicos descreveram suas visões, é verdade, mas a experiência mística genuína jaz além de qualquer descrição ou relato, inacessível a meros leitores. Por mais vivamente que escreva, o místico vive uma experiência que não é dada a seus leitores, porém o escrito místico – e essa é sua ambivalência – compartilha o poético quando há qualquer tentativa de construir um conjunto de imagens a partir de uma experiência. Ao ser formulada em determinado meio de expressão, a experiência afasta-se do verdadeiramente místico para tornar-se algo diferente, passando a ser uma revivência em termos sensoriais. Torna-se um poema, sendo acessível a outros.

3. REVIVÊNCIA E IDEIA

Imagens da arte, derivando-se do conhecimento do mundo exterior e do eu, são ideias-imagens que incorporam interpretação e expressão de experiência na forma generalizada que acabamos de descrever.

Por ser uma ideia, a arte existe fora do fluxo da experiência, mas por ser sempre imagística ela também é uma revivência de aparências sensoriais. Nessa curiosa natureza das ideias-imagens da arte, bem como na relação funcional entre elas dentro de um sistema unificado, é que reside sua ambiguidade. Ela é iluminada ao mesmo tempo por dois mundos, o das aparências tempo-espaço e o da mente que o interpreta. As duas coisas, ideia e revivência, existem juntas sem a menor possibilidade de serem separadas.

Poesia e arte usam as aparências do mundo real, porém com uma sutil readaptação que as afasta dele. São uma criação da mente, são *ideia*, produtos do pensamento humano e não da natureza exterior. Mesmo que as chamemos de "expressões de emoção" ou de "retratos da vida" – termos comuns, úteis, porém por demais generalizados e consequentemente ligeiramente desvirtuadores –, permanecem como produtos do pensamento. A pedra de uma estátua é um objeto real, porém a estátua em si, sua forma e expressão, é – em termos de objetos reais – irreal. E nem sequer podemos dizer que uma mão a produziu, já que a mão do escultor deu-lhe forma "instintivamente". A mão não pode fazer grande coisa enquanto não for movida por uma vontade ou por uma ideia apaixonada. Por outro lado, não foi a "emoção" que a produziu, embora tal ideia, bem como a anterior, seja largamente disseminada. De certo modo, a arte inclui uma atividade que começa como comportamento, como expressão espontânea de sentimento, mas que vai muito além disso. Ela resulta de acontecimentos que ocorrem dentro da mente e dos quais fazem parte processos conscientes e inconscientes, raciocinantes, emotivos e afetivos. Um pintor, por exemplo, é atraído por um tema qualquer, digamos uma paisagem, em virtude de impulsos subconscientes, forças compelidoras de sua natureza que determinam suas atitudes, suas emoções, seus gostos e seus prazeres; tal conjunção de fatores externos e internos constitui uma sensação vital e uma animação espontânea, emoções reais após um estímulo real. Porém, a seleção das imagens que devem fixar tal visão e tais emoções com tinta, numa fórmula, implica um processo consciente complementar que pode ser verificado pelos "croquis", por tentativas, seleção e rejeição até que o artista tenha encontrado as imagens que sabe serem a fórmula certa, as imagens que seu julgamento confirma; o objetivo de todo esse processo é o de esclarecer, numa imagística daquele meio, uma *ideia* do que vê e sente. Resumindo, o estímulo do qual nasce a criação da arte é emocional, afetivo, extravolitivo e real; ele "acontece" ao artista. Mas a criação da imagística que contém sua ideia e sua emoção a respeito do tema que escolheu depende de sua imaginação e de sua avaliação consciente e constitui um processo ideativo.

A ideia de inspiração, aliada à de imaginação sensorial, embora extremamente pertinente, não pode ser tomada como contradição da análise acima, embora seja por vezes usada para isso; da mesma forma como há quem queira atribuir tudo ao gênio, como se fosse um poder totalmente irracional. Isso implica excessiva simplificação do problema. Primeiro, deixa de dar margem ao adestramento e ao desenvolvimento de seus dons, que os grandes artistas buscam e atingem por meio do estudo deliberado, transformando uma atividade natural ou uma forma espontânea de comportamento numa forma de pensamento que abrange vários potenciais de sua mente. Em segundo lugar, confunde um *mecanismo* de pensamento muito eficiente, embora subconsciente, com algo que fica inteiramente fora do pensamento humano; ou, para empregarmos os termos mais usados no caso, chama de "irracionais" os processos do gênio, tornando implícito com isso que alguma coisa vitalista e que se assemelha a uma vida orgânica pode vir de onde estão ausentes a racionalidade e a idealidade. A mais grosseira manifestação desse erro aparece na convicção – muito vaga, porém muito comum – de que as obras de arte são concebidas instantaneamente e executadas sem hesitação, brotando e atingindo plena floração por obra e graça da natureza que produz o mundo silencioso do subconsciente e sua beleza. Do sentido de unidade que encontramos nas obras de arte, tal convicção pareceria argumentar, retrospectivamente, em favor de um fabuloso ato de criação inicial, no qual tudo seria concebido e feito num repente. Há inúmeras indicações de que os aspectos principais de algumas grandes obras de arte foram concebidos simultaneamente, bem como de que alguns poemas podem ser concebidos num imediatismo quase que de sonho. Mas mesmo assim não se pode confundir um mecanismo de pensamento com a ausência dele. O modo de nos ocorrerem as ideias, seja após pensamento deliberado, seja espontaneamente, pertence a esse mecanismo, e o repentino emergir de ideias vindas do subconsciente ou o sucesso repentino na organização de ideias correlatas não lhes altera o caráter de serem ideias nem exclui a possibilidade de longa gestação subconsciente, como pode ser particularmente bem ilustrado pelos cadernos de notas de Beethoven.[2]

Nem o fato de uma obra de arte ser o resultado de um processo de pensamento, o que significa que ela cresce no tempo, ou o fato de que ela utiliza a

---

[2] Cf. também *Mozart*, de J. Dent (Proc. Brit. Acad. XXXIX, 1953, p. 181-95), em que ele apresenta novas provas de extenso trabalho de preparação técnica nos métodos de Mozart em oposição à visão romântica de que compunha por pura e ingênua inspiração.
Em relação a isso, vale a pena também notar que a *criança* prodígio é um fenômeno de executantes e não de artistas criadores. E mesmo no notabilíssimo Mozart não é difícil sentir a experiência e a maturidade dos grandes concertos para piano em comparação com aqueles para violino escritos quando ele tinha dezenove anos, por mais belos que sejam.

ilusão da vida sensorial, isto é, da vida no tempo, há de colocá-la em qualquer outra categoria que não a do pensamento. É necessário certo tempo para compor um poema e também para lê-lo, e o tempo pode ser o seu tema, porém o poema em si é colocado fora do tempo biográfico humano porque é uma *ideia*. E sabemos que é uma ideia porque está fixado numa fórmula e pode ser repetido em pensamento e só em pensamento. Um poema não pode "acontecer" nem ser "uma experiência" antes que alguém o reconstrua como pensamento ao lê-lo, o que é um ato volitivo ou de desejo particularizado e consciente. O mesmo aplica-se à música, à mímica ou ao balé, com a única diferença de que nestes últimos é necessário um intermediário, o intérprete, que configure para nós as imagens da fórmula de modo que possamos reconstruir a obra de arte em nosso pensamento.[3]

Mas o caráter da arte como ideia emerge surpreendentemente de outro aspecto de nossa preocupação com ela. A noção de "unidade" ou de unidade-dentro-da-diversidade é lugar-comum na estética e na crítica e, novamente, aqui se sugere constantemente que "percebamos" a unidade – da pintura ou do poema – num repente, por meio de alguma "intuição" ou reconhecimento instantâneo que parece excluir o modo mais lento e familiar de pensar e de raciocinar etapa por etapa. De novo, penso, um mecanismo de pensamento obscurece o fato do pensamento. "Unidade" não é uma experiência sensorial, mas uma ideia a respeito dela; é uma interpretação. E o mesmo acontece com uma obra de arte; a unidade é o resultado do pensamento imaginativo do artista que a construiu. Nossa percepção, embora rápida, especialmente se temos experiência, é uma construção comensurável com a do artista. O caso é claro nas formas que necessitam de intérpretes. A "unidade" de um movimento sinfônico não é uma iluminação acidental e instantânea, mas resulta do conhecimento de suas partes, e estabelece-se na mente cada vez que é tocado por um processo no qual acompanhamos as imagens musicais e lembramo-nos de sua sequência, percebendo gradativamente suas relações. A compreensão da unidade não pode ser mais do que um produto do pensamento a trabalhar com os materiais da memória.

---

[3] Cf. J.-P. Sartre, *The Psychology of Imagination*, p. 211-17.

Facilidade e fluência da compreensão, às vezes confundidas com "intuição", resultam da prática. Acontecimentos, inclusive ação e comportamento, existem no tempo e não podem ser repetidos; arte, embora exista necessariamente no tempo como experiência, é intrinsecamente uma construção de pensamento, de ideias extratemporais.[4]

Dessa insistência na idealidade da arte, voltamos à noção de revivência, já que só ideia e revivência juntas podem fazer justiça à sua ambivalência. Qualquer definição deve incluir em seu âmbito os termos sensoriais da arte, a característica de repetição, de reflexão, de imitação, de mimese, de representação, de apresentação, de simulação ou de ilusão da vida. Todos esses termos lembrados originam-se do fato de a arte fazer uso das aparências de tempo-espaço que também caracterizam a vida e a natureza. Um drama não é vida real e o tempo exigido por seu tema, ou história, não é o mesmo que o tempo verdadeiro gasto num espetáculo, mas ele tem de criar a ilusão do tempo para representar seu tema e permitir-lhe evocar as emoções adequadas. Uma figura esculpida imita, na imagística da pedra ou da madeira, as condições espaciais, táteis e dinâmicas que pertencem a uma figura na vida real. Mesmo na arquitetura e na arte abstrata a apreensão da significação implica a ilusão de "emoções", como o sentido da resolução de um conflito ou do equilíbrio de forças em luta, ou a expressão de algum estado de alma indefinível, como alegria, paz e felicidade, ou da experiência de uma qualidade desejada, como dissemos em relação às imagens-fórmulas expressivas. O estilo gótico expressa a noção cristã do numinoso, o barroco, o sentido dramático da dualidade da vida, enquanto a moderna arquitetura "funcional" fornece, em geral, uma imagem insinuante de uma economia fresca, honesta e racional ligada a um simples prazer sensorial em texturas e no jogo claro da luz nas superfícies. Olhar para tais manifestações de arte renova o sentido das qualidades que elas encarnam e dá prazer.

---

[4] Não ignoro aqui, e muito menos rejeito, as teorias gestaltistas sobre conscientização imediata das configurações na percepção. A teoria *gestaltista* é importante para a estética. Como no caso das formas orgânicas naturais, entretanto, a contribuição específica da arte jaz além dos processos esclarecidos pelas teorias *gestaltistas*. Esse e outros aspectos correlatos da estética são amplamente debatidos no excelente *Theory of Beauty* de H. Osborne (Londres, 1952).

"Revivência" é uma concepção adequada, portanto, mesmo aqui. Mais adequada que os termos tradicionais, como representação, ilusão ou qualquer outro mencionado anteriormente, por aplicar-se igualmente aos aspectos figurativos e expressivos da imagística. Revivência da emoção como ideia na música ou na arquitetura, por exemplo, é uma noção mais lúcida e compreensível do que a da "representação" das emoções, e preserva dentro da ideia geral de simbolismo da arte uma útil clareza analítica.

Assim, a definição proposta – a arte é a experiência revivida como ideia, sendo o instrumento dessa revivência a fórmula da imagística (ou seja a imagística-dentro-da-linguagem) – tenta reconciliar os aspectos difíceis e contraditórios da arte dentro de um mesmo princípio.

4. INTEGRIDADE NA ARTE RECONSIDERADA EM RELAÇÃO À EXPERIÊNCIA E À IDEALIDADE

Nossa teoria de imagística e nossa definição de arte permitem-nos propor o problema da integridade na obra de arte sob um novo prisma. Por integridade queremos dizer sua característica de ser um mundo contido em si mesmo, um mundo com sua própria ordem e perfeição e requintadamente diferenciado do mundo quotidiano. Existe uma quase unanimidade em torno dessa qualidade, embora ela seja explicada de maneiras várias, mas sempre houve desacordo sobre as implicações daí advindas na questão do que a arte tem a ver com a vida. O conflito polariza-se convenientemente em duas posições extremas, argumentando uma que o valor da arte consiste em certa relevância social de alguma espécie direta e óbvia, enquanto a outra mantém que seu valor reside num idealismo transcendente que lhe é inerente e que a separa definitivamente da "vida" que, aos olhos dessa corrente, é desdenhada por sua vulgaridade. Uma das posições subestima e a outra superestima a ideia de integridade de tal modo que acaba cada uma por negar boa parte da arte – na verdade, toda a arte aplaudida pela posição oposta. Exemplo histórico disso foi o conflito, no final do século XIX, entre romance e drama naturalistas e o contemporâneo estilo simbolista na poesia. Tais posições extremas destroem-se mutuamente e somos levados a concluir que uma e outra são errôneas tanto em relação à arte quanto à integridade.

Iniciamos este capítulo salientando que a arte nasce da experiência e não é criada do nada. Dissemos que é um modo de pensamento, porém de um pensamento implícito em formas sensoriais, representando a natureza e expressando emoções. Relembramos aqui também um ponto tratado no primeiro capítulo: de que seus significados só nos são acessíveis se os pudermos comparar com outras espécies de experiência e de conhecimento, se pudermos, por exemplo, comparar a pintura de uma paisagem com as paisagens do mais ingênuo realismo ou com as da verdade científica. E de fato, para ser franco, a arte só é interessante e agradável porque ilumina nossa vida, a vida que há em nós, a vida dos objetos e a vida dos homens e da natureza, da sociedade e da história. Não nos seria possível viver apenas de arte "geométrica" ou das artes de pura composição; elas são expressivas até certo ponto, porém necessitamos mais frequentemente ainda do efeito direto dos grandes poemas e quadros sobre nossos sentimentos a respeito da natureza da vida e do destino. A força de toda arte "abstrata" repousa precariamente no poder de nos convencer de que "emoções", "ideias sentidas" ou "intuições", bem como sinceridade, são relevantes, por mais difícil que seja analisá-las.[5]

Assim, o problema está em admitirmos que a arte, como criada por um artista, tem claramente alguma ligação íntima com "vida" ou "experiência", que sua significação depende de algum modo dessa ligação, mas admitindo também que ela é, ao mesmo tempo, de algum modo diferenciada delas, emoldurada na perfeição final de sua formulação e elevada acima dos grilhões do físico e do orgânico.

A solução desse enigma está em ser a obra de arte *uma resultante*. Ela é um resultado especial da experiência, daquela experiência composta pelo mundo exterior e pela reação do artista com ele. Como resultado desses antecedentes, ela se liga a eles como uma criança a seus pais. Mas, sendo uma resultante, é uma coisa nova. Ambas as posições pertencem à obra de arte e o leitor ou espectador tem consciência de ambas, vendo nela tanto a vida quanto sua transfiguração

---

[5] André Malraux, em *La Psychologie de l'Art*, dá excessiva ênfase à ideia de que os artistas são mais inspirados pela arte do que pela vida. Eles se alimentam de ambas as coisas.

na arte, e também quais aspectos da vida tocaram o artista e de que modo ele lhes deu uma forma ideal em imagens, se modelada de forma bem próxima aos originais ou livremente combinada e elaborada.

Tais observações mostram que a integridade da arte é uma condição de perfeição que não prejudica de forma alguma a questão das origens. Numa análise técnica, é útil dizer que a arte não "trata" de coisa alguma, no mesmo sentido que um livro sobre mobiliário "trata" desse assunto; a arte é ela mesma. Em linguagem simples, porém, será igualmente útil dizer que a arte sempre "trata" da experiência. Dito assim claramente, isso deve evitar qualquer má interpretação de nosso ponto de vista sobre a "idealidade" da arte, atribuindo-lhe excessiva intelectualização. Emoções de alguma natureza, seja qual for sua força ou seu grau, estão invariavelmente presentes no processo da arte e logo examinaremos mais detalhadamente sua incidência; mas na obra de arte terminada, o que temos não são emoções e sim *ideias* de emoções fixadas nas fórmulas da imagística. Aí reside o segredo da "emoção rememorada na tranquilidade" de Wordsworth ou, como dizemos, revivida como ideia.

5.
A) A ARTE EM RELAÇÃO À EXPERIÊNCIA DO ARTISTA E DO ESPECTADOR
B) O PROBLEMA DA EMOÇÃO "VERDADEIRA" NA CONTEMPLAÇÃO DA ARTE

Requerem comentário especial dois problemas ligados à arte e a sua relação com a experiência: o primeiro concerne ao artista e ao espectador da obra de arte e envolve a questão da compreensão e avaliação, enquanto o segundo concerne só ao espectador e ao tipo de emoção que tem no processo da contemplação da arte.

Na seção anterior, dissemos que, embora a arte nela contenha seu significado, a que chamamos sua integridade, ela nasce da experiência. Do mesmo modo, acrescentamos agora, ela só poderá ser compreendida por observadores com experiência própria suficiente para dar vida a seus significados. Nada é tão absurdo quanto a ideia de que não precisamos de preparação para apreciar a arte. Ao defender tal ideia, muitos entusiastas, sem saber, juntaram-se às forças dos bárbaros e dos filisteus. Bem sabemos como é gradativo o desenvolvimento de nossa compreensão de um poema ou de qualquer outra obra de arte, a começar do final de nossa infância ou do início da adolescência, e quão frequentemente mais tarde, na vida, temos a sensação de, súbito, "compreendermos" um poema ou a linha de um verso pela primeira vez. Por que isso aconteceria, senão pela ampliação de nosso conhecimento e de mais experiência que constituem o campo em que devem reverberar os poemas que lemos? A ode de Wordsworth, *Intimações da Imortalidade*, por exemplo, contém um elogio à infância, porém um tipo de elogio inteiramente além da compreensão não só das crianças como de todos os jovens. Em outras palavras, a obra de arte não pode, por si só, criar ou induzir em qualquer indivíduo a qualquer momento as condições da compreensão. Muito pelo contrário, ela deve ir ao encontro de um contexto de conhecimento e de preparação emocional. Felizmente, aqui, como na maioria dos aspectos da criação e da observação da arte, nem sempre ficamos diante de uma cruel alternativa de total compreensão ou de total falta dela; as obras de arte dão-nos grande prazer mesmo quando só apreendemos parcialmente seu sentido e sua beleza. Porém, buscar a arte implica a procura daqueles momentos felizes em que uma obra e nós nos encontramos em perfeita sintonia. Uma vez alcançados, tais momentos determinam a criação de critérios e forçam-nos a procurá-los novamente. Trata-se de um processo natural naqueles interessados em arte.

Examinando mais de perto o problema (e para evitar fraseologias mais complexas, referir-me-ei apenas a poetas e a poemas, tomando-os como típicos do artista e das artes em geral), verificamos que o principal aspecto será uma influência contínua e mútua entre experiência real e imaginação, o que se aplica (embora o ponto de vista do poeta não seja o mesmo do leitor) tanto à feitura quanto à contemplação de um poema. Um poema ocupa certo lugar histórico na vida do poeta, e é claro que nos referimos aqui à sua vida espiritual e não apenas à sua biografia. Ele se relaciona à sua vida pregressa e à sua experiência e é produto de um estágio determinado de seu desenvolvimento total como ser sensível, pensante e criador. Não poderia ter sido criado em estágio anterior, e se fosse escrito mais tarde não seria o mesmo poema, mas outro, produto de um estágio posterior de desenvolvimento. Por outro lado, temos o leitor que lê um poema – tanto quanto seu autor – em determinado estágio de sua vida. Tem certa idade e foi equipado com determinada experiência e conhecimento; é uma certa pessoa num momento específico de seu desenvolvimento total, e tudo isso o influencia na leitura do poema.

Vemos daí que qualquer "compreensão" ou "reação" ao poema é necessariamente relacionada aos dois mundos de experiência envolvidos no ato e constitui o produto de um ponto de interseção entre eles, sendo ambos relevantes à leitura. Com isso, quero dizer que determinadas forças e determinados significados transbordam de ambos os mundos ao poema, mas não afirmo que haja qualquer troca caprichosa ou caótica entre eles.

Assim, a leitura de qualquer poema coincide com algum ponto de uma escala entre a reação quase ingênua e aquela totalmente preparada. Uma leitura ingênua – no sentido mais estrito do termo – é impossível em vista das premissas a partir das quais argumentamos, já que pressupomos para todo e qualquer leitor algum grau de preparação. Há certa tentação para chamarmos de ingênua qualquer leitura na qual haja uma interseção simples entre um poema e uma reação não precedida de qualquer preparação especial; é o que geralmente acontece quando lemos um poema pela primeira vez e, deixando que ele cause um impacto claro e fresco, buscamos seu toque particular de beleza ou de interesse. A arte de afastarmos de nossa mente o preconceito e a consideração irrelevante para permitir que o poema cause seu próprio e puro impacto, na verdade faz parte da leitura e é devidamente salientada hoje em dia no ensino da crítica. Mas é preciso compreender a situação: alijar da mente matéria irrelevante não é de longe o mesmo que torná-la uma espécie de vácuo virginal; na verdade, a qualquer momento de nossa vida só nos é possível ter a mente que temos, formada, desenvolvida, equipada, enriquecida e em complexo funcionamento da forma como é.

Assim, a ideia de uma leitura completamente inocente pode – uma vez que foi denunciada a excessiva simplificação implícita no termo – ser abandonada como mito. O que temos realmente na leitura de um poema é uma série de variantes condicionadas por duas coisas: a) a experiência geral e o preparo do leitor em relação à vida e à poesia, sem deixar de levar em conta seu caráter e seu temperamento, e b) o conhecimento e a compreensão do leitor em relação ao contexto do poema na experiência *do autor*, com o que queremos dizer não apenas seu lugar numa sequência cronológica e biográfica, porém numa vida espiritual. Nessa complicada relação é que reside a justificativa do estudo e do comentário acadêmicos.

A análise, porém, não fica completa sem uma referência especial ao papel da imaginação, que é uma faculdade compensadora. Salientamos suficientemente que um poema não é a documentação de acontecimentos particulares. Para escrever seu poema o poeta precisa de certa quantidade de experiências e certo grau de imaginação (isto é, domínio da imagística e percepção das relações e dos significados); a elaboração de uma coisa pela outra ou, em outras palavras, sua mútua frutificação, produz a intensidade da formulação intuitiva que nos surpreende na poesia e na arte. A relação exata entre as duas coisas varia muito, mas dada *alguma* experiência, a imaginação – quando é poderosa – tende a tornar os detalhes históricos da experiência irrelevantes e, até certo ponto, supérfluos. Eles são geneticamente importantes por haverem ocasionado o nascimento do poema, porém em última análise este é válido por significados não históricos.

Isso nos dá uma segunda relação entre poeta e leitor que, paralelamente à primeira, discutida anteriormente, podemos descrever como ocorrendo no ponto de interseção entre os *poderes imaginativos* do poeta e os do leitor, entre o processo visionário do poeta e a capacidade do leitor de reagir a ele. E novamente, essa relação varia muito.

Esses dois pares de relações – experiência e imaginação – influenciam-se mutuamente a todo momento e, de modo geral, podemos dizer que o segundo compensa a falta de correlação no primeiro, fazendo com que uma constituição generalizada e imaginativa de experiência – que é uma ideia – substitua a simples compreensão conceptual de experiências práticas similares em duas pessoas. Segue-se um resultado paradoxal. Por um lado, a complexidade sempre variada de tais relações resulta em que a leitura de um poema por pessoas diversas ou pela mesma pessoa em ocasiões diversas, seja sempre diferente. Mas, por outro lado, o efeito da imaginação (em sua relação com a experiência) é o de inter-relacionar as referências e de generalizar; tomado como fórmula de imagística, todo poema é preciso e particular, porém, como um sistema de significados, implica um grande número de generalizações e de referências inter-relacionadas. Tal generalização não é conceptual, porém seus efeitos são de certa forma afins com os da conceituação. O mais importante é sua capacidade de ajudar fortemente a dar ao poema uma identidade consistente, da qual cada leitura será uma aproximação. O que quero dizer é que ela reforça a idealidade objetiva do poema, o que significa que quando milhares de pessoas leem O *Jardim Twickenham*, de Donne, elas não criam simplesmente um número *xis* de poemas "individuais" independentes; em vez disso, durante a leitura elas ao mesmo tempo se afastam de sua órbita pessoal e são atraídas para a de uma ideia impessoal, o poema O *Jardim Twickenham*.

Nosso ponto de vista baseia-se sempre na ideia de que uma obra de arte existe potencialmente numa fórmula de imagística e é realizada pelo observador como reconstituição de seu esquema imaginativo, apoiada por emoções. Não há dúvida de que as leituras variam; sabemos disso por experiência pessoal e por debates com outras pessoas a respeito das suas. Mas a variação é pequena e nunca a substituição de um original por outra coisa completamente nova. É um engano – embora muito em voga nos últimos anos – exagerar a ideia de variações individuais ou "pessoais" a ponto de transformá-la num dogma polêmico. O culto da interpretação pessoal pode confundir-se com um culto de excentricidade que em última análise equivale ao isolamento e ao suicídio intelectual. As opiniões de Eliot e Valéry, de que um poema, uma vez escrito, deixa a órbita de controle de seu autor, tornando-se coisas diversas para leitores diversos, contribuíram para essa voga de forma mais daninha do que teria desejado qualquer dos dois poetas. Pois, por mais difícil que seja dizer exatamente o que "é" uma obra de arte, a não ser em termos de seu instrumento material – um pedaço de pedra, pigmento sobre tela, sinais num papel ou um ruído no ar –, ela certamente não é apenas a soma de um número *xis* de realizações "individuais" de pessoas com inteira liberdade de desviar-se dela a seu bel-prazer. A fórmula da imagística não é a obra de arte, já que é a reconstituição do esquema imaginativo, mas ela *é* seguramente a chave, o guia, a diretiva. É o elo com o ponto de partida. Quero dizer que as várias realizações têm de ser "de" alguma coisa; alguma coisa deve ser realizada e alguma coisa variada. Estamos prontos a admitir que o artista, uma vez completada sua obra, pode reconstituí-la até para si mesmo, mais tarde, de modos diferentes, porém até ele terá de aceitar um ponto de partida implícito, que podemos determinar como sendo o momento em que ele atingiu com sucesso a sua fórmula. Artes interpretativas oferecem-nos exemplos notáveis de interpretações variadas e temos prazer no contato, por exemplo, com várias versões de uma obra musical. Por mais liberais, porém, que sejamos em nossa atitude em relação à interpretação, ainda carregamos o desejo de reconhecer a obra interpretada: a sinfonia *Pastoral* tem de ser a *Pastoral* e não a *Quinta*, e tem de ser tocada no estilo de Beethoven e não no de Bach ou de Wagner. Nem eu jamais ouvi mesmo o mais idiossincrásico dos amantes da música proclamar, quando tocavam a sinfonia *Júpiter*, que a ouviam em sol menor. Tais sintomas, que pertencem à experiência, são tão poderosos quanto os que nos dão consciência da variação na interpretação e salientam os fatores comuns dominantes que unificam todas as interpretações de uma obra de arte ao menos numa mesma *classe*. Em resumo, não devemos subestimar a idealidade da arte e o alto índice que tem de enunciação generalizada e suprapessoal, mesmo quando sua recepção tem de permanecer sempre sensorial e particular, em favor de uma ênfase por demais fácil sobre sua "experiência" individual. A intenção da arte é ideal e a "experiência pessoal" dela não tem valor a não ser como iniciação no sentido de sua idealidade e de sua generalidade.

Dois outros resultados dessas complexas forças opostas devem ser mencionados. O primeiro é o de que a validez das primeiras leituras é reduzida. Nelas, o contexto de compreensão é muito restrito, mas obviamente amadurecimento e experiência são corretivos. Por amadurecimento não queremos dizer envelhecimento, mas a idade *adequada*. Há muitos poemas e muitas obras de arte que o observador compreende mais completamente num contexto de mocidade ou pelo menos dos primeiros anos da idade adulta, e a questão de sua qualidade e de seu valor não pode ser resolvida sem que isso seja considerado.

O segundo efeito é aquele no qual, em virtude da imaginação – ou seja, da poesia e da arte – pode-se, num grau considerável, transcender a experiência real de cada um, o que implica outra consequência, recíproca, que é a da ampliação da capacidade individual à experiência real e sua compreensão. Necessitamos de alguma experiência para reagir às significações das obras de arte, mas estas sempre aumentam-na, ampliam-na, suplementam-na, transmutando-a e completando-a. Só com alguma experiência anterior *Rei Lear* pode fazer sentido, porém a obra alterará toda experiência subsequente.

O segundo problema a ser considerado sobre a arte em relação à experiência é a questão de o observador sentir ou não emoções "reais" durante o processo e, se sentir, o que terão a ver com as emoções expressadas na obra de arte e por que elas serão comensuráveis com a idealidade e a integridade na arte.

Em primeiro lugar, deixaremos de lado como irrelevante todo uso emocional privado que se possa fazer de uma obra de arte. É psicologicamente verdadeiro que poemas e quadros podem ter significação emocional diversa para pessoas diferentes. Posso, por exemplo, gostar de certa ária de Haendel porque a ouvi sendo cantada por um amigo numa noite de verão em Florença, circunstâncias das quais sou lembrado cada vez que a ouço. Por outro lado, o leitor a associa a um concerto coral de segunda categoria ouvido numa cidadezinha do interior da Inglaterra, o que o impede permanentemente de apreciar qualquer boa interpretação do trecho. Podemos ligar obras de arte à nossa vida de inúmeras maneiras. Porém, por mais verdadeiros que sejam, fatos psicológicos dessa natureza não podem ser incluídos na análise da arte a não ser para serem notados como intromissões indevidas. Constituem um comportamento particular arbitrário e não a contemplação de criações da imaginação. Qualquer objeto na natureza, digamos uma flor, em determinado jardim ou vaso, pode ser apropriado para usos emocionais do mesmo modo, mas embora chegue a "significar" coisas diversas para pessoas várias, em certo sentido ela permanecerá sempre *uma flor* e não apenas um estímulo.

Se falamos de emoções reais presentes na contemplação estética, referimo-nos pelo menos a emoções de algum modo relevantes à obra de arte. Os exemplos mais simples são aqueles que ocorrem quando acompanhamos uma história ou uma peça. Temos piedade de Lear e Cordelia, "odiamos" Goneril e Regan, sentimos "indignação" diante de seu comportamento, nossa "dor" e nossa "tristeza" arrancam-nos lágrimas no final. Em resumo, envolvemo-nos nas histórias com nossas emoções afinadas segundo determinada tensão à medida que "nos solidarizamos" humanamente com os personagens e seguimos seus triunfos e seus fracassos com emoções correspondentes. Outro exemplo são os poemas líricos que evocam estados de alegria ou de tristeza, ou dor, esperança, melancolia e assim por diante, quando podemos experimentar algo muito próximo dessas emoções reais.

Creio que devemos lembrar que todas as condições ou todos os atos de pensamento são parte de uma existência psicomental contínua. Um homem vive e seu pensamento é parte do estar vivo: ele não para de viver para pensar e, depois de haver pensado, recomeça a viver. O que acontece é que muitas de suas atividades cessam quando quer pensar ou então são executadas automaticamente sem que ele tenha consciência delas. Desse modo, filósofos e outros homens conseguem chegar diariamente a seus escritórios completamente mergulhados em certa sequência de pensamento que os impede de perceber um amigo que cruza com eles na rua. Por sua vez, esses amigos não vistos podem observar o movimento dos lábios do homem ou escutar um "Ora, essa!" murmurado, que sugere certo desapontamento, ou ver um sorriso que indica satisfação. Donde podemos deduzir que certas formas de comportamento acompanham o pensamento. Sabemos também que a leitura de um livro de qualquer natureza, e inclusive mesmo as obras científicas e as de argumentação filosófica, pode dar lugar a emoções reais de depressão ou de bem-estar, de surpresa, de animação, de suspense, de indignação etc. Pensamento puro, ou ato de pensar puro, é um conceito abstrato, enquanto as situações reais – ou seja, um homem de verdade pensando – são pensamentos num contexto psicofisiológico completo. O que é crucial, porém, é admitirmos tudo isso e continuarmos a acreditar que os aspectos de comportamento da situação real são inteiramente subordinados. Eles não são essenciais, mas acidentais; a essência da questão é que o pensamento – a ciência, o argumento filosófico ou o que seja – é precisamente uma *abstração*, e que concebê-lo mesmo parcialmente como uma situação física é ofender sua aspiração. O pensamento tem por intenção o abstrato.

Sendo a arte, por sua idealidade, uma forma de pensamento, segue um esquema semelhante em alguns aspectos. Emoções reais sentidas durante os vários tipos de leitura mencionados anteriormente – surpresa, animação, etc. – também são vivenciadas na observação da obra de arte. Porém, além disso, já que a arte utiliza as aparências da vida, temos consciência de emoções muito semelhantes às emoções verdadeiras provocadas pelos vários aspectos do tema de uma obra de arte. É preciso admitir que uma bela pintura religiosa nos coloca num estado de espírito religioso. Estetas empedernidos o negam, mas o provável é que eles, com ligeiros vislumbres de desonestidade, reprimam suas reações religiosas ou, se na verdade não a sentem, é possível convencê-los de que perdem, pelo menos, metade da significação da obra. Uma pintura da Natividade, destituída de sua religiosidade, não faz sentido. E assim também poemas, quadros ou músicas induzem "estados de espírito" de vários tipos que têm realidade emocional, seja ela alegria, triunfo, tristeza, romance, felicidade, aspiração, edificação, nostalgia ou o que queiram. A intensidade emocional de um estado de espírito pode variar muito e parece-me que o que precisamos fazer é distinguir entre a emoção – digamos, a *alegria* –, que é componente de uma experiência *verdadeira* (a alegria de encontrar um amigo ou um amante), e o *estado de alegria* que uma obra de arte pode produzir, enquanto se admite a mesma *realidade* de emoção nos dois casos.

Talvez possamos apresentar a questão da seguinte forma, bastante simples: ler um poema, por exemplo, traz à baila uma série de fatores emocionais presentes também em outras espécies de experiência, porém com equilíbrio diferente. Numa situação estética o objetivo último é a compreensão e o gozo de uma obra de arte total, completa e una. Parte do processo de alcançarmos tal objetivo implica sentirmos emoções verdadeiras que variam de estágio para estágio. Elas não são tão fortes quanto seriam em situações de ação, porém são verdadeiras no sentido de serem da mesma espécie psicológica.

Outro aspecto importante do problema é que, fora do comportamento emocional verdadeiro provocado durante o processo da observação estética e da evocação por simpatia de emoções particulares, há também o fenômeno do que pode ser chamado de certa sintonia da sensibilidade emocional que acompanha a contemplação da arte. Tal fenômeno talvez seja mais vividamente observado nas artes interpretativas do que na leitura, na audição ou na observação visual. Cada atuação viva de um músico, de um ator ou de um dançarino repousa sobre alguma vibração central e real de emoção que difunde sua influência pelo todo e torna-o "vivo". De outra forma, a atuação e a arte não "funcionam". Todo músico e todo ator sabe que há ocasiões em que suas atuações "morrem" porque, por alguma razão, não conseguem produzir em si mesmos a devida afinação emocional. O que se aplica aos intérpretes se aplica igualmente à leitura e à observação visual. Não estar no "estado de espírito" para ler poesia ou para ir a um concerto são fenômenos muito comuns, tanto quanto os períodos de mera atenção mecânica durante a leitura ou a audição (não falo de atenção perturbada, o que é outra coisa). Creio que não pode haver dúvida sobre a *realidade* dessa afinação emocional – ela não é imaginada nem pensada – e talvez nos ajude a explicar o fato de intérpretes e de observadores por vezes chegarem às lágrimas, comovidos por grandes obras de arte ou por grandes interpretações.

Resumindo, observamos que na recepção da arte a imaginação e as emoções estão em contato íntimo. Podemos notar, especialmente, uma sintonia generalizada da sensibilidade emocional, a existência de reações afetivas verdadeiras em vários estágios da experiência e a reação solidária de emoções particulares. Mas se estamos assim prontos a admitir a atuação de emoções verdadeiras na situação estética, circunscrevemo-las decididamente como uma situação *sui generis* na qual a relação e a interação da imaginação e da emoção são de natureza especial. Distinguimos claramente tal situação de outras caracterizadas por uma relação proeminente entre imaginação e emoção. Destas, os casos patológicos ficam obviamente numa classe especial, de histeria aos vários sintomas de perturbação e de desequilíbrio mentais nos quais emoções verdadeiras podem conduzir a ilusões e vice-versa, quando causas imaginárias induzem condições emocionais verdadeiras. Há outra classe notável de casos, de atores ou de pessoas com temperamento histriônico que se superdramatizam. Tais pessoas são arrebatadas por seu dom ou seu temperamento e acabam tendo emoções reais que começaram simulando. Elas muitas vezes escapam habilmente da situação resultante, comportando-se como se nada houvesse acontecido, deixando os outros atônitos.

Em outras palavras, podem existir, como admitimos, emoções verdadeiras nas situações estéticas que permanecem sob certo controle, o que as distingue de casos patológicos nos quais as emoções arrebatam completamente suas vítimas. O músico ou o ator tem de estar no estado de espírito correto e tem de simular as emoções requeridas pelo que vai interpretar; e, nesse caso, simular significa induzir as emoções simpáticas complementares adequadas. Isso é uma questão de autocontrole; não no sentido de ele conseguir fazê-lo sempre e invariavelmente como quiser (já dissemos que por vezes ele se sente "morto"), mas no sentido de se tratar de um processo conscientemente iniciado e terminado. Um cantor, afinal de contas, tem de mudar seu estado de espírito para cada canção ou ária de seu repertório. Como todos os outros aspectos já mencionados, isso prova que a situação estética permite emoções verdadeiras, mas que não passam, no entanto, de tributárias da imaginação. São parte do aparato deliberadamente utilizado pelo intérprete ou pelo leitor (ou ouvinte ou espectador, etc.) para reconstituir em sua imaginação a obra de arte por meio da fórmula de imagística que se lhe depara. A fórmula em si não é a obra de arte, mas apenas a chave dela. As emoções que uma pessoa sente não são a obra de arte, mas apenas sua indispensável caixa de ressonância. A obra de arte é a reconstituição do esquema imaginativo. Nesse sentido, ela nos mostra o abstrato, ou a ideia, constituído dentro de uma estrutura de emoção viva. E talvez seja por isso que em belas-artes temos sempre a impressão simultânea de serenidade e de grandes acontecimentos ou emoções. Estas últimas estão envolvidas, a verdadeira emoção também está presente, porém a imaginação controla tudo.

6. ARTE E CULTURA CONTEMPORÂNEA

A definição aqui proposta coaduna-se com a nova posição da arte na cultura contemporânea. Anteriormente, quando crença religiosa ainda exercia controle, a arte se desenvolvia num esquema dominado pela religião. Os homens viviam segundo a religião, não segundo a arte ou a ciência, e consequentemente davam à arte um papel particular, com clara noção de seu objetivo dentro desse esquema. Podemos resumir tal objetivo dizendo que sua função era a de criar alguma coisa "bela", fazendo com isso uma contribuição específica à vida, que seria somada às realizações da religião, da moralidade e da filosofia, todas preocupadas com Deus e com o "bem" e a "verdade". Dentro do esquema da crença tradicional, a arte constituía mais um testemunho de Deus e de sua Criação. A poesia e a arte medievais talvez mostrem mais claramente como se alcançava o prestígio pela subordinação funcional, enquanto até no início do século XVIII podemos notar que, embora não servissem mais a uma crença ortodoxa, as artes ainda expressavam a primazia religiosa e uma função de natureza especializada para si.

Nos últimos dois séculos, observamos uma progressiva autonomia da arte, bem como da ciência e da filosofia. Como resultado, perdeu-se qualquer sentido simples, claro ou dogmático do que a arte faz ou de por que ela existe. Não podemos mais atribuir-lhe uma função dentro de um esquema de fé aceito por todos e, além do mais, evitamos dizer que os artistas "criam beleza". Aceitamo-la como um fenômeno de gênio natural, porém de incidência incerta e grande variedade, e aceitamos também como natural nosso interesse e nosso prazer nela. Não acreditamos, no entanto, que o "prazer" que a arte proporciona seja comum. Pois gradativamente estabeleceu-se a noção de que a arte proporciona certa *espécie* de prazer, que difere da experiência ordinária da vida e tem integridade própria.

Por isso, embora dê prazer, a arte é "séria", com a impressão de seriedade surgindo, sem dúvida, da sensação de que ela satisfaz algumas necessidades, não facilmente definidas, daqueles que nela se comprazem. Minha impressão é que hoje em dia, nessa atitude predominante, existe uma convicção, admitida ou não, de que a arte preenche uma função complexa na vida do indivíduo, com as seguintes características principais: em primeiro lugar, ela tem sempre um valor documentário, ou seja, ela sempre esclarece a vida por colocar de forma bem clara alguma coisa essencialmente observada na vida como registro de uma experiência relativamente simples ou de outra composta de várias experiências, ou por experiências ampliadas pela intuição imaginativa e por referências inter-relacionadas. Consequentemente, toda arte faz parte de um vasto esclarecimento da experiência, de cujo conhecimento e compreensão desejamos participar por simpatia, quando ela é semelhante à nossa, ou por curiosidade, quando é diferente. Interessamo-nos pela arte em virtude de nosso interesse pela própria vida. E creio que o sentimento essencialmente moderno de que a arte é alguma coisa de que temos de tomar conhecimento origina-se desse aspecto. Hoje em dia, muita gente acha que precisa saber alguma coisa a respeito de arte moderna porque de outro modo estariam "perdendo" alguma coisa, seja o sentido da vida ou o que for. Por vezes, isso é chamado de "ponto de desenvolvimento da conscientização" do tempo, uma frase que melhor descreve a condição a que me refiro. Tal sensação não é restrita a um pequeno grupo de profetas autoeleitos e seus discípulos; escritores, artistas, estudiosos, cultos e semicultos também a compartilham. Como fenômeno peculiarmente moderno, ela resulta de uma filosofia secular e de um sistema educacional amplo, porém creio que mesmo os ortodoxamente religiosos a aceitam, já que sua própria fé foi afetada pelos conceitos dinâmicos que atenuam a natureza estática do dogma.

Em segundo lugar, a arte tem função catártica, no sentido mais lato da palavra, para artistas e para observadores. Em sua expressão mais simples isso significa que, por meio da arte, eles atingem a resolução de um conflito ou a expressão de um desejo vital. Claro que há uma enorme gama de necessidades maiores e menores e talvez o melhor seja pensar na arte, no caso, como uma função de vida, o que pode ser por vezes simples e por vezes complexo. Tomemos, por exemplo, as simples qualidades de objetos belos, suas proporções, suas harmonias de cor, sua textura; dão-nos prazer e chamamo-las belas porque satisfazem necessidades elementares de natureza psicofisiológica. Fugimos da chateação e da monotonia, buscamos interesse e variedade, temos prazer em nossas atividades e em nossas reações naturais. Pertencendo à ordem orgânica da natureza, somos constantemente afetados, física e psicologicamente, pela simetria e pela justeza funcional de tudo o que é orgânico. Desse ponto de vista, o sentido de beleza dos objetos pode ser diretamente ligado ao sentido de estar em sintonia com a natureza. No outro extremo da escala, observamos como a arte reflete os distúrbios da vida emocional, esclarecendo-os e apaziguando-os ou reafirmando o desejo (adquirindo, assim, um valor ritualístico sobre o qual falaremos adiante).

Creio que hoje tais pressupostos são implícitos em relação à arte. Ela não pode mais ser aceita apenas como atividade estética a serviço de ideias aceitas da religião ou da filosofia; ela é em si um instrumento da busca e da asseveração de significados, na verdade da asseveração da própria vida.[6] Podemos livremente crer que talvez ela sempre tenha executado tal função, mas de forma velada em virtude do primado religioso, que em outras épocas fornecia uma estrutura cristalina à vida humana. Desde o século XIX e as subsequentes indefinição e insegurança filosóficas sempre crescentes, essa função da arte não só se evidenciou sob uma luz mais forte, como também aumentou enormemente seu valor relativo como agente de espiritualidade e seu prestígio na coletividade social. Diria eu que essas convicções estão de fato implícitas na atitude de Roger Fry, de R. G. Collingwood e outros, embora aparentemente eles procurassem requintar a ideia da arte como algo puro e distinto que se transformaria em não arte ao menor contato com outros aspectos do pensamento e da vida. Sua noção de arte pura, exemplificada da forma mais desafiadora pelos estilos modernos e abstratos, difere notavelmente das teorias da *art pour l'art* da última década do século XIX que, mesmo em suas manifestações mais castas e sinceras, dependiam largamente de uma aspiração mística autêntica. Dos pontos de vista religioso e estético, a atitude desses pensadores é secularizada e só seu requinte, sua precisão e sua aristocracia estéticos é que a fazem parecer superficialmente mais próxima da atitude de 1890 do que da aqui apresentada, e com a qual creio que concorde mais completamente.

A arte representa a vida ou expressa emoções que reconhecemos e confirmamos por meio de comparações com nossas outras experiências. Ela tem autoridade própria, que nasce por ser ela ao menos parte de uma vida intensamente vivida e criada, seja como produto de um artista, seja como aquisição de um observador (ou recipiente) que a recria para si mesmo. É testemunho vivo de uma imaginação, de uma mente, de uma pessoa. Se seu método é figurativo, é também testemunho de algo registrado no mundo exterior, enquanto as formas não figurativas encarnam eficazmente símbolos de circunstâncias emocionais e

---

[6] Cf. a tese de *Icon and Idea*, de H. Read, Londres, 1955.

experiência. E é sempre um esclarecimento, um apaziguador, uma catarse. Disse Sartre, explicitamente: "O Teatro deve falar em termos das preocupações mais gerais de seu público, aliviando suas ansiedades na forma de mitos que todos possam compreender e sentir profundamente" ("Forgers of Myths", em *Theatre Arts*, junho de 1946).

Um sintoma do aparecimento recente dessa situação na crítica literária, por exemplo, foi o de uma obra literária não ser julgada como mensagem de algum transcendente reino espiritual nem como produto manufaturado feito segundo determinadas convenções ou esquemas predeterminados e classificáveis como este ou aquele *gênero*; em vez disso, o crítico busca descobrir, segundo o que evidenciam as ideias, as imagens e a linguagem, a *qualidade* do pensamento e da imaginação. O signo buscado era o da mente complexa e sensível, da mente e da sensibilidade que reagissem de modo adequadamente complexo à experiência e que fosse bem-sucedida na expressão dessa reação numa linguagem. Tal critério emergiu em relação orgânica ao desenvolvimento da própria arte literária nos últimos cem anos ou mais e foi apoiado pela ideia de T. S. Eliot de um idioma poético que deveria ajustar-se à complexidade da vida moderna. Suas últimas consequências talvez tenham sido atingidas a essa altura, primeiro, na tolerância de formas pessoais na literatura, especialmente no romance que sempre, talvez uma forma "elástica" (como dizia Henry James), tornou-se repositório de muita coisa além de uma "história"; e, segundo, na elaborada exegese de certos poemas "difíceis" tornados familiares pela chamada Nova Crítica. O primeiro desses aspectos enfatiza a originalidade, a particularidade, o pensamento individual e a pesquisa, que se tornam relevantes à experiência pelas formas da imaginação, dando às posições individuais precedência sobre o conformismo comunitário. O segundo aspecto, por colocar a serviço da poesia um vasto aparato de seriedade e de complexa erudição, reconhece implicitamente a recém-reconhecida função da arte de constituir um foco central dos significados da vida e da cultura.[7]

---

[7] Cf. William Empson, *The Verbal Analysis*, em *My Credo*, um simpósio de críticos. *Kenyon Review*, XII, 4, 1950.

7. REVIVÊNCIA E O FATOR RITUALÍSTICO NA ARTE

O conceito da arte como "revivência" abraça também seu componente ritualístico. Não quero com isso falar apenas das formas de arte nas quais o ritual constitui o aspecto predominante e a arte, o subsidiário; falo de um ritualismo natural da mais ampla natureza, profundamente inerente à atividade artística. Talvez o exemplo mais simples seja o da arquitetura, que nos mostra, transformados em imagens, os valores e as emoções que dominam uma época. A conquista de tal estilo é a um tempo um esclarecimento das emoções e dos valores em jogo e, pura e simplesmente, uma afirmação deles na insistente presença de edifícios que subsequentemente propagam o que simbolizam. Sob esse aspecto, a arte é sempre um rito, uma reafirmação de nossa maneira de viver.[8] A arte ritualística das religiões é forma pública e notória desse fenômeno, enquanto a maior parte da arte, que aparentemente não se enquadraria nessa categoria, pertence a algum ritual privado. Não sendo psicólogo, não pretendo dar explicações pseudopsicológicas desse aspecto da arte; no entanto, não podemos deixar de reconhecer o fenômeno da repetição compulsiva, que obedece a impulsos profundamente enraizados, como o de lermos e relermos poesia e o mesmo poema, de procurarmos repetidamente os mesmos quadros, de ouvirmos repetidamente música e as mesmas músicas. A velha ideia de que a "beleza" da obra de arte era constante e universal, razão pela qual voltamos repetidamente a ela, pressupõe com excessiva facilidade uma decisão moral e desconsidera bastante a mera pressão e necessidade psicofisiológica. Ela parecia sugerir que, por ser a beleza um "valor universal", ela deveria ser cultivada com elevado sentido de espiritualidade e de realização ideais. Tal atitude subestima completamente

---

[8] Cf. o argumento geral de W. Worringer, *Abstraktion und Einfühlung*, Munique, 1908.
Essa ideia não justifica a arte de propaganda. A arte pode ser usada como propaganda ou rebaixada até isso, porém transformando-se em algo menos do que uma arte ao sacrificar sua totalidade e sua honestidade de sensibilidade em favor de um princípio de vontade e de ação moral (ou imoral). Reconhecemos a propaganda na falsificação da probabilidade, que ocorre toda vez que o tema é subordinado a uma forma e obrigado a servir a um objetivo, a uma teoria, a um dogma ou a um preconceito. Ela se torna, então, pouco convincente porque é parcial e deliberadamente evasiva.

o simples poder de encantamento que a arte exerce sobre seus amantes. Ela é sem dúvida espiritual, mas também é saturada de impulsos vitais primitivos e elementares. Constitui sempre ou um mundo desejável que a compulsão inconsciente obriga a ser criado (e isso dos deuses gregos e das esculturas dos templos hindus aos desenhos de Toulouse-Lautrec e às paisagens de Monet e Cézanne) ou é uma imagem do temor humano (das máscaras dos totens, das quimeras das catedrais e das cenas grotescas de Hieronimus Bosch às denúncias de Goya e de Picasso). Por um lado, vemos a adoração da vida, seus êxtases e seus triunfos; por outro, o exorcismo dos demônios, os sacrifícios aos poderes hostis. E algumas formas de arte, como a tragédia, que configura o que é amado dentro de uma estrutura do que é temido, compartilham ambos esses aspectos ritualísticos. Desse ponto de vista, o "belo" é a bajulação do desejável e o "feio" é a bajulação do temível. O estudo da arte como parte da história das ideias e da cultura tende a obliterar essa significação psicológica, que nem por isso deixa de ser um dos mais profundos sentidos da arte como função vital. O ensino da "crítica", também, se sugere que o objetivo da leitura ou do estudo da arte é apenas a avaliação, degrada o prazer que temos na arte, reduzindo ao farisaísmo.

8. REVIVÊNCIA E O ELEMENTO DE GOSTO PESSOAL

A ideia de função psicológica compreendida na de revivência dá margem também ao elemento pessoal no gosto, que sempre foi um dos mais difíceis problemas da estética e um tropeço à crítica, e que deve ser ligado principalmente ao aspecto de ritual. É preciso diferenciar entre o gosto por uma entre as várias artes ou por um gênero, o gosto por um artista determinado e o gosto por determinados temas ou tipos de temas. Há quem prefira poesia, drama e música, enquanto outro prefere pintura e romance. Isso significa que o temperamento e as necessidades da sensibilidade, obscuramente sentidos e inexplicados, conduzem-nos a obras em nossas artes preferidas, que sempre terão algum interesse para nós, a despeito de sua boa ou má qualidade, em virtude apenas de *serem* aquele determinado tipo de arte. Tal propensão é sinal infalível de sinceridade por originar-se em nossa própria natureza, não podendo ser atribuída, como o pode uma preferência pelo "melhor" em "todas as artes", a motivos extraestéticos, como o moral e o educacional ou ao do menos respeitado esnobismo cultural. Pessoas que educaram sua sensibilidade para apreciação de várias artes podem sempre distinguir entre aquela que os tocou desde o início por sua natureza elementar e as que as interessaram posteriormente como extensões secundárias de seu gosto. Esse fator entra em jogo no aparecimento das várias artes e espécies de arte que se configuram, segundo esse ponto de vista, como variantes de um ritual natural provocado por tipos psicológicos diversos. Pois, em sua origem, todas as artes são concedidas como dons naturais; o impulso e a capacidade para cantar, dançar, desenhar, imitar, etc. são dons, e todas as artes, como as prezamos, são uma complexa e extensa superestrutura produzida pela aplicação de tais impulsos primários a todas as possibilidades da experiência.

O gosto por determinado artista ou tema forma-se com a mesma naturalidade dentro da estrutura da arte preferida de cada um. Dissemos anteriormente que o artista trata seus temas porque eles interessam e prendem sua atenção de maneira especial. Obcecando-o, passam a fazer parte de sua vida; agitam-no e perturbam-no e são o que ele tem de enfrentar emocionalmente: um, a natureza e as paisagens, outro, o retrato e a psicologia humana, um terceiro, a religião, e assim por diante. Depois que Racine deixou os temas clássicos pela religião ele encontrou Athalie, uma velha compulsão a asseverar-se em meio à sua novel piedade. O mesmo aplica-se ao observador; poucas atitudes de afetação são tão tolas quanto aquela recente, que diz que o "conteúdo" da arte não importa. A preferência por determinado artista e não por outro reside no interesse comum pelos temas ou nas afinidades temperamentais – o romântico, o cético, o irônico, o sentimental, o elegíaco, etc. – a se atraírem mutuamente. Todos constroem para si um mundo próprio com a arte escolhida segundo sua natureza.

O mesmo processo pode ser seguido nas variações individuais de apreensão das obras de arte, pois no momento do impacto cada um vê primeiro o aspecto que mais o atrai; num quadro, por exemplo, uma pessoa vê primeiro a cor e outra, o desenho, enquanto outra vê a "estória" ou qualquer outro significado não pictórico. Em resumo, cada um abstrai as imagens que lhe são mais importantes. Tais imagens não são distorções, são aspectos parciais com um sentido especial para nossa sensibilidade particular; elas não constituem o total do quadro, mas também não impedem necessariamente uma ampliação progressiva do interesse após contemplação mais prolongada. Uma pessoa com gosto devidamente treinado discerne imediatamente, apesar de suas preferências pessoais, a feição ou a força característica de uma obra. Sua preferência não dirá desenho quando seu julgamento bem formado disser cor, embora nem por isso sua preferência deixe de existir.

Tal é a força do aspecto ritualístico da revivência. Nossa definição fala da "revivência da experiência *como ideia*", ligando as duas justamente porque a qualidade de idealidade é real, porém sempre ligada a uma função psicológica, a um estado de preparação ou de predisposição no artista e no observador, sem o qual a obra de arte não toma vida. A ideia ou a própria idealidade é essencialmente da natureza da arte, mas não tem poder próprio para gerar uma reação, a não ser que outras condições sejam satisfeitas. Isso que explica por que as obras de arte têm sua época na vida de cada um e os artistas a têm na história. Normalmente, experimentamos autores e os abandonamos para voltarmos a eles de novo – por vezes anos mais tarde – e descobrirmos neles uma grandeza inteiramente oculta para nós na primeira tentativa. Ou lemos um autor e o "esgotamos", sentindo que nunca mais encontraremos vida ou beleza em sua obra. Isso não significa que finalmente descobrimos que seu trabalho é inferior, expondo sua incapacidade de ter de significação "permanente"; ele continuará potencialmente significativo para outros e mesmo para nós mesmos em outra época. Isso apenas mostra ausência de condições adequadas de função psicológica. E o mesmo se dá com artistas e épocas. El Greco permaneceu virtualmente desconhecido durante séculos, como aconteceu com Hölderlin durante o século XIX, até que as pessoas estivessem preparadas pelas circunstâncias de seus próprios conhecimento e experiência para compreendê-los.

A existência do gosto autêntico, como aqui descrito, torna autêntica a experiência estética do indivíduo e não conflita com a educação que permite maior ampliação do gosto. Gosto muito exclusivo mostra pobreza de imaginação e de emoção humana, comprometendo sua sinceridade pela obstinação e pela má vontade. No outro extremo da balança, devemos suspeitar do gosto exageradamente universal de superficialidade e de docilidade. Uma ampliação gradativa de simpatia e de curiosidade acompanha naturalmente o processo de viver e de aprender, e um gosto torna-se mais abrangente em virtude de tal processo não indicar fraqueza de caráter, mas afirmação de amadurecimento humano. Uma cultura verdadeiramente estética, portanto, paira entre a autenticidade ou a sinceridade de um gosto pessoal e o esforço para se transcender o eu, que é essencial a todo pensamento e a toda criação.

9. PASSADO E PRESENTE NA OBRA DE ARTE

Penso que podemos usar também a relação dinâmica entre revivência e idealidade para esclarecer outro problema irritante da estética antes de terminarmos esta seção. Porque a arte, num de seus aspectos, é a experiência revivida (uma "documentação da experiência", como dissemos anteriormente), tem sempre referências contemporâneas que mais tarde se transformam naturalmente em históricas. A poesia de Spenser, de Milton e de Wordsworth foi, em primeiro lugar, uma poesia de e para suas próprias épocas, o que significa que alguma coisa de sua significação só pode ser inteiramente captada pelo estudo histórico e pela reconstrução interessada de uma situação passada. Mas por outro lado, porque a arte em seu outro aspecto é sempre ideia, ela é libertada da verdade histórica à simbólica e por isso permanece acessível à imaginação de posteridade. Toda obra de arte é a arena de um conflito entre seu presente e sua existência histórica, entre a força vital que exerce sobre nós, seus observadores presentes, e a que gerações anteriores sentiram, inclusive a que a viu nascer. Tal conflito é mais abertamente sentido na comédia e em alguns romances em virtude de suas ligações com a ambientação social. Poesia lírica atravessa mais facilmente os séculos, embora por vezes consideremos como não existente um problema que está apenas oculto. Isso se aplica a toda poesia regulada por convenções rígidas, como a poesia cortês e o soneto, pois implicam pressupostos estéticos muito diversos dos de hoje; e se talvez ainda nos sentirmos comovidos por tal poesia, pode não ser do mesmo modo que foi aos contemporâneos da época. A interação do impacto presente e da significação histórica modifica constantemente a feição da apreciação.[9]

---

[9] *Nota agregada ao capítulo VII.* A arte pode ser reconhecida pela relação equilibrada entre várias características:
a) Um significado (ou ideia ou emoção) unificado apresentado em termos sensoriais (o que exclui as meras "ideias").
b) Um interesse humano objetivo ou subjetivo (o que exclui o mero "esquema").
c) Novidade; a arte apresenta um enunciado, qualificado pessoalmente, que não havia sido feito anteriormente (o que exclui a imitação).
d) Poderes de razão e de sensibilidade que sugerem consciência "filosófica", embora não uma filosofia técnica (o que exclui o lugar-comum e o trivial).
e) Desejo e catarse (o que exclui o insincero e o artefato calculado).
f) Habilidade técnica, isto é, o "dom" ou "gênio" mais a prática e o virtuosismo (o que exclui o incapaz e o mero "sonhador").

CAPÍTULO VIII

O Princípio da Intertessitura Característica da Imagística

1. INTERTESSITURA DA IMAGÍSTICA

A definição apresentada nos parágrafos anteriores se refere a todas as artes, reconciliando-as, apesar de seus vários meios de expressão e de aspectos sensoriais, sob uma ideia unificadora. Ela reconhece a importância crucial da imagística: a arte, como revivência e ideia só existe em e por suas imagens, o que se aplica à linguagem, que só se transforma em arte por intermédio de seus aspectos de imagem. Para essa definição geral de arte, o tipo de imagística utilizado por qualquer forma de arte não tem importância desde que seja uma imagística. Mas claro que precisamos agora, para suplementar e fortificar nossa ideia geral, de outro princípio que justifique, em termos de imagística, a existência de artes diversas, para artes compostas e, dentro da literatura, de várias "espécies" ou "formas".

Uma feição característica das artes foi delineada nos comentários sobre o meio, do qual dissemos – aplicando nossa teoria de imagens e de metáfora – que se torna um aspecto da imagística no processo de criação da arte. Em lugar de diferenciarmos as artes segundo o meio, que é uma palavra conveniente, porém provisória, podemos substituir a ideia de uma *imagística característica*, ampliada pela de certas *interfusões* de imagística no caso de formas de arte mais complexas. A música em seus aspectos instrumentais e as artes plásticas da pintura, da escultura e da arquitetura filiam-se à primeira expressão como exemplos relativamente simples, pois num caso é possível dizer que uma imagística auditiva, e nos outros uma visual, são dominantes.

Outras artes de composição mais intricada devem ser concebidas como tessituras compostas pela interpenetração e pela coordenação harmoniosa de várias espécies de imagística, por vezes em ligação com a linguagem. Sob esse rótulo vêm as formas de colaboração do teatro: drama, ópera e balé, que combinam de vários modos o espetáculo, a interpretação, a poesia, a dança e a música. Aqui encontramos também as formas nas quais a música combina com textos poéticos ou de qualquer outra natureza, como as cantatas, os oratórios, os *Lieder*. Menos obviamente, porém não menos seguramente, incluímos aqui a própria poesia, opondo-nos sem dúvida ao ponto de vista comum que a encara como um produto do simples "meio" da linguagem. Fazemo-lo porque a linguagem em seu uso poético é, como vimos, um fenômeno sensorial muito complexo que produz – afora seus significados proposicionais – efeitos que incluem imagística visual e auditiva, razão por que somos obrigados a classificá-la como composta. A estrutura de tais artes compostas é presidida pelo que podemos chamar o princípio de uma *imagística composta característica* ou uma *intertessitura* característica de imagística, para usar o termo vivo e sugestivo de Wordsworth.

Antes de quaisquer outros comentários sobre esta ou aquela intertessitura característica, devemos observar, em geral, que as estruturas de imagens compostas da arte têm um protótipo na natureza com o qual continuam ligadas, embora sua própria elaboração as tenha levado muito mais longe. Percepção, sensação e imagens derivadas de objetos, de cenas e de acontecimentos da natureza são sempre complexas: o visual e o auditivo, o auditivo e o cinemático, o cinemático e o visual mesclam-se constantemente. Uma das definições de "imagem" encontradas em dicionário, usada em psicologia, é "uma revivência, uma reprodução pela memória, na mente, de alguma experiência sensorial vivida no passado, inclusive as impressões visuais, auditivas, táteis etc., a ela associada". Se a arte fosse mera representação, sua imagística composta não faria mais do que espelhar as percepções e as sensações compostas que perfazem nossa apreensão da natureza. O filme sonoro colorido é a maior aproximação de tal reprodução mecânica. Mas, como sabemos, a arte é construtiva e opera por meio da abstração, da seleção, da recombinação, da modificação, da invenção. Imagens naturalistas podem assumir funções de imagens-fórmulas expressivas, enquanto estas podem ser construídas a partir de qualquer contexto sensorial da natureza. Elas podem, também, por esse mesmo processo de abstração e de reconstrução, ser recombinadas das formas mais diversas. A única condição essencial é que tal reconstrução signifique imbuir as imagens utilizadas de uma unidade funcional; é indispensável que todas sirvam – em sua forma adaptada, em sua distorção, em seu ajustamento ou em sua forma inventada – uma ideia expressiva central.

Por isso, mesmo certos fenômenos naturais oferecem um modelo mais preciso aos processos artísticos. Um exemplo simples é a imagem das ondas quebrando na praia. Aqui, o som é inevitavelmente coadjuvante da visão da onda quando sua crista se eleva, se dobra e se quebra numa nuvem de espuma. Coordenação orgânica semelhante do visto e do ouvido surge quando o vento sopra num campo de trigo ou balança as copas das árvores. Contrariamente, a aparência física de uma pessoa que canta e o som da canção são inteiramente separados. Há uma relação causal entre as duas coisas, porém a ligação para aí: a aparência do cantor não importa à canção.

Outro exemplo de relação orgânica, da maior importância ao drama, pode ser encontrado nos gestos comuns que acompanham a fala. Pense em alguém dando um grito de alerta: "Cuidado!". Aqui, a palavra, o sentido, o tom de voz, a mão levantada e um movimento angustiado de cabeça formam uma impressão composta caracterizada pela unidade orgânica. Essa é a qualidade imitada pela arte, e, em capítulo subsequente, analisaremos em detalhe o desenvolvimento do drama a partir desse paradigma básico.

Artes, como a do *Lied*, da ópera e do balé, atingem a estrutura composta, natural no exemplo anterior pela conjunção de imagísticas que, de outro modo, são separadas. Assim, a dança, se concebida sem a música, permanece próxima de um comportamento expressivo natural de um tipo simples, com oportunidades de espécie limitada para estilização sofisticada. Quando transformada, porém, em balé por meio da elaboração com a música, exemplifica o reforço construtivo de uma imagística por outra, coisa que só é dada à imaginação inventiva. O que também é válido às várias formas feitas de palavras e de música. Em tais formas complexas, podemos observar uma interfusão simpática de imagens, uma descoberta de expressividades cognatas em diversos sistemas de imagística.

Voltando à poesia, com a qual nos preocupamos mais neste estudo, a questão de intertessitura já foi levantada no capítulo V, no qual, baseados em nossa análise das imagens, enfatizamos o papel da imagística na arte verbal, embora a natureza conceptual da linguagem torne o problema mais complicado do que nas artes não linguísticas. Todo o nosso argumento anterior, com sua aplicação mais ampla da ideia da imagem, foi planejado para mostrar a onipresença da imagem – em som verbal, esquema rítmico, sugestão e evocação sensoriais em tema e em figuras de retórica – ou, em outras palavras, de um modo de expressividade que não é idêntico à linguagem, mas antes intralinguístico, a operar por meio da linguagem, ligando a arte verbal com as de outras naturezas.

A fórmula mais simples da intertessitura característica da poesia, para usar o termo em seu sentido corrente de verso, e deixando as complicações para mais tarde, é a combinação de métrica, som verbal, linguagem figurativa e enunciado proposicional. Seja qual for o tema, seja qual for a forma do verso e por mais ou menos que sejam usadas as figuras de retórica, a presença e a influência mútua desses quatro elementos significam poesia, por contraste com outras formas de linguagem. A ideia da prosa "poética" ou "lírica" não invalida esse ponto de vista, como podem pensar alguns, mas o confirma. As características de tal prosa são sempre um uso mais intenso de figuras, de ritmo e de som verbal, de modo que, como em inúmeras passagens da prosa de Joyce, a forma caminha no sentido da intertessitura característica da poesia lírica, mas para antes da transição final em forma metrificada que estabeleceria completamente essa intertessitura. Aproxima-se do verso "livre", que ainda pertence às formas metrificadas, por não ser assim tão livre quanto sugere seu nome.

Interfusão dos elementos característicos é indissociável, de modo que a "poesia" não é a soma de suas partes, mas o produto de uma mútua assimilação. Isso permite que reconheçamos a poesia não só quando temos todo o poema diante de nós, mas também em fragmentos ou citações breves.

A slumber did my spirit seal...

[Um sono selou o meu espírito...]

Não há quem não reconheça isso como um trecho de poesia que dificilmente poderia ser utilizado como prosa, embora contenha uma proposição bastante simples. A beleza da metáfora dupla, a quietude do ritmo iâmbico, o esquema bem construído do som verbal, tudo isso estabelece imediatamente uma intertessitura característica de imagística em linguagem. Nem poderíamos encontrar melhor exemplo do princípio determinante de tais intertessituras, ou seja, o ter ela uma unidade que convenientemente chamamos de orgânica por analogia com as estruturas orgânicas da natureza, nas quais o todo é formado por partes mutuamente adaptadas em funcionamento perfeito, sendo o todo alguma coisa que, excedendo a mera soma de suas partes constituintes, tem identidade própria. Tal unidade significa que uma única alteração em qualquer das palavras altera não apenas aquela palavra, mas também todas as relações de sentido e de imagística no contexto. Não se trata de soma ou de subtração; todo o contexto torna-se algo diverso. Da mesma forma na música, a mudança de uma única nota altera todas as relações melódicas e harmônicas, assim como uma simples alteração na duração das notas afeta todo o caráter do contexto. Um sintoma frequente e óbvio do fracasso da complexidade orgânica de uma poesia são os ritmos mecânicos, as metáforas inadequadas e as rimas forçadas.

As ideias de *intertessitura característica* e de *unidade orgânica* caminham juntas. É claro que não se trata de termos diferentes para a mesma coisa. O primeiro refere-se aos tipos de imagística usados por uma arte ou forma de arte – palavras e ritmo, verso e gesto, música e dança, etc. O segundo refere-se à condição das relações entre imagens que constitui a feição que distingue a boa arte. Porém, têm de ser considerados em conjunto porque a unidade orgânica (o efeito da mútua assimilação metafórica das imagens em esclarecer uma ideia ou emoção centrais) é ainda mais indispensável onde existe a complexidade. O gênio artístico ou poético é a capacidade de construir interestruturas de imagística dotadas desse tipo de unidade na complexidade, enquanto por outro lado toda crítica de poesia e de arte tem por objetivo confirmar sua presença ou analisar o fracasso em sua obtenção. A qualidade da intertessitura é definitiva na identificação da verdadeira arte; é a unidade orgânica da estrutura de imagens, presente em todas as partes constituintes, e não, como já foi muitas vezes sugerido, a "unidade" arquitetônica da obra que atesta a presença da imaginação criadora autêntica. A arte falsa, fabricada, pode facilmente ter essa última unidade, a de desenho, enquanto um fragmento pode ter autêntica tessitura poética, embora não pertença ao todo. Um ou dois poemas e alguns fragmentos são prova suficiente para convencer o leitor moderno de que a grande reputação de Safo na Antiguidade era merecida. Em tempos mais recentes, os últimos poemas, fragmentários e inacabados de Hölderlin atestam, apesar da falta de desenho e de significado unificados, uma imaginação resplandecente. O reconhecimento imediato da arte, ou seja, a qualidade de uma obra de arte, repousa nesse fenômeno, o que também dá margem à admissão do fato de que uma vez reconhecida a qualidade, a ponderação amadurecida pode descobrir defeitos de uma espécie ou de outra, inclusive ligados à unidade e ao desenho. O mesmo se aplica a todas as artes; reconhecemos a imaginação autêntica, a marca do estilo em qualquer parte de uma composição musical ou em qualquer fragmento de tela sem conhecermos o todo.

A força do princípio da intertessitura característica é aparente em todas as formas compostas com o que não queremos falar da mistura de formas diversas numa espécie de esquema variado – como o caso da interpolação de letras de música ou de danças numa peça –, mas de canções, de óperas, de balé, de drama ou, como vimos, de poesia. Na ópera, por exemplo, a música tem de ser qualitativamente dramática. Não pode ser o que chamaríamos de música "comum" adaptada a um enredo. A própria estrutura musical em toda a sua complexidade melódica, harmônica e dinâmica tem de ser uma ideia unificada do dramático, como nas obras da maturidade de Verdi, o melhor exemplo a ser lembrado. Em outras palavras, sua coragem é uma coragem dramática e consequentemente sua forma, em todos os seus detalhes, é característica; não se trata de uma adaptação da música em suas outras formas, mas da imaginação musical a produzir a imagem imediata da "vida como drama", como conflito, como paixão, como agonia e assim por diante. Ela fornece uma expressividade semelhante a dos gestos, das palavras e dos significados que emanam do libreto ou do texto. Em *Feeling and Form* [Emoção e Forma] a senhora Langer argumentou que na ópera e na canção as palavras são totalmente "assimiladas" à música; elas não são formas "mistas", mas pura e simplesmente música. É um ponto de vista tentador, especialmente quando nos lembramos do quanto a música é poderosa, mas ele resolve o problema evadindo-o. O compositor de uma canção, sem ter abandonado as palavras, espera que as ouçamos; e se as ouvimos, não podemos delas dissociar a música. Ouvimos esse tipo de música de maneira diversa da que ouvimos música instrumental. Ouvimo-la como música composta para determinadas palavras, e, à medida que fazemos isso, buscamos congruência. Ouvimos, bem conscientes, a corroboração mútua entre música e palavras. O mesmo se aplica à ópera, com um esquema ainda muito mais complexo de corroborações. Wagner preocupava-se muito com os mitos que musicava e Verdi, com o drama de seus enredos. E quem poderá dizer que o terceiro ato de *O Cavaleiro da Rosa* é um exemplo da música "absorvendo" todo o resto? Todos nós já tivemos a experiência de ouvir uma ópera pelo rádio e constatamos o quão insatisfatório isso pode ser se não temos diante de nós o libreto ou se não nos lembramos com perfeita clareza de todas as cenas. Temos necessidade do enredo, do texto, das situações e dos temas, do palco e de quem pisa nele. Por vezes, um ou outro é canhestro ou mesmo um pouco ridículo, mas o conjunto tem um sentido, enquanto a interpretação apenas "ouvida" é incompleta e seu significado, fora de foco. O complexo música-palavra-gesto-enredo é uma intertessitura característica, na qual a expressividade congruente de diversos tipos de imagens e de significados produz uma expressão total unificada.

A experiência mostra que há limite para o grau de complexidade que permite os melhores resultados. As várias artes muitas vezes colaboram e existem as artes compostas; porém, a mera soma de vários modos de imagística não aumenta o valor artístico, pois o alcance de cada modo é limitado por suas relações com os outros. Até certo ponto a combinação produz uma tessitura mais rica, mas depois de certo ponto a perda pode superar o ganho. Por exemplo, o drama, como veremos adiante, usa o verso em vantagem própria (isso no sentido de *Hamlet* ser melhor em verso do que provavelmente seria em prosa).

Poderíamos argumentar que o drama, em sua forma mais poética, mostra uma tessitura complexa mais rica do que qualquer poesia lírica ou meditativa, razão pela qual seria colocado em ponto mais alto na hierarquia das formas. Mas não é possível, partindo do mesmo princípio, afirmar que a ópera está acima do drama. A ópera tem outro elemento de expressão, a música, porém paga por isso com graves perdas na interpretação e, por vezes, no texto. Trata-se de uma intertessitura característica que existe no limiar do exequível em matéria de estrutura orgânica satisfatória.

Estabelecido o princípio geral de imagísticas e intertessituras características e reservando a discussão de certos detalhes para capítulos subsequentes, voltamo-nos ao problema de espécies e de formas literárias. A teoria aqui apresentada e a inclusão da poesia como forma composta permitem-nos enunciar o problema de maneira nova e indicar a posição da arte do drama em relação às outras artes e à poesia.

2. DRAMA E ARTE LITERÁRIA; AS ESPÉCIES LITERÁRIAS RECONSIDERADAS SEGUNDO OS PRINCÍPIOS DA IMAGÍSTICA E A DEFINIÇÃO DE ARTE

A esta altura, convém esclarecer a posição do drama, que será examinada em detalhe nos capítulos subsequentes, como uma forma importante. Estritamente falando, é uma arte separada com sua própria intertessitura característica. Seu meio de expressão não é apenas a linguagem, mas também a pessoa agindo e falando. Não obstante, é profundamente ligada à literatura, pois por um lado frequentemente incorpora a si uma expressão poética não menos intensa do que a encontrada na poesia lírica ou na épica, enquanto, por outro, tanto o lírico quanto o épico não eram, originariamente, "literários", mas cantados ou declamados; eles também dependiam de uma "pessoa falando", o que implica certo grau de amplificação dramática ou, pelo menos, de semelhança ao ato de se fazer drama. Mesmo quando raramente lida alto ou declamada, a poesia ainda preserva em si o impulso na direção da formulação vocal e na amplificação por meio da pessoa. A divisão clássica dos gêneros em épico, lírico e dramático, tirada de Aristóteles, deve-se ao fato de, na Antiguidade, os três serem falados, cantados ou declamados e, consequentemente, passíveis de serem concebidos como ramos da mesma coisa.

A situação hoje em dia já não é tão simples, por várias razões. Muitos tipos de poesia foram criados em três mil anos; a imprensa trouxe grandes mudanças e, em tempos mais recentes, desde a libertação romântica, houve forte tendência para a expressão individualizada. Formas cada vez mais diferenciadas terminaram por fortalecer a convicção de que a classificação por gêneros não é apenas mais difícil, e passível de criar um absurdo de subdivisões, mas, o que é mais importante, também irrelevante ao valor estético.[1] Não há quem subestime as dificuldades. As diferenças radicais entre drama grego e moderno fazem-nos interrogar como podem duas obras tão diversas quanto *Agamenon* e *Antônio e Cleópatra* ser classificadas sob um mesmo rótulo. Por outro lado, em peças como *O Cerejal*, *Pelléas et Mélisande*, *O Prodígio do Mundo Ocidental*, *A Louca de Chaillot* e *A Reunião de Família* – para mencionar apenas alguns títulos ao acaso – a voz do dramaturgo é de tal modo individual que sua regimentação sob uma forma conhecida por drama parece fortuita e inconsequente. Além do mais, tão logo tentamos isolar alguma característica infalível de uma espécie literária, a tarefa parece impossível. Pelo menos o drama pode ser distinguido porque, sendo representado, não é literário no sentido mais estrito.

A história da nomenclatura dentro da poesia lírica também indica constantes mudanças e alterações, por vezes repentinas e arbitrárias, por vezes gradativas e naturais, no uso das formas. Horácio chamava suas odes de *carmina*, ou, como diríamos hoje, canções. Os sonetos de Petrarca a Laura eram chamados de *canzoni*; o termo *soneto* assimila uma expressão provençal e indica, efetivamente, um gênero de canção de amor. Ode, no grego, significava "canção", e em geral o termo era usado em peças líricas. Na literatura moderna seu significado foi

---

[1] Cf. o ponto de vista de Croce, em sua *Estética*. Sua posição era simples: a arte é sempre intuição e as intuições são sempre únicas e individuais, o que torna a classificação uma questão puramente exterior.
O capítulo sobre espécies e gêneros em R. Wellek e A. Warren, *Theory of Literature*, apresenta excelente visão do problema.

restringido principalmente pela influência de Píndaro e de Horácio, porém quando lembramos de Cowley, de Collins, de Goethe, de Wordsworth, de Hölderlin, de Shelley, de Keats e de outros, compreendemos que mesmo o sentido restrito permite uma fascinante variedade nas composições. "Elegia" não ilustra menos os caprichos da classificação. Originalmente, era um poema de lamentação sem referência a qualquer metrificação determinada. Depois, o dístico tornou-se a forma convencional de tais poemas. A forma, porém, começou a ser usada para outros temas e denotou quaisquer poemas nela escritos na forma "elegíaca" ou não. Mais recentemente, o termo perdeu sua significação formal e reverteu a seu puro sentido original. As *Elegias Romanas*, de Goethe, em honra do amor e do mundo clássico, são um exemplo moderno do significado convencional e intermediário baseado na métrica e não no tema.

No entanto, apesar das dificuldades, temos de admitir que a história nos mostra uma quantidade de formas que tenazmente permaneceram por períodos curtos ou longos, permitindo variações sem chegar a perder sua feição principal. Ninguém confundiria um soneto de Wordsworth com um de Spenser, mas também ninguém confunde um soneto com uma balada ou com uma ode. Se uma atitude pedantesca em relação a espécies e formas transforma-as em fabricações teóricas e mortas da imaginação ou em falsos paradigmas de correção, é igualmente pedante querer rejeitá-las obstinadamente, pois uma negação radical da espécie "ode", simplesmente porque seu aspecto pode variar, é um extremismo teórico tão errôneo quanto o de procurar enquadrá-las todas numa fórmula única; ambas as atitudes são rígidas e dogmáticas. Por influência da diversidade contemporânea de expressão individual, tampouco devemos subestimar a importância das formas fixas do passado para aqueles que as usaram, especialmente no caso das tradições clássicas. Tudo indica que a idiossincrasia de forma e a conformidade com tipos gerais existem paralelamente. Todo poema, assim como cada ser humano, é único; sua configuração exata de palavras, de ritmos e de imagens nunca havia sido alcançada antes e nunca o será novamente, seja na métrica regular ou irregular. Mas a singularidade de um soneto é limitada pela convencionalidade da forma, que não se aplica ao poema em verso livre, e relacionada a outros sonetos. E quando dizemos relacionado não nos referimos simplesmente a uma classificação exterior baseada em aspectos formais superficiais, mas a uma relação nascida da similaridade da motivação expressiva da qual a estrutura é um aspecto exterior.

Pretendo relacionar esse problema à nossa definição de arte e aos princípios da imagística e tentar chegar a uma atitude mais flexível que faça justiça ao fato histórico dos *gêneros*, das espécies e das "formas", mas também à vasta gama de expressão individual ou, como prefiro chamá-la, idiossincrática.

Ambos os aspectos do processo criador têm de ser considerados. De um lado, existem várias forças que se convergem para produção: o impulso na direção da expressão e a necessidade dela, a visão urgente e a descarga de emoção, que têm tanto aspectos individuais quanto sociais e são influenciados por condições históricas e culturais. Do outro lado, há o resultado literário, o fenômeno estético, a peça, a canção, o romance, etc. Um corresponde ao que chamamos de experiência, o outro, à revivência por meio da imagística e da linguagem.

Em primeiro lugar, convém distinguir três tendências persistentes que, sem dúvida, existem desde o início da poesia, uma vez que ela estava além da mágica mais primitiva, e a respeito da qual devemos ter clareza antes de fazermos o mesmo a respeito de espécies e das formas específicas. O melhor é chamá-las de história, canção e meditação. Não constituem "formas" em si, pois as implicações são por demais generalizadas para permitirem qualquer conotação precisa da forma. Elas são as condições preliminares da forma e indicam tendências expressivas profundamente arraigadas que formaram a poesia em suas origens. Na melhor das hipóteses, sugerem uma noção geral da representação, do ritmo musical ou de uma linguagem na qual emoção e pensamento se mesclam, razão por que correspondem, aproximadamente, às distinções feitas entre imagens figurativas, imagens-fórmulas expressivas e linguagem, apresentadas em capítulos anteriores.

Essa sugestão alija a consagrada trindade da poesia épica, dramática e lírica, porém o desenvolvimento da arte literária, especialmente da prosa e das formas narrativas, torna-a necessária. Uma epopeia em versos, declamada, com longas passagens dialogadas (aspecto comum em toda poesia épica) ainda suficientemente próxima de um drama em versos estilizado para que se pudesse sentir que os dois eram ramos da mesma arte da poesia, como constatamos ao colocarmos Homero ao lado de Ésquilo ou *Paraíso Perdido*, de Milton, ao lado de seu *Samson Agonistes*. O romance contemporâneo, entretanto, como construção linguística para leitura, é tão diverso de uma peça vista no palco que não somos mais levados a pensar em duas espécies da mesma arte, mas em duas artes diferentes. É esse tipo de sensação que ajuda a justificar nossa teoria de intertessituras de imagens, segundo a qual o drama sem dúvida passa a ocupar uma categoria própria, sejam quais forem os elementos de poesia e de linguagem que ainda possa compartilhar com outras formas literárias. Claro que ainda precisamos admitir o parentesco entre épico e drama na Antiguidade clássica e na Renascença, mas podemos também situar o segundo sob nossas tendências principais sugeridas, considerando-o um tipo especial de história.

As vantagens dessas classificações amplas que sugerimos tornam-se especialmente evidentes em função da mistura de elementos narrativos, líricos e dramáticos em inúmeras obras. Trata-se de característica comum, usada como arma contra distinções muito precisas de espécies. Há peças líricas, romances dramáticos, etc. em abundância. E embora não sejam, estritamente falando, as formas de narrativa dramática e lírica que se misturam, pois uma forma é um todo. Um romance lírico não é um poema lírico unido a uma narrativa. O sentido de integração nasce de qualidades análogas sugeridas por certas características do material, do tema ou da composição, de aspectos, se quisermos usar um termo mais amplo, da imagística total.

Essa dificuldade e essa imprecisão desaparecem com a ideia de história, de canto e de meditação como tendências em vez de divisões formais. Porque essas três tendências atuam constantemente na literatura e, o que é mais importante, geralmente o fazem em conjunto. Elas se intermesclam, coexistem. Não é apenas uma questão de haver uma forma como produto final, composta de trechos alternados, alguns narrativos, alguns líricos e alguns meditativos – embora isso às vezes aconteça –, mas de uma única forma com aspectos diferentes. O ditirambo grego era um hino a Dioniso que incorporava elementos históricos que forneciam o motivo para inspiração do hino sobre sua vida e sua morte. A ode pindárica, poema laudatório de adoração de heróis, continha uma narrativa de mitos como parte integral da glorificação apaixonada do vencedor dos jogos. A epopeia de Dante é uma narrativa totalmente imbuída de expressão de sentimentos e intimamente ligada com a religião e a filosofia. A poesia metafísica inglesa, e realmente a poesia mais reflexiva ou filosófica, mostra a meditação lírica indissociável de fragmentos de histórias na primeira pessoa ou de dramatização. Além disso, de longe, a maior parte daquilo que invariavelmente chamamos de poesia "lírica" não é a simples expressão de emoções, que é a conotação mais estrita do termo, mas meditação colorida por emoção, por pensamentos concebidos num contexto emocional. Romances também ilustram a interfusão. Eles incorporam crenças, de modo que sua "história" também é uma espécie de guia simbólico na direção de uma "filosofia de vida" e uma expressão de sentimentos a respeito dela. E, finalmente, lembremo-nos de várias formas de prosa, como ensaio, sermão e panfleto, que combinam um conteúdo de ideias com apresentação literária e arte, evidenciando imaginações poderosas. Interfusão de história, canto e meditação ocorre em toda parte e com variações infinitas no resultado individual. Em última análise, o estilo de um escritor (ou seja, sua escolha dentre toda a imagística e a linguagem disponíveis), em prosa ou em verso, no romance, na poesia lírica ou no ensaio, inevitavelmente incorpora elementos de seus sentimentos, refletindo seus ideais e seus valores, e isso não é história nem meditação, mas "canto", sua nota individual, que soa através de ambas.

Em virtude desse princípio expressivo dominante, narrativas em forma poética nunca são, por um lado, destituídas de emoção e reduzidas em nível de registro fatual ou de história; por outro lado, nem o canto nas formas poéticas é destituído de pensamento linguístico e reduzido a um símbolo completamente esotérico, embora, como veremos, a poesia lírica algumas vezes pareça chegar muito próxima disso. O que precisamos admitir, entretanto, é que conforme emergem as formas poéticas e literárias, configuradas pelas forças sobre as quais temos falado, elas tendem a mostrar ênfase numa ou noutra direção sob influência da espécie de visão e de emoção que cada poeta tem. O fator decisivo aqui é que, para muitos autores, o motivo para a expressão nasce de um interesse emocionalmente estimulado e colorido pela natureza dos destinos e das situações humanas, ao que tudo o mais é subordinado; e esses são narradores ou dramaturgos. Eles expressam emoções e lemos suas narrativas, não de forma ingênua como simples "histórias", mas como linguagem para essas emoções, que por sua vez são de certa natureza, geradas pelos aspectos de vida da história, emoções sobre caráter, ação e destino. Para expressá-las sua fonte precisa ser mostrada em imagens que simulam vida e gente.

Nos escritores líricos e reflexivos, a motivação para expressão vem diretamente das emoções e dos pensamentos, o que determina um padrão diferente de imagística e de linguagem.

Certos indícios parecem confirmar que essas divisões gerais justificam-se por serem profundamente arraigadas. É notável como mesmo escritores criativos, de modo geral manifestam um dom definido para uma dessas formas e um desejo primordial de criar nela. O número de escritores predominantemente dramáticos, lírico-meditativos ou narrativos de nível genial de longe compensa o de talentos multidirecionais. E a maior parte dos casos nesse último grupo, quando analisada, tende ainda a confirmar a evidência. Os poemas não dramáticos de Shakespeare são suficientemente notáveis para lhe garantir o lugar de poeta de alto nível, mas ele permanece predominantemente um poeta dramático. Do mesmo modo, Milton, com seu pequeno número de poemas líricos e um drama em verso, é principalmente um poeta épico. Casos como Hardy, nos quais o equilíbrio é muito preciso, são raros. Tais características encontram eco nos leitores de tendências semelhantes que, como percebemos anteriormente, têm preferências incontestáveis. Parece que, com isso, podemos concluir que essas amplas divisões de expressão originam-se em fatores psicológicos, sendo paralelas aos acidentes de formação que transformam um homem em determinado tipo de artista.

Quando, consequentemente, história, canto e meditação interfundem-se constantemente, os indícios mostram que eles se manifestam como tendências principais ou como modos de ênfase, e tais tendências não são questão de classificação exterior, mas têm origem orgânica na natural complexidade psicológica da criação e da recepção da arte.

Associamos todas as formas narrativas, e o drama, a aspectos figurativos, envolvendo ênfase no objeto; o retrato impessoal da vida, dos homens e da natureza nos atinge primeiro e só mais tarde separamos as qualidades pessoais e simbólicas do contexto. Sabemos que toda visão é interpretativa e afetiva, produzindo imagens seletivas e apenas uma referência parcial aos objetos reais. Mas essas imagens das narrativas, embora símbolos de uma interpretação seletiva, são com justiça chamadas de figurativas porque seu objetivo é dar um quadro, uma evocação de pessoas e de acontecimentos. Um dos efeitos da arte é registrar tais visões interpretativas; e, nela, as formas da natureza reaparecem naquelas da arte; não no sentido de uma imagística de cópia exata, mas no de que a imagística de uma narrativa ou de um drama até certo ponto tem o mesmo tipo de estrutura e coerência e de significação, como as imagens que formamos a partir da observação direta da vida. Em outras palavras, há justaposição entre pessoas e acontecimentos reais e os da história, ou entre as situações dramáticas da vida e os dramas da arte literária. Esteticamente falando, o caráter dessas formas é parcialmente determinado pelas formas comuns da percepção e da interpretação. E essa é uma razão para sua permanência; elas podem ser sempre tomadas, simplesmente, nesse nível, e *significar* algo. Por outro lado, associamos as formas do canto e da meditação a uma ênfase subjetiva no sentido de uma voz na "primeira pessoa", que naturalmente é uma convenção, expressando pensamentos e emoções. Se nas formas da história os sentimentos do autor se acomodam em torno de pessoas e de situações, aqui o mundo exterior se acomoda em torno das emoções subjetivas da "primeira pessoa". A vida interior da emoção e do pensamento é o foco central, razão por que o grito de exclamação, como disse Valéry, é o protótipo remoto de todas as formas líricas. Nelas, encontramos fragmentos de histórias e descrição pictórica, porém sempre em marcada relação funcional com a emoção ou com a ideia. A crescente tendência dos últimos oitenta anos ou mais no sentido de uma manipulação cada vez mais livre de imagens que se tornaram inteiramente não figurativas não passa de uma confirmação, nos seus limites extremos, da característica essencial do canto lírico especializado. Em essência, um poema lírico ou um canto é uma imagística que evoca sentimentos. Obras meditativas em prosa ou em poesia concentram-se também no sujeito ou na voz de primeira pessoa, e têm seu próprio equilíbrio característico entre imagística, linguagem e pensamento.

Até aqui, discutimos a quantidade de fatores importantes como condições de formas poéticas de qualquer natureza. Percebemos três tendências para uma ênfase predominante e sugerimos que são intimamente influenciadas por forças psicológicas que dotam poetas e escritores com necessidades expressivas e interesses diferentes pelos materiais da experiência; assim, história, canto ou meditação não são "formas" arbitrariamente escolhidas *para* transmitir emoções, mas são sintomas naturais de um objetivo expressivo. E isso podemos ligar ao que dissemos no capítulo VII sobre ritual em seus aspectos individuais e sociais. Essas são as tendências mais gerais que podemos discernir.

Voltamos agora para forças mais específicas que propiciam a criação de tipos definidos de composição. Falo dos tipos de emoção e de pensamento que encontram sua expressão na tragédia, na comédia, na ode, no hino, na elegia, no idílio, na sátira, na balada e em tantos outros tipos de agrupamento. Eles mostram um estágio secundário da cristalização dos tipos literários. Podemos falar aqui de tipos de impulso expressivo, porque eles podem ser sempre relacionados a experiências e a contextos psicológicos recorrentes que exibem feições consistentes, em meio a variações, por longos períodos da história da humanidade. Um hino, pagão ou cristão, é associado a emoções e a sentimentos religiosos, tanto pessoais quanto comunitários, que exibem algumas similaridades, não importa qual a teologia específica envolvida, ou a língua, o ritmo ou a imagística, mostrando características correspondentes de fervor, de aspiração, de êxtase e de arrebatamento. Crashaw, Novalis e Hölderlin endereçaram seus hinos a Seres ou Poderes muito diversos, porém há uma relação geral entre suas motivações e suas formas. Um exemplo disso é a ode, que nasce da comemoração formal, geralmente de interesse público ou social; a isso ela deve seu desenho retoricamente elaborado, modelos originais para as odes de Píndaro e as passagens corais da tragédia grega. Não há dúvida de que uma ode de Keats se afasta muito pelo assunto e pelo tema de sua inspiração, e pela métrica, da obra de Píndaro; ainda assim, o motivo da celebração é o impulso dominante em ambas, o que as reúne sob uma lei única e igualmente expressiva. Elegia também é um tipo de expressividade, se considerada como poema de lamento, seu sentido original, deixando de lado os caprichos do uso do dístico elegíaco. Do mesmo modo podem ser encaradas a tragédia, a comédia e a sátira, com seus personagens encontrando sua genealogia em julgamentos morais, em filosofias de vida, em atitudes psicológicas. Sendo essas espécies tão intimamente ligadas aos processos psicológicos, pertencem à história da humanidade, e mesmo que não sejam permanentes, mostram longevidade marcante ou, quando falham temporariamente, forte predisposição para ressurreição. Por isso existem fortes tradições para elas, ao menos através da história literária da Europa. Elas representam espécies de criação literária no sentido sensato e comum de "espécie", porém encontram tantas configurações formais que não podem ser seguramente classificadas como "formas" em qualquer teoria precisa e técnica. São mais do que meros agrupamentos descritivos, já que se baseiam em funções expressivas, em tipos diversos de significado, de assunto, de emoção e de experiência, mas não são estruturas no sentido estético mais preciso porque não se restringem especificamente a um meio de expressão. Algumas dessas espécies, por exemplo, expandem-se para além da arte literária; consciente ou inconscientemente, críticos de várias artes admitem a existência dessas espécies de enorme amplitude ao falar da comédia de Rowlandson, da força dramática de Delacroix ou ao usar o termo "alta comédia" do dramaturgo Congreve e do romancista Henry James, ou ao falar de um filme ou de uma sinfonia épicos e assim por diante. No mesmo sentido, partes de qualquer composição literária podem carregar o caráter de qualquer uma das "espécies" mencionadas. Romances são salpicados de passagens, quando não capítulos inteiros, que são virtualmente elegias, odes, hinos, sátiras, poemas líricos de amor, trenodias ou seja o que for.

Por outro lado, em contraposição a essas categorias, existem certas espécies bem estabelecidas aparentemente distinguíveis basicamente por seu caráter formal, como soneto, rondel, balada, oitava-rima, verso branco, octossílabo, etc. É conveniente chamá-las de formas de metrificação ou, em alguns casos, apenas de "formas", já que dão a ideia de uma configuração característica. Mas, de fato, elas não são puramente esquemas de metrificação aplicados a qualquer assunto. Com o ritmo das palavras sendo apenas um dos aspectos da intertessitura de imagens, elas formam parte do todo estético e, consequentemente, são elementos de um processo de expressão. Seu caráter rítmico é incontestavelmente relacionado ao tema e ao assunto; as peças não podiam ser escritas em forma de soneto, assim como segmentos de verso branco conseguiam ter a elegância, a concisão ou a eloquência musical dos sonetos. No verso branco, foram descobertas qualidades admiráveis, como um modo de fala e de diálogo em verso, porque ele se aproxima dos ritmos de fala normais da língua inglesa e, ao mesmo tempo, ajusta-se facilmente em expressão intensificada. Como verso dramático, o Alexandrino desenvolveu-se claramente em relação ao caráter da língua francesa, bem como aos traços psicológicos dos franceses. A forma do soneto de Petrarca, que era profundamente adaptada à língua e ao espírito italianos, não foi apropriada ao inglês e, consequentemente, foi alterada. Tais exemplos ilustram suficientemente que mesmo com essas aparentes unidades de forma atômicas, ainda persiste uma relação com algum motivo expressivo característico, psicológica e culturalmente influenciada. Elas aparecem, é claro, como inovações, a inspiração de algum poeta solitário, a qual, em sequência, outros poetas respondem. O inovador descobre e revela uma forma com possibilidades expressivas. Ela é desenvolvida por outros até que, gradativamente, e à medida que todas as suas múltiplas aplicações ficam aparentes, seu verdadeiro caráter se revela: é uma fórmula expressiva geral, passível de larga aplicação em contextos particulares, persistindo por longo período de tempo. Sua notação na prosódia não é uma tentativa de fixar rigidamente seu caráter, mas apenas de sistematizar, aproximadamente para audição e visão, um denominador comum, um processo útil e que só engana aos pedantes. A história da arte, da música e da poesia tem muitos exemplos desse tipo de concepção fértil, na qual existe interação entre uma experiência geral de uma ideia "formal" e aquele escritor que a usa. E sabemos que grandes gênios, como Shakespeare, Bach ou Mozart, geralmente se mostram bem mais na elaboração do que na criação. Como disse Mozart, um homem não pode fazer tudo. Poetas e artistas muitas vezes trabalham com um ideal abstrato em mente, mas invariavelmente também com um sentido exequível da forma, da expressividade potencial a ser alcançada quando o ideal abstrato é realizado na forma individualizada: a nova obra.²

Assim, observamos dois importantes agrupamentos, comumente chamados "espécies" e "formas", e o que ora perguntamos é: Como se situam esses dois agrupamentos em relação um ao outro?

A resposta é que cada termo denota um aspecto importante da obra poética, mas é insuficientemente preciso quando a vemos como um todo. A espécie indica mais claramente a motivação expressiva e forma o molde estético exterior. Tragédia sugere certo tipo de história ou de situação, com seus sentimentos concomitantes; sabemos que, seja no drama ou no romance, em verso ou em prosa, ela terá de usar uma imagística figurativa, pessoas e ações e assim por diante. Por outro lado, sabemos que um soneto terá determinado movimento de pensamento e intensidade de emoção, certo contraponto de argumentação e de emoção. De antemão, sabemos que uma ode será uma invocação ou uma celebração e necessitará de um esquema um tanto elaborado de ritmo para apoiar emoções grandiosas ou sublimes ou graves. Essa implicação de um em relação ao outro é um tributo ao sentido de que um poema é uma unidade de conteúdo e de forma, de tema e de expressão da emoção e da imagística, e explica também o intercâmbio impreciso dos dois termos, como quando odes ou sonetos são indiscriminadamente chamados de espécies e de formas. Mas, por apenas serem parciais, ambas as palavras e as classificações denotam falta de precisão estética. Elas retêm determinadas ênfases, permanecendo cada uma em seu lado do território no qual deveriam encontrar-se e fundir-se.

---

² O mesmo princípio aplica-se ao uso da forma da estrofe. Aqui, uma única forma de metrificação é repetida com palavras diferentes por meio de um único poema. É claro que o mesmo esquema métrico aparece com conteúdos e significados que variam consideravelmente de estrofe para estrofe, o que dificulta, particularmente em poemas longos, respeitar o dogma radical de que "cada conteúdo requer sua própria forma". Em tais casos, as relações entre a palavra e a métrica são governadas pela ideia ou pelo clima predominante de todo o poema. Uma das funções da métrica é a de manter o sentido dessa unidade ideal pela variação do conteúdo. Mas a métrica permite tratamento elástico em relação às palavras das diversas estrofes. Esse intercâmbio sutil entre unidade e variedade, entre expressividade *geral* da métrica e expressividade de cada esquema ritmo-palavra, estrofe a estrofe, pode ser definido como imagística relativamente constante de uma espécie, utilizada numa complexidade que varia de estrofe a estrofe.

Que fique bem claro que inadequados são os termos e não as obras poéticas. Cada um oferece só um modo de classificação, de maneira que cada um, sozinho, é irreal por ser apenas parcial. Uma tragédia tem de ter uma forma cuja definição não foi esgotada com o termo; um soneto tem de ter uma substância da qual o esquema formal não exprime a ideia precisa. A realidade estética – o drama trágico, o soneto shakespeariano, a novela picaresca – é tanto espécie quanto forma e, para usar linguagem precisa que não separe analiticamente aquilo que sentimos e sabemos ser uma unidade, podemos chamar apenas de tipos de poesia e de arte literária; ou, mais exatamente e ao preço de usarmos uma expressão canhestra, tipos estruturais de imagística-dentro-da-linguagem.

Parece quase que simples demais dizer que o tipo esteticamente genuíno é o *drama trágico, o romance idílico,* a *sátira em verso,* o *poema pastoral* e assim por diante; mas a questão é precisamente essa, pela simples razão de que tais termos repousam sobre a conjunção dos dois aspectos essenciais da arte, um *motivo expressivo* com uma *imagística*. A comédia, se aplicável a qualquer arte ou forma, indica apenas um motivo expressivo; o verso, o dístico, o verso branco, etc. indicam apenas vários aspectos parciais da imagística. São insuficientes como conceitos de uma estrutura total. Porém, obras que mostram motivo expressivo e imagística similar ou, em outras palavras, uma origem relacionada na experiência geral ou na emoção e uma forma relacionada de revivência, mostram a cristalização de um tipo verdadeiro. Não estamos mais aqui iludidos por pseudoespécies que pairam incertamente entre classificações descritivas; elas são tipos característicos autênticos de estrutura expressiva.[3]

---

[3] A tentativa de ser esteticamente preciso leva a uma deselegância de termos. Não creio que qualquer termo que seja suficientemente preciso para satisfazer a teoria tenha muita *chance* de ser adotado para usos comuns da crítica. Não precisamos ficar muito deprimidos com isso, pois não é realmente necessário. "Espécies" e "formas" e mesmo "gêneros" não muito aceitos continuarão a ser usados; são classificações úteis e suficientemente claras quando dentro de contextos claros. Como os cientistas, que em seus momentos mais rígidos pensam nos objetos como sistemas de partículas em movimento ou como sistemas eletrônicos, mas nem por isso deixam de usar a linguagem do senso comum, também podemos reagir à necessidade de termos analiticamente precisos, sem nos privarmos dos que são mais simples e convenientes.

A essas considerações, somamos influências históricas e sociais que são sempre atuantes e contribuem com aspectos decisivos às formas de arte e de literatura. Poesia é sempre um produto da experiência e da imaginação, de vida atual ampliada e generalizada para além do presente; e por "vida atual" queremos dizer a conscientização e a sensibilidade de um escritor ou de um grupo de escritores formados por uma situação histórica particular e ativos nela. Cada escritor, enquanto diz alguma coisa que transcende seu tempo, tem de usar termos inseparáveis dele. Sua visão é parte de seu ser histórico e de sua experiência de vida e de tempo, inclusive a cultura de sua época; e seu meio de expressão, sua linguagem, não pode, tampouco, deixar de existir numa fase histórica particular. Falar a língua e oferecer a visão de épocas passadas é imitação e contrafação, enquanto a linguagem do futuro só chega com ele. Quando escritores são chamados de profetas, isso significa que o público em geral ainda vive no passado, mas está aos poucos despertando para o novo presente já sentido pelo "profeta". Seu presente ainda é o futuro dos outros, enquanto o presente destes já é seu passado.

Logo, tipos poéticos são vistos com a menor ambiguidade em sua limitação e modulação históricas. Durante certo tempo, observamos a necessidade de determinado tipo de expressividade, como a ode pindárica, o drama elisabetano, o soneto italiano da época de Petrarca, a balada e várias formas europeias de romance nos séculos XVIII e XIX; tal necessidade descobre um tipo de estrutura, de imagística-dentro-da-linguagem que, adaptada a seu objetivo, torna-se o veículo para sua expressão. O tipo aparece frequentemente porque a necessidade é sentida de forma quase igual por muitas pessoas – primeiro um poeta, depois outros e por um público pronto a reagir e até mesmo a cooperar; e a fórmula típica, atendendo à necessidade, mantém certa identidade em meio às inevitáveis variações em sua aplicação individual. E naturalmente o florescimento e a decadência, o renascimento e o total desaparecimento dos tipos poéticos acompanham as mudanças da vida social e da cultura, das quais são expressão sintomática.

Epopeias alegóricas da Idade Média desapareceram com as experiências e as condições comunitárias que constituíam seu meio ambiente. O mais esplêndido florescimento do soneto aconteceu na Renascença sob certas condições de educação formal e cultura aristocrática, e aqueles de épocas anteriores, por melhores que sejam, não mantêm a aura tão natural nem exibem facilidade e postura tão excepcionais na composição e no ritmo. Esses são apenas dois exemplos simples e óbvios de processos que, às vezes, têm resultados mais complexos. O estudo desses esquemas de convenção social como influências propiciadoras das formas literárias é o tema de uma verdadeira sociologia da literatura. Por verdadeira quero dizer amplamente baseada em todos os processos de pensamento e de cultura social e não apenas atada a alguma doutrina estreita do tipo marxista. Grupos sociais grandes e pequenos, nacionais e internacionais contribuem para a configuração dos tipos literários. Para começar, existe uma espécie de reação quase universal no drama, forma conhecida por uma larga variedade de culturas humanas através da história, ou na necessidade profundamente romântica, sempre a renascer, da poesia do ditirambo e do hino. Depois, as influências operam dentro das sociedades raciais ou nacionais, como observamos em formas, claramente o produto de um gênio nacional e sua língua. Os exemplos mais simples – já mencionados – são as métricas, peculiarmente adaptadas a línguas diferentes: o dístico clássico, a *terza rima* de Dante, o verso branco inglês, o alexandrino francês, e assim por diante, nenhum deles facilmente transplantado; ou podemos contrastar a forma dramática elisabetana com a do classicismo francês. E, finalmente, algumas vezes as formas se ligam a grupos sociais bastante restritos, como foi o caso da plateia do teatro da Restauração, na Inglaterra.

Certamente, é preciso distinguir entre o tempo de vida de um tipo do ponto de vista criativo e aquele em que pode ser apreciado, que é muito mais longo. Mas a estrutura dessa apreciação é extremamente complexa e muitos fatores obscurecem o verdadeiro grau de datação. Simpatia imaginativa, por si e quando auxiliada pelo conhecimento, permite-nos ampliar nossa compreensão das formas literárias, assim como da história e de culturas extremamente diversas. Mas é certo que todos os espécimes históricos de uma forma aos poucos vão morrendo, à medida que as ligações sociais e psicológicas com as circunstâncias originais se tornam mais tênues. Hoje, não ouvimos mais as epopeias de Homero como faziam os gregos, ou as peças históricas de Shakespeare como os elisabetanos, como não ouvimos *Fausto*, de Goethe, com os ouvidos de Humboldt ou de Schlegel. Isso se enquadra com o que acontece com todas as obras de arte, a despeito de espécie ou de forma típica. Elas se tornam rarefeitas, recebendo cada geração uma abstração do original, sua beleza ainda possivelmente comovente, porém parcial e atenuada. Quando obras ou autores repentinamente são reavivados – normalmente por causa da recorrência de problemas ou de gostos semelhantes –, eles não recuperaram seu caráter primário sem contaminação; de certa forma, são traduzidos de um contexto original para outro novo, como pode ser visto no caso de Donne e de Hölderlin nas últimas décadas, embora sejam apenas exemplos particularmente vívidos de um processo onipresente.

Nossa teoria de arte e nossos princípios de imagística permitem-nos então substituir uma teoria estática de espécies e de formas convencionais por uma teoria dinâmica de estruturas poéticas típicas ou, mais singelamente, de tipos literários. Abandonamos a ideia de formas "ideais", permanentes e universais, concebendo, em vez disso, estabilizações temporárias de esquemas estéticos que correspondem a forças expressivas, todas as obras e formas sendo cristalizações num processo dinâmico constante. Determinado tipo nasce, por intermédio do gênio, em relação a certas circunstâncias humanas e de cultura social. Ele é desenvolvido e modificado por uma sucessão de escritores, encontra um público receptivo e depois declina, repentina ou gradativamente, à medida que a mudança histórica traz a necessidade de outras formas. Por vezes, é revivada, embora sempre adaptada à nova situação; o épico ressurge, mas não em sua forma homérica.

3. TIPO, VARIANTE E IDIOSSINCRASIA

O ponto de vista aqui adotado dá margem à existência de uma significação estética nas formas típicas, sem sugerir que tipo e caráter individual sejam mutuamente excludentes. Parte do sentido expressivo de uma peça está no fato de ela ter essa característica e não ser um romance; o de um soneto, justamente o de ser um soneto e não uma ode. Os tipos de forma são adaptados pela interação conjunta da natureza, da psicologia e da tradição artística a determinados assuntos e temas, de modo que a experiência geral e repetida que existe por trás de uma forma contribui para a significação de cada exemplo individual dela. Entretanto, cada obra é uma variante individual e a relação entre obras particulares e seu "tipo" é sempre sutil. O drama fala conosco por meio de Shakespeare, de Schiller, de Grillparzer e de Ibsen, porém de forma diversa, com suas inflexões particulares.

Já que nossa concepção de "tipos", ligada como é à expressividade e ao ritual natural, não é simples questão de classificação, não afirmamos que todas as obras tenham necessariamente de pertencer a este ou àquele tipo, a não ser por situar-se sob um dos amplíssimos rótulos de narrativa, de canto ou de meditação. Numerosas obras literárias são idiossincrásicas, com sua individualidade a residir não na variação de um tipo, mas em verdadeira exclusividade; elas são alheias aos tipos. Possivelmente, a maioria do que chamamos de "poemas" é assim; o aspecto de verso é suficiente para classificá-los de maneira vaga e, fora isso, temos consciência de uma multidão de temas, de estilos e de formas métricas entre os quais os tipos bem definidos são raros. O uso moderno quotidiano faz com que o termo "poesia lírica" seja aplicável a quase toda poesia que não seja narrativa ou dramática, de modo que nos sentimos pouco à vontade a respeito do que realmente seja "lírico", já que as obras verdadeiramente líricas são relativamente raras. A maioria dos poemas, especialmente hoje em dia, é uma mistura muito variável de pensamento e de lirismo, de meditação e de canto, de filosofia e de música. São enunciados sobre alguma fase da conscientização emocional, altamente idiossincrásica na forma.

O mesmo pode ser dito sobre o romance neste século. Já foi dito mais do que o suficiente, que essa é a forma mais representativa da era moderna, porém tal convicção, que pressupõe alguma concepção de sua "forma", não impede a confusão cada vez maior a respeito do que o romance realmente seja ou faça. Goethe ainda falou do romance como híbrido, num sentido que parece muito estranho hoje, e achou que ele estivesse apenas meio inserido na esfera da arte, com o elemento de "relato" em prosa a impedir a plena representação imaginativa alcançada pela poesia épica e pelo drama. O romance do século XX sem dúvida resiste a tais críticas, mas se é mais defensável do ponto de vista formal, nem por isso deixa de exibir enorme variedade de formas. Mas a proeminência de tal idiossincrasia dificilmente nos surpreende. Sendo a época atual notável pela ausência de fés e de filosofias poderosas (o que é bem diferente de ideologias), a tendência da literatura mais criativa não pode ser a de julgar ou de interpretar o homem segundo determinado padrão, mas a de explorar a "experiência". E a gama de experiência e de visão que a narrativa pode abarcar é tão extensa quanto a própria vida, e mostrar um trecho ou um aspecto dela, com seu colorido eficaz, é determinar uma forma ou isolar uma imagem que se adapte àquele objetivo particular e a nenhum outro. Uma época sofisticada como a nossa, na qual a satisfação extrema de ideais individuais é buscada e permitida, e na qual consequentemente a tolerância do gosto é tremendamente ampliada, encoraja a idiossincrasia.

Em conexão com a idiossincrasia, devemos distinguir entre originalidade autêntica e fracasso no uso adequado de uma forma. As peças de Byron são um bom exemplo deste último caso. Ele era soberbo em relação ao teatro, e suas peças refletem essa atitude; elas contêm alguns elementos dramáticos positivos, mas fica claro que ele se satisfazia com um meio-termo, sendo por demais orgulhoso para estudar o meio de expressão como deveria.

As estranhas novelas de Miss Compton-Burnett, por outro lado, são por demais originais para ser descritas como concessões de uma forma convencional. Também não são produtos híbridos de romance e de drama, como sugeriu a alguns uma análise superficial de seu diálogo, que, longe de ser a fala caracterizada do drama, é uma autêntica criação dentro da estrutura mais elástica da narrativa. Ao incorporar numa fala aparentemente contínua duas coisas diversas – o que é realmente dito e o que é apenas pensado –, sua obra tem analogias com os aspectos combinados da pintura de Picasso. Como tal, é uma invenção profundamente original, ao mesmo tempo formal e expressiva, uma técnica maravilhosamente econômica e fértil de se representar simultaneamente a superfície de uma conversa e uma infraestrutura de paixões secretas e eternamente vigilantes.

Ao lado da idiossincrasia, podemos notar também algumas formas híbridas ou intermediárias, com o que não desejo referir-me a qualquer mistura vaga de espécies e de tons, mas a formas que fazem uso de dois ou mais tipos autênticos, como definidos anteriormente. Os monólogos de Browning em *Homens e Mulheres* e *Dramatis Personae* são bons exemplos. Sendo monólogos, e portanto ficando aquém do drama propriamente dito, não deixam por isso de indicar situações potencialmente dramáticas, sendo, por consequência, mais do que obras líricas. Em termos de sua estrutura de imagens, diríamos que a voz convencional da primeira pessoa está um tanto deslocada nelas, e que encontramos também uma imagística dramática incipiente, com uma "pessoa" ou um "personagem" projetado, falando de uma situação em torno do eixo de um possível desenvolvimento dramático. A forma parte, assim, para duas direções. O famoso poema da juventude de Goethe, *Prometeu*, é dessa espécie. Incluído em todas as antologias "líricas", foi concebido como monólogo de uma peça nunca escrita, sendo nele condensados numa expressão geral de desafio cósmico vários elementos do drama prometeico.

Podemos também usar nossa teoria de imagística para esclarecer o problema de estilo na escrita, que não é "criativa" no sentido estrito da palavra, mas que a imaginação enriquece com várias qualidades. Ninguém precisa ser lembrado das muitas obras de filosofia, de ciência, de teologia, de política, de história, etc., às quais se atribui uma excelência literária independentemente de sua importância de especialização. E a possibilidade do nascimento da "literatura" de uma atividade primordialmente não literária tem sido usada como um dos argumentos contra as teorias clássicas ou tradicionais de gênero e de forma. Do nosso ponto de vista, em seu aspecto artístico tais escritos representam modos de idiossincrasia; pois nosso argumento tem sido justamente o de que é a encarnação de uma imagística na linguagem que cria uma forma estética, e que isso produz um sem-número de formas diversas dentre as quais podemos observar, de tempos em tempos, certos esquemas "típicos" permanentes. O primeiro objetivo do escrito acadêmico ou filosófico não é a expressão, mas a erudição, e a passagem de uma para outra é crucial. O que empresta a tal obra uma qualidade literária, nasce parcialmente da concepção e da linguagem brilhantes e imaginativas e parcialmente de uma conjunção de paixão e de têmpera pessoal que a torna, nessa mesma medida, expressiva além de erudita. Como disse Buffon numa frase famosa quase sempre citada de forma truncada, os conteúdos do conhecimento estão fora do homem, dissociáveis, porém *le style est l'homme même.*

Finalmente, devemos notar que a idiossincrasia ocorre também nos autores excêntricos, cujos poderes de imaginação escapam a seu controle ou não são facilmente equilibrados por outras qualidades intelectuais e disciplinadas. Opiniões esdrúxulas ou fracas muitas vezes são apresentadas com estilo e imaginação, às vezes por autores que parecem ser realmente vítimas de aberrações, outras nas obras menos expressivas de bons autores. O problema também pode ocorrer quando simplesmente discordamos das atitudes de um autor, embora admiremos seu estilo; na verdade, esse talvez seja o caso mais frequente e estende-se também ao problema de convicções e de poesia. Pois, ao avaliar qualquer autor a quem atribuímos certa posição literária, temos de reconhecer-lhe alguma espécie de poder e de qualidade, já que de outro modo nem o consideraríamos. Muitas vezes, encontramo-nos no estranho estado de admirarmos a imaginação de um autor ao mesmo tempo em que rejeitamos suas opiniões e suas convicções.

No caso, o conflito existe entre disposição vital, que se expressa no estilo, e razão, que é uma verdade generalizada, já que toda opinião é uma tentativa de generalizar uma verdade. Nesse sentido, todo escrito que alcança um estilo é "verdadeiro", já que a verdade inerente ao ser vivo em virtude da própria vida também é válida para a imagem. Mas o escrito não será necessariamente "verdadeiro" como razão ou como verdade generalizada. A pessoa e a imagem são individuais, enquanto a razão é geral.

Larga quantidade de prosa mostra esse conflito. A originalidade da mente manifesta-se muitas vezes na capacidade de enunciar verdades gerais, que podem ser veementemente negadas antes de serem aceitas. Mas ela se manifesta também apenas em energia, vigor e autoconfiança. Originalidade, nesse sentido, é uma espécie de caráter ou de asseveração da força de vontade a tomar a forma de literatura, é um atributo frequente dos políticos, e, longe de demonstrar um sentido equilibrado de verdade humana geral, pode muitas vezes ser apenas caprichosa e egoísta. Mas isso produz discursos.

O fenômeno manifesta-se também na crítica e na estética, particularmente quando escritores criadores expressam seus pontos de vista. Todo mundo conhece a deformação característica das declarações dos artistas, quase sempre justificativas do que fazem. A crítica ou a estética de um poeta são aspectos de sua poesia, sendo parte do conjunto de seu idioma pessoal. A natureza de sua visão determina a natureza de suas teorias, que, consequentemente, compartilham a "verdade" da primeira, no sentido já descrito. Por isso, a declaração de um poeta tem nítida autoridade e, como a vida, é incontestável. Por trás de suas asseverações, sente-se toda a força de sua mente e sua vitalidade, o pensamento complexamente ligado à paixão, visão com a vida a imbuir-lhe as opiniões de uma força que as separam do debate normal e as tornam mais do que simples opiniões. Mas, apesar de todo seu poder individual, elas não necessariamente expressam verdades universalmente aplicáveis; em termos filosóficos, não passam de uma opinião entre muitas.

O mesmo conflito entre expressão e verdade geral é sentido na crítica de arte. Alguns críticos são cheios de opiniões e escrevem brilhante ou divertidamente, enquanto por outro lado certa falta de brilho muitas vezes acompanha uma crítica séria, sensível e conscienciosa. Obras acadêmicas que colocam a "verdade" em primeiro lugar são deixadas de lado, respeitadas, mas não necessariamente lidas. Os melhores críticos tratam literatura e arte como os poetas tratam a vida. Reagem com imaginação e descrevem o que veem, sentem e pensam. São sensíveis na medida em que sua imaginação consegue trabalhar dessa maneira bastante especializada, e persuasivos em proporção à sua capacidade de definir uma reação compartilhada por outros e de fazer sua linguagem refletir o que suas imaginações lhes revelam. A energia de suas mentes expressa-se numa imagística pessoal, sem preconceitos a respeito de seu assunto ou de julgamentos geralmente aceitáveis; por isso, às vezes a crítica é chamada de "arte" e, outras vezes, de ramo da filosofia.

4. CONCLUSÃO

Este capítulo tratou das implicações da teoria da imagística nas várias artes e formas de arte. Podemos agora aceitar a ideia de um tipo de estrutura, por exemplo, o drama, que tem significação como forma, além do que qualquer dramaturgo queira dizer com ela. Devemos encará-la como um esquema típico de imagística e de linguagem, que exibem intertessitura característica que a diferencia das outras formas e relaciona-se às necessidades expressivas. Mas observamos também que, segundo o mesmo princípio, muitas variações são possíveis e inevitáveis dentro da espécie, cada uma delas evidenciando seu próprio equilíbrio delicado entre tipo e idiossincrasia. Igualmente indissociável do problema central é a relação entre as diferentes espécies de imagística num dado tipo de intertessitura, que no caso do drama é formada pela fusão da fala, do gesto e da cena. É essa fusão que devemos, daqui por diante, examinar mais detalhadamente, e veremos que ajuda poderosa temos por haver estabelecido o princípio da imagem e suas funções. Porque, privados dessa única ideia básica, é difícil compreender as relações sutis entre certas coisas, como ritmo e sentidos lógicos, verso e ação, diálogo e *mise-en-scène* e todas as outras combinações características da arte e da poesia. Todas as imagens relacionam-se à natureza, e sua fusão, que reflete a complexidade orgânica da natureza, é em si natural, como dissemos anteriormente, dando como exemplo o grito de aviso e o gesto. As imagens que repousam na apreensão sensorial fundem-se naturalmente e são opostas ao caráter analítico do sentido verbal. E no entanto a linguagem, mesmo proposicional, pode ser usada, como vimos anteriormente, de modo a explorar a imagística que encarna, tornando-se assim assimilável a outros sistemas de significação de imagem. Examinando sucessivamente a imagem, a metáfora, as imagens-fórmulas expressivas, o funcionamento das imagens, as imagens em relação aos significados verbais e a ideia de que as imagens se fundem em esquemas característicos, formando tipos de expressão literária, estabelecemos, por meio de uma teoria experimental de arte e de poesia, as fundações para uma teoria do drama que fará justiça a sua variedade e esclarecerá os meios pelos quais ele alcança estilo e efeito poético.

Mas, antes de encarar diretamente o problema do drama, proponho examinar mais detalhadamente as relações entre poesia e música, elucidando bem mais alguns aspectos até aqui apenas mencionados dos significados pré-verbais. O problema da música e da poesia tornou-se mais relevante desde o movimento simbolista, responsável pela evolução de uma ideia particularmente rarefeita de poesia que afetou nas últimas décadas as noções gerais do "poético" no drama e em outras formas literárias.

CAPÍTULO IX

Música e Poesia

1. DEFINIÇÃO DO PROBLEMA

Há três razões para introduzirmos este assunto neste ponto de nossa argumentação. Primeiro, por termos a oportunidade de explorar uma forma importante de interpenetração entre sistemas de imagística que esclarecerá um pouco mais a ideia de intertessituras. Segundo, por abordar aspectos da poesia que são extremamente relevantes ao drama, no qual a voz e sua expressividade têm papéis tão importantes. E terceiro, porque essa relação entre poesia e música tem grandes consequências desde a introdução de novos ideais e novas técnicas pelos poetas simbolistas, sendo a arte da música vista cada vez mais como uma forma ideal e usada como critério da arte como um todo.

No curso da história houve muitas espécies de alianças entre música e poesia. A poesia épica foi originariamente declamada com acompanhamento instrumental e a poesia coral do drama grego era intimamente ligada à dança e à música. Poetas nas mais variadas épocas e comunidades escreveram versos que foram cantados ao som do alaúde ou de outros instrumentos. Os últimos séculos produziram exemplos ainda mais complexos de formas artísticas elaborando o jogo entre essas duas formas de arte: missas, motetos e madrigais da era de Palestrina, cantatas da época de Bach, ópera desde o século XVII, bem como formas menores, como a *masque* inglesa do século XVII ou o *Singspiel* alemão que surgiu um pouco mais tarde. Todos esses exemplos mostram relações diversas entre música e linguagem, e cada um deles só pode ser configurado pela alteração dos elementos da parceria. A música de uma ópera é diversa da de um madrigal; a linguagem poética de uma cantata difere da de uma canção. Há um processo maior ou menor de assimilação mútua que deixa ambos os elementos sem valor se isolados.

Existe outra relação entre poesia e música que não foi indicada por nenhuma das formas mencionadas. Ela consiste não na aliança entre as duas artes, mas na aproximação da poesia da expressão musical. Às vezes, como no sentimento lírico, certas qualidades podem trazer um poema ao limiar da música, àquele ponto no qual temos consciência de estados de alma ou de "sentimentos" (como falamos singelamente, querendo dizer, na verdade, que se trata de um complexo esquema de emoções, de sentimentos e de sensibilidade), até a exclusão completa dos pensamentos. Ainda assim, um poema continua a ser uma coisa feita de palavras e de ideias e imagens evocadas por elas. Ele não chega até a música propriamente dita, aos instrumentos, à harmonia e à melodia ou à colaboração com elas. Essa é a relação que desejamos analisar agora mais detalhadamente. O que queremos dizer quando falamos que a poesia é "musical", quando nos tempos modernos ela é simplesmente lida em particular ou, no máximo, declamada sem acompanhamento?

Alguns dos significados da poesia são muito semelhantes aos da música. Ambos utilizam ritmo e aspectos acústicos, o que inclui o som produzido pelas inflexões da voz e todos os recursos vocais do verso, como assonância, rima e jogo de vogais. Isso um intercâmbio simples e elementar com a música. A zona limítrofe da poesia e da música pode ser vista quando a leitura de um poema lírico parece estar a ponto de transformar-se em canção, ou no recitativo, em que o significado das palavras prevalece sobre a melodia. O próprio estilo do *Lied* varia, é claro. A ênfase vem por vezes num estado de espírito geral, com palavras vagas e meio musicalizadas, enquanto em Hugo Wolf, por exemplo, um componente dramático transforma palavras e música em parceiros em pé de igualdade. Assim, embora um poema recitado e uma canção cantada sejam dois fenômenos diversos, existe entre eles um elemento comum.

No que concerne a isso, o papel da voz é importante e requer um rápido comentário.

2. O PAPEL DA VOZ. IMAGÍSTICA VOCAL

A maior parte dos debates sobre a música da poesia parece pressupor tacitamente que a música está na linguagem, o que é um erro. A música reside na voz, com a linguagem – considerada como fenômeno falado – a proporcionar certas condições dentro das quais a voz opera. É essencial salientar o fato de que a voz, sendo o órgão natural do sentimento, tem sua expressividade puramente auditiva, coisa que podemos observar em situações emocionais simples. Gritamos de alegria, de prazer ou de dor, com entonação diferente para cada caso. Murmuramos de contentamento, rosnamos, uivamos e ronronamos, como bem sabem os escritores de suspense. A fala recebe o significado desejado das inflexões adequadas da voz; deliberadamente, coordenamos nossa voz com o que desejamos dizer. A simples frase "Você vai" pode ser uma declaração, uma pergunta ou uma ordem, dependendo de como é dita. Além do mais, efeitos especiais de significação podem ser atingidos pela perturbação calculada da coordenação vocal normal. Por exemplo, ironia, sarcasmo e caçoada dependem de um tom de voz que se mistura ao significado literal das palavras. Trata-se de espécies de significado que nascem de uma sutil inadequação de duas técnicas de expressão que normalmente caminham juntas e seriam impossíveis sem a expressividade independente da voz. Pela mesma razão, se a língua é musical ou não, depende de como ela é falada. A língua alemã, frequentemente considerada "antimusical", torna-se musical quando falada por uma voz musical; por outro lado, a língua italiana, sempre elogiada por sua "musicalidade", pode soar rude se for falada dessa forma. Qualquer língua, como tal, oferece em sua estrutura fonética toda uma gama de expressividade musical potencial, coisa que os poetas estudam em relação à voz musical ideal.

Assim, a música da poesia, em seus aspectos auditivos ou fônicos, depende não da linguagem, mas da voz na linguagem. É a voz musical que cria o tom e a gama, a qualidade e a variedade do tom, bem como todos os tipos de expressão indicados na música pelos termos convencionais como *amabile*, *affetuoso*, *furioso*, *allegramente*, *con tenerezza*, *impetuoso*, *nobilmente*, etc., igualmente aplicáveis à leitura da poesia. As imagens sonoras das palavras só são percebidas quando unidas às inflexões dessa voz. Portanto, a voz fornece uma imagística sonora apoiadora que se funde, corroborando o esquema de palavras e suas evocações. Ela é de fato, paralelamente à mímica e ao gesto, mais uma imagística de apoio para a fala. Em outras palavras, a música da voz já é expressiva por si só e a boa leitura é aquela em que essa música quase independente é adequadamente correlacionada às palavras, aos ritmos e aos sentidos do poema. Uma leitura será menos que musical, menos que poética se às palavras for dada apenas a expressividade devida à prosa. Será por demais musical se a voz inundar o poema com seu próprio esquema musical onde for inadequado. Seria absurdo, por exemplo, musicar um epigrama, por mais decisivo o seu ritmo ou por mais fluente o seu som.

A relação da música vocal com os sentimentos é a mesma no que diz respeito à poesia como no tocante à própria música. Em ambos os casos o que está envolvido é a arte e não o comportamento espontâneo, o que significa que o "sentimento" afetado pela voz pertence, como a melodia ou o poema, a uma imagística que é ideia e não realidade. No capítulo VII, quando discutimos o lugar das emoções autênticas na experiência estética, consideramos uma sintonia real da sensibilidade e uma simulação de sentimentos simpáticos, mas reconhecemos que ambos ocorrem sob controle da imaginação. Quando dizemos que a voz "expressa emoção" no canto e na poesia, queremos dizer que ela realiza ou completa a imagística da música ou do poema, nos quais está implícita a expressão das emoções. Fazendo isso, o cantor ou o declamador alcança seu estilo. Quando emoções reais excessivas engolfam o esquema da música ou do poema, o resultado é o canto ou a declamação insatisfatória ou sentimental. É o indiscreto real invadindo a imagem, um sentimentalismo primário e mal direcionado deslocando a imaginação. Quando envolvidos num sentimento real, somos presa do fisiológico e do psíquico, que suprimem a imaginação e a conscientização estética. Quanto maior sua pressão, menos lúcidos e conscientes somos; ficamos zangados, descontrolados, cegos e finalmente loucos de raiva. Por outro lado, na arte as imagens evoluem a partir do real. Quando cria, o artista não está envolvido na experiência, mas na criação de imagens da experiência. O estilo depende da habilidade do cantor ou do declamador em recriar essas imagens.

Avaliações sobre a declamação de versos geralmente sofrem pela deficiência de compreender as disposições preliminares da voz e o fato de que dependem de uma operação da imaginação, da energia para criar imagens, paralela ao ritmo ou à metáfora, e funcionando como eles, como parte de uma complexa intertessitura de imagística – o todo e a unidade que chamamos de poema. Quando atores recitam poesia lírica, por exemplo, com excessiva frequência eles usam a imagística sonora do verso dramático, apoiada pela empostação psicológica do estilo dramático, um erro de cálculo que destorce o poema lírico. Por outro lado, geralmente as críticas são dirigidas ao modo pelo qual os poetas leem poesia, particularmente quando marcam demasiadamente o ritmo ou quando suas modulações vocais não parecem ser suficientemente variadas. Casos particulares devem ser analisados separadamente, porém essa crítica generalizada é, via de regra, mal informada. Aqueles cuja imaginação produz poemas provavelmente têm um sentido delicado para imaginação vocal e para exercitar um julgamento mais preciso da música vocal integral aos seus poemas. São como o compositor, em cuja interpretação musical – de sua própria obra ou não – geralmente percebemos um toque mais íntimo e poético do que pode ser encontrado mesmo no mais sensível intérprete que não compõe. Tal qualidade no compositor deve ser atribuída não apenas a uma vaga noção de "emoção profunda", mas a uma capacidade maior de transformar emoção em imagens. Requer grande capacidade de dar corpo à imagem musical na interpretação, que deriva da capacidade fundamental do compositor para criar tais imagens.

3. QUALIDADES MUSICAIS NÃO ACÚSTICAS NA POESIA

Desse comentário preliminar sobre os aspectos auditivos da poesia e de sua fundamentação vocal, voltamo-nos para uma observação introdutória sobre outro aspecto do problema. O efeito musical da poesia não emana apenas dos elementos físicos e acústicos que ela compartilha com a música. Outras influências, não necessariamente mais sutis, mas por certo mais difíceis de analisar, operam também. Elas aparecem em três pronunciamentos sobre o assunto que se tornaram pontos cruciais do estudo da poesia e da arte. Numa famosa passagem da *Biographia Literária*, ao usar o poema "Vênus e Adônis", de Shakespeare, para exemplificar as qualidades de excelente poesia, Coleridge escreve:

> Em "Vênus e Adônis", a primeira e mais óbvia excelência é a perfeita doçura da versificação, sua adequação ao assunto e o poder exibido na variação da marcha das palavras sem jamais passar a um ritmo mais elevado ou majestoso do que o exigem os pensamentos ou do que permitiria a propriedade na preservação da dominância de um senso melódico. Considero o prazer na riqueza e na doçura do som, mesmo quando excessivo (se evidentemente for original e não resultado de um mecanismo facilmente imitável), altamente promissor nas composições de um jovem. O homem que não tem música em sua alma jamais será um poeta autêntico. Imagística – mesmo quando tirada da natureza e muito mais quando transplantada de livros, como de viagens ou de obras de história natural –, incidentes tocantes, pensamentos, emoções pessoais ou domésticas interessantes e, com esses, a arte de sua combinação ou intertessitura na forma de um poema, podem, por esforço incessante, ser aprendidos como um ofício por um homem talentoso que lê muito e que, como já observei anteriormente, confundiu um desejo intenso de ter uma reputação poética com o gênio natural para a poesia e também o amor do fim arbitrário com o dom de determinados meios. Mas o sentido do prazer musical, com poder de produzi-lo, é um dom da imaginação; e isso, com a capacidade de reduzir o múltiplo a uma unidade de efeito e de modificar uma série de pensamentos por meio de algum pensamento ou alguma emoção dominante, pode ser cultivado e aprimorado, mas nunca aprendido. É aqui que o *"poeta nascitur non fit"*.

Aqui, o pensamento paira entre uma referência aos efeitos musicais da poesia, que são efetivamente audíveis, e a analogia mais geral entre o efeito geral de um poema e da música como um todo. A "perfeita doçura da versificação", o "prazer na riqueza e doçura do som" e o "senso de dominância melódica" são fenômenos particulares ao ouvido; "o homem que não tem música na alma" e "o sentido do prazer musical" – com "o poder de reduzir o múltiplo a uma unidade de efeito" – sugerem uma comparação mais ampla, menos precisa, mas talvez ainda mais operante. A passagem inteira, colocada no contexto de uma grande obra de crítica, mostra-nos Coleridge, alerta a todas as possibilidades. No entanto, ela depende de forma surpreendente do pressuposto de que perceber *o musical* é, sem que quaisquer outras explicações sejam relevantes, indicar uma característica essencial da poesia. Coleridge coloca isso em primeiro lugar em sua enumeração das características da boa poesia, sem buscar definição mais precisa e sem escapar à tautologia. "O sentido do prazer musical, com o poder de produzi-lo, é um dom da imaginação"... Isso, afinal, apenas afirma que, se a obra do poeta for musical, ela também é poesia. Mas o que é a música? E o que é o musical *na* poesia? Fala ele da arte da música? Provavelvente não, em qualquer sentido estrito. Ele fica contente em utilizar um sentido bastante geral de alguma relação entre o poético e a "música". Notemos que os termos da comparação não podem ser invertidos com o mesmo efeito, ou com a mesma sensação de que se está dizendo algo esclarecedor. Ninguém julga a música por sua aproximação com a poesia. Ninguém diz que a primeira qualidade da música deveria ser um sentido de prazer poético.

Os dois elementos, de forma insegura, porém naturalmente justapostos na passagem de Coleridge, são típicos das comparações muitas vezes feitas entre poesia e música. Há sempre referência às características mais particularmente auditivas e rítmicas, que imprimem maior grau de lirismo e fazem com que falemos que certos estilos, como o de Spenser, são "musicais"; e há sempre a analogia ainda mais indefinida e imponderável descansando não em sintomas específicos, mas numa impressão do efeito total, difícil de definirmos, mas à qual somos claramente sensíveis. Quanto mais examinamos o problema, mais constatamos que a verdadeira confusão fônica com a música propriamente dita (com a canção, por exemplo) é apenas um aspecto parcial da musicalidade da poesia. Na verdade, ele pode ser mencionado para diferenças tanto quanto semelhanças. Ele sugere uma aproximação inicial com a música, e, na mesma operação, nada mais pode do que chamar atenção aos limites dessa aproximação. Por outro lado, alguns aspectos gerais da arte sugerem relações menos óbvias na superfície, mas com resultados percebidos mais profundamente.

A força da analogia geral com a música teve sua melhor enunciação no famoso trecho de Pater sobre a relação das artes com a música:

> Toda arte aspira sempre à condição da música. Pois embora em outras espécies de arte seja possível distinguir o conteúdo da forma e a compreensão sempre consiga fazer essa distinção, o esforço constante da arte é o de extingui-la. Que o mero assunto de um poema, por exemplo, que seu assunto, isto é, os incidentes ou as situações – que o mero assunto de um quadro, as circunstâncias reais de um acontecimento ou a topografia real de uma paisagem – não deveriam ser nada sem a forma, o espírito, do tratamento, e que essa forma, esse modo de tratamento deveriam se tornar um fim em si mesmos e permear todas as partes do assunto; eis o que a arte busca constantemente e alcança em diferentes graus.

No contexto do ensaio sobre *A Escola de Giorgione*, essa palavras expressam uma convicção persistente de que a música, mais do que qualquer outra arte, oblitera a distinção entre forma e conteúdo; e já que nossa sensibilidade nos diz que o valor especializado das obras de arte reside em apresentar seu assunto de tal modo permeado de um objetivo expressivo que ele se torne um enunciado único e peculiar sobre emoções e sensibilidade, impossível de ser traduzido para outros termos; claramente, sob esse prisma, a música comanda. Pater captou aqui a mais misteriosa característica da arte, *quando ela é perfeita*, e crê que a música exibe isso em sua forma mais pura. É uma ideia extremamente importante porque usa a música como critério simbólico da perfeita obliquidade da arte, o *aspecto não figurativo* de sua expressividade.

Finalmente, uma passagem de Valéry evidencia o ponto de vista simbolista:

> O que foi batizado de Simbolismo se resume simplesmente na intenção comum de várias famílias de poetas (aliás, inimigas entre si) de retomar da Música o seu bem. O segredo desse movimento não é diferente. A obscuridade, as singularidades, que foram tão criticadas; a aparência de relações demasiadamente íntimas com a literatura inglesa, eslava ou germânica; as desordens sintáticas, os ritmos irregulares, as curiosidades do vocabulário, as figuras contínuas,... tudo se deduz facilmente assim que o princípio é reconhecido...

> Mas éramos alimentados por música, e nossas cabeças literárias só sonhavam em extrair da linguagem praticamente os mesmos efeitos que as causas puramente sonoras produziam em nossos seres nervosos. (Prólogo, *Variété*)

Para nossa argumentação é interessante notar que as observações de Valéry, embora claras e precisas no que diz respeito à intenção geral do estilo simbolista, exibem a mesma espécie de falta de clareza que notamos na passagem de Coleridge: "E nossas cabeças literárias só sonhavam em extrair da linguagem *praticamente os mesmos efeitos que as causas puramente sonoras* produziam em nossos seres nervosos". Isso não diz apenas que a linguagem deve buscar efeitos musicais. O pensamento não é tão rigidamente preciso. A expressão "praticamente os mesmos efeitos" sugere alguma coisa um pouco aquém disso, mas ao mesmo tempo algo a mais. Valéry refere-se ao som das palavras, mas parece também deixar a porta aberta a alguns efeitos que, sem ser fônicos em seu sentido estrito, seriam também, de alguma forma, "musicais". A referência à grande variedade do estilo simbolista reforça essa dubiedade.

Esses três documentos cobrem o século XIX e, apesar de contribuírem para uma ideia geral da poesia, também ilustram uma de suas fases históricas. Distinguindo-os, podemos dizer que o de Coleridge define a presença de alguma coisa musical na poesia em geral, em sua condição "normal", sendo o termo normal aqui usado para indicar todos os seus tipos diferente. Não se trata de música real ou ortodoxa, no sentido da apropriada arte musical, mas de uma condição na tessitura da poesia que garante expressividade emocional mais intensa. É o tom musical subjacente em toda a poesia.

Por outro lado, a passagem de Valéry revela o objetivo programático do estilo simbolista, que era o de musicalizar a poesia. Mas não era um processo tão simples quanto possa parecer. Refinamento de ritmo e de imagística auditiva caracterizava o método, mas também uma exploração da maneira pela qual os símbolos em geral (objetos, natureza, imagens, palavras etc.) podem evocar sensações e emoções, tornando-se assim um esquema de sinais que correspondem a algum estado de emoção ou de sensibilidade. Analisaremos esse processo num capítulo subsequente. Aqui, basta dizer que o imediatismo de expressão alcançado por tais meios simbólicos é comparável ao da música. Desse modo, alia-se à genuína intensificação da música auditiva e rítmica a sutil e oblíqua música do processo simbolista.

É necessário ressaltar, no entanto, que tal musicalização da poesia teve lugar não nos interesses da música, mas da poesia *pura*. E assim nasce a notável ambiguidade da relação entre poesia e música na prática simbolista, cuja consequência é a falta de clareza na teoria e na crítica. Simbolistas usaram a música não tanto como objetivo para a poesia, mas como critério para uma arte perfeita, constituída essencialmente pela criação de formas para uma experiência totalmente interior e para uma sensibilidade idealizadora. A famosa passagem de Pater, escrita no clima da poesia simbolista, relaciona-se a isso. Ela promulga uma teoria de uma arte perfeita – a conversão de todo "conteúdo" em signos de emoção e de espiritualidade – com a música considerada como paradigma óbvio desse processo.

Qualquer debate claro sobre música e poesia deve tentar manter a questão geral da qualidade musical ou intensamente lírica separada das características particulares da prática e dos dogma simbolistas, embora as duas coisas sejam obviamente relacionadas e se interpenetrem. Nas páginas seguintes terei como foco uma distinção tríplice. Primeiro, devemos fixar a ideia de uma "música da poesia", que é *sui generis* e normalmente presente em maior ou menor grau em toda poesia. Então, como oposto a essa norma, podemos tomar algumas passagens de poesia de intensa musicalização (que acontece também em qualquer estilo e em qualquer período), cujas condições deverão ser observadas e definidas. E em terceiro lugar, existe um desenvolvimento peculiar entre os estilos romântico e simbolista no século XIX, no qual pressupostos muito particulares sobre a poesia, ligados a crenças filosóficas e metafísicas gerais, conduzem a pontos de vista especiais a respeito da poesia e da arte "puras" e ao culto de uma relação especial entre poesia e música.

Primeiramente, proponho-me a considerar com brevidade dois ou três modos de qualidade ou efeito musical, incluindo a habitual imagística auditiva e rítmica e a menos óbvia da música pelo símbolo e pela metáfora, para depois passar a uma revisão histórica dos desenvolvimentos do século XIX.

Não é nada fácil atribuir efeito musical a esta ou aquela causa isolada de outras nem dar exemplos puros de qualquer uma delas. Ritmo, som verbal, jogo metafórico sobre as emoções, saturação emocional em tema e em assunto, aspiração e nostalgia do ideal, todos interagem e nenhum induz sozinho a qualidade musical. Não existe receita infalível nem fórmula única para trazer a poesia próxima da música, e o processo mais fugidio de todos, o da interação entre elementos fônicos e não fônicos, talvez seja o mais importante. Não podemos fazer mais do que indicar certos caminhos de ênfase. Falar de "tipos" de poema musical já seria por demais dogmático, muito separado do fato de que a intensidade musical ocorre muito mais frequentemente em passagens breves do que em poemas inteiros. Na melhor das hipóteses, teremos "possibilidades típicas" de intensidade musical.

4. EFEITOS MUSICAIS BASEADOS EM IMAGÍSTICA AUDITIVA

Com que contribui o som das palavras à qualidade musical dentro da economia total de um poema? É um assunto vasto ao qual não podemos fazer justiça aqui. Nosso objetivo é apenas o de aduzir alguns exemplos suficientes para esclarecer esse aspecto do argumento principal.

O estilo de Spenser oferece um tipo de verso harmonioso e melífluo que insiste muito na organização do som verbal:

> *Lacking my loue I go from place to place,*
> *   lyke a young fawne thas late hath lost the hynd:*
> *   and seeke each where, where last I sawe her face,*
> *   whose ymage yet I carry fresh in mynd.*
> *I seeke the fields with her late footing synd,*
> *   I seeke her bowre with her late presence deckt,*
> *   yet nor in field nor bowre I her can fynd:*
> *   yet field and bowre are full of her aspect.*
> *But when myne eyes I thereunto direct,*
> *   they ydly back returne to me agayne,*
> *   and when I hope to see theyr trew object*
> *   I fynd myselfe but fed with fancies vayne.*
> *Ceasse then myne eyes, to seek her selfe to see,*
> *   and let my thoughts behold her self in mee.*
>
>   Sonnet LXXVIII

[Faltando-me meu amor eu vou de lugar em lugar,
   como um jovem cervo que acaba de perder sua corça:
e busco em toda parte, onde por último vi seu rosto,
   cuja imagem ainda trago, fresca, na mente.
Busco os campos há pouco por ela pisados
   Busco seu caramanchão há pouco enfeitado com sua presença
   No entanto, nem no campo nem no caramanchão posso encontrá-la
   No entanto, campo e caramanchão estão cheios de seu aspecto.
Mas quando a eles dirijo meus olhos,
   eles, desocupados, voltam de novo para mim,
   e quando espero ver seu verdadeiro objeto
   encontro-me apenas alimentado de fantasias vãs.
Cessai, então, meus olhos, de buscar ver a ela mesma,
   e deixai que meus pensamentos vejam a ela em mim.]
                                    Soneto LXXVIII

A estrofe que Spenser usou para o *Faerie Queene* e a forma do soneto dão-lhe grandes oportunidades no que diz respeito à beleza formal. São ambas esquemas rígidos caracterizados por moderada complexidade do desenho. Convidam a certa elaboração da ideia, que implica diversidade, porém o molde é suficientemente firme para refrear a imaginação estimulada antes que extravase ao ornado ou ao difuso. Em poucas palavras, são formas particularmente concebidas para expor exemplos delicados da arte como um esquema sensorial de unidade na diversidade, tanto do ponto de vista do pensamento quanto dos ritmos e das rimas. Spenser, entretanto, vai muito além das possibilidades mínimas, muito especialmente no uso de assonância e de aliteração e de repetições aplicadas em várias formas, por exemplo, às vogais, produzindo rimas internas ou, mais frequentemente, uma espécie de persistente eco vocálico, ou às palavras inteiras, que duplicam a repetição sonora pela repetição do significado, juntando as ideias. Tal composição dispensa a grande variedade de sons bem como os contrastes agudos. Esses últimos métodos, que podem ser aplicados a qualquer esquema de metrificação, mantêm um sentido de tessitura bem estruturada naquelas partes da obra que não são escritas em estrofes formais.

A essas características deve-se acrescentar o método negativo de evitar sons ásperos ou, ao menos, de contrabalançar, com hábil utilização de sons suaves, os ásperos que forem inevitáveis. Um bom ouvido para o som suave conduz à melodiosidade geral. Mas todas essas qualidades teriam resultados menos positivos se não fosse por certa fluência e abundância verbais. Há uma tendência de se usar mais palavras do que o necessário, o que produz, até certo ponto, um conflito entre amplitude do som e economia do sentido. Isso embota a mente em relação ao significado lógico e torna a continuidade do som e o desenho permanente de ritmo e de rima ainda mais importantes, para melhor ou para pior.

No entanto, em nenhum lugar é possível obter efeitos musicais marcantes ou envolventes, a não ser que ideias e emoções combinem com o som em doçura ou em ternura generalizadas. No soneto citado, o objetivo é alcançado por meio do tema do amor ausente e do sentimento de terno desejo. Notamos também que o mundo visual dissipa-se, que toda a tendência do poema é no sentido de fazer a emoção negar o mundo exterior e criar uma "imagem" interior da qual, no entanto, não são dados detalhes. O sentimento é tudo.

Tennyson é outro poeta conhecido pela eufonia baseada em som e em ritmo verbais, em harmonias deliberadas, em doçura requintada e no efeito musical de repetições e de ecos sustentados, frequentemente a serviço de sentimentos ternos, tristes ou nostálgicos. Alguém pode citar versos soltos ou passagens breves quase que a esmo para ilustrar seu domínio da melodia e dos ritmos sensíveis que refletem ideias:

> *Faint as a climate-changing bird that flies*
> *All night across the darkness, and at dawn*
> *Falls on the threshold of her native land...*
>
> *There lies a vale in Ida, lovelier*
> *Than all the valleys of Ionian hills...*
>
> *Be near me when my light is low,*
> *   When the blood creeps, and the nerves prick*
> *   And tingle; and the heart is sick,*
> *And all the wheels of Being slow...*
>
> *Lo! in the middle of the wood*
> *The folded leaf is woo'd from out the bud*
> *With winds upon the branch, and there*
> *Grows green and broad, and takes no care,*
> *Sun-steep'd at noon, and in the moon*
> *Nightly dew-fed; and turning yellow*
> *Falls, and floats adown the air...*

[Fraco como o pássaro que muda de clima e voa
Toda a noite através da escuridão, e de madrugada
Cai no portal de sua terra natal...

Há um vale em Ida, mais belo
Que todos os vales das colinas jônicas...

Fica perto de mim quando minha luz está fraca,
    Quando o sangue arrefece, e os nervos beliscam
        E vibram; e o coração está doente,
E todas as rodas do Ser estão lentas...

Vede! no meio da floresta
A folha enrolada é tentada para fora do broto
Com ventos sobre o ramo, e ali
Torna-se verde e larga, e não se cuida,
Enxarcada de sol ao meio-dia, e sob a lua
Alimentada de orvalho cada noite; e amarelando
Cai, e flutua, caindo pelo ar...]

O último exemplo ilustra de modo belíssimo a transposição de um ritmo da natureza para um ritmo de palavras. Mas, passando dos trechos breves para poemas inteiros, o poema do qual foi tirado, "Os Comedores de Lotus", forma uma única e elaborada revelação de um vasto ritmo embalador e de estonteante sequência de sons que criam a imagem de um eterno movimento no repouso ou repouso no movimento semelhantes à infinita música do mar. Como exemplo de um único poema breve de intenso efeito musical, podemos tomar o seguinte de "In Memoriam":

Sweet after showers, ambrosial air,
    That rollest from the gorgeous gloom
        Of evening over brake and bloom
And meadow, slowly breathing bare

The round of space, and rapt below
    Thro' all the dewy tassell'd wood,
        And shadowing down the horned flood
In ripples, fan my brows and blow

The fever from my cheek, and sigh
    The full new life that feeds thy breath
        Throughout my frame, till Doubt and Death,
I'll brethren, let the fancy fly

From belt to belt of crimson seas
*   *On leagues of odour streaming far,*
    To where in yonder orient star
A hundred spirits whisper "Peace".

[Ar de ambrosia, doce depois das chuvas,
   Que rolas da linda escuridão
   Da noite por sobre matos e flores
E campos, vagarosamente desnudando com teu hálito

O círculo do espaço, e levado para baixo
   Através de todo o bosque com borlas de orvalho
   E descendo como uma sombra torrente encapelada
Em pequenas ondas, abana minha testa e sopra

A febre de minha face, e suspira
   A plena vida nova que alimenta teu hálito
   Através de meu arcabouço, até que a Dúvida e a Morte,
Más irmãs, deixem voar a fantasia

De círculo a círculo dos mares rubros
   Por léguas de odor que correm até longe
   Até onde naquela estrela de oriente
Uma centena de espíritos sussurra "Paz".]

Aqui, as longas e ricas vogais predominantes criam um equivalente rítmico e musical da progressiva expansão do espaço à infinidade física e emocional da última linha.

Na poesia de Stefan George, grande amante da música em verso, podemos notar vários graus de aproximação do musical. Ele escreveu desde o início sob a influência da escola francesa contemporânea. Opondo-se ao materialismo na sociedade e ao realismo das formas de prosa na literatura, ele evitou cuidadosamente realidades, lógicas ou sentidos demasiadamente óbvios, todo assunto, conteúdo ou pensamento prosaico, e focou no *Stimmung* por intermédio da metáfora, do ritmo e do som verbal. Em toda a sua obra, mesmo em seus comentários diretos sobre cultura, história, poetas e artistas, religião e ética (que contribuem sempre para definição de suas convicções), ele mantém seus ideais, de forma que praticamente qualquer um de seus bons poemas pode ser apresentado como exemplo do musical no verso.

Resumidamente e nos termos mais gerais, creio que a razão pode ser encontrada na conjunção de uma natureza imperiosamente emocional com um magistral domínio do desenho rítmico e tonal unificado. Um gera a intensidade, o outro produz uma imagística apropriada devidamente controlada. Nessas condições se alcança o efeito característico da música, que é a emoção intensa a um tempo aprisionada e liberada por rígida sequência de imagens total ou parcialmente esotéricas. Quase todos os poemas de George evidenciam o mesmo esquema de determinação formal, de gravidade de sentimento ou de plenitude emocional esclarecidas por meio da beleza da composição. Dentro do ideal geral a que se propôs, escreveu poemas chamados *Lieder*, admitindo assim o aparecimento de um tipo especial de poema lírico a ser distinguido de outras formas, e compôs alguns de seus mais belos exemplos na língua alemã. Eis aqui um, vindo de *Der Siebente Ring*:

Im Windes- weben	*Nur Träumerei.*
War meine Frage	*Nur Lächeln war*
Was du gegeben.	*Nun muss ich gar*
Aus nasser Nacht	*Um dein Aug und Haar*
Ein Glanz entfacht –	*Alle Tage*
Nun drängt der Mai	*In Sehnen leben.*
[Nos meneios do vento	[Saiu um brilho
Minha pergunta era	Agora maio apressa-se
Apenas sonho.	Agora deve ser bastante para mim
Apenas sorrisos era	Em teus olhos e cabelos
O que tu davas.	Todos os dias
Da noite úmida]	Viver pensando.]

Esse é um bom exemplo de composição por princípios musicais. O poema é ritmicamente construído numa linha curta, basicamente iâmbica, com duas marcações, com predominância tonal de duas vogais, *a* e *e* fechado, associadas a vogais e ditongos a elas semelhantes, com predominância consonântica de *w*, *l*, *m* e *n*. Isso estabelece um esquema de som claramente composto e unificado, que produz uma expressividade rica, quente e eficaz. Mas essa música de sons verbais não teria sentido se não fosse por outras características marcantes. O poema trabalha apenas com pistas, com sugestões e evocações fugidias. Sua sensualidade é delicada e, como no poema de Spenser, evita o visual. *"Ein Glanz"* não é um elemento pictórico, mas um signo de emoção, do mesmo modo que *"nun drängt der Mai"*, que poderia ter insistido num quadro de primavera, evita a retratação e indica apenas um estado passional. As últimas linhas caracterizam explicitamente a emoção predominante: nostalgia romântica. As condições de intensidade lírica são aqui um abandono das imagens visuais, uma emoção clara e urgente, e um cuidado com o som verbal e o ritmo, no qual o esquema auditivo é importante por si e pela expressividade de determinados sons em função de significados literais.

Poemas como esses de Spenser, de Tennyson e de George evidenciam forte sugestividade musical. São, na verdade, mais musicais do que é estritamente necessário à poesia, razão por que ilustram a musicalização da poesia. São tipos de verso musical, sendo que há muitos poemas como esses que exibem grande refinamento de arte e de composição. Mas existem também todos aqueles que podem ser chamados de poemas líricos de emoção, ou simplesmente "líricos", palavra que em si indica por origem e por tradição uma espécie de poema que devia ser cantado. Vêm a nossa mente canções folclóricas, as líricas, espalhadas pelas peças de Shakespeare, como "Come unto these Yellow Sands", e tantas outras na língua inglesa, enquanto poetas como Goethe e os românticos alemães ou Verlaine, na França, alcançaram grande ou mesmo extraordinária reputação com essa espécie de composição. Elas variam em seu grau de sofisticação e, em muitos casos, certa ingenuidade e simplicidade de emoção, que contrastam fortemente com a engenhosidade de Spenser ou de Tennyson, contribuem para o efeito lírico-musical. Mas a ligação comum entre os tipos simples e elaborado é a utilização de tipos comprovados de imagística auditiva, som e ritmo e as repetições ou ecos que lhes dão a coerência e o encantamento.[1]

---

[1] O professor Mansell Tones, a quem sou grato por uma leitura detalhada deste capítulo, sugeriu que talvez fosse útil uma referência mais explícita a Verlaine e especialmente a seu poema "L'Art Poétique", já que ele representa tão bem o amor da música como a arte "indefinida", a etérea arte da nuança e da sugestividade delicada e o desejo que a poesia cultivasse ideal semelhante. Era uma posição adotada em oposição ao estilo pictórico e plástico dos *Parnassiens* e que leva Verlaine à proximidade dos ideais de Poe. Em sua introdução a *Modern French Verse. An Anthology* (Manchester University Press, 1954), p. 12-26, o professor

Mas, se a qualidade do poético é aqui modificada pelo musical, devemos observar que no caso musical significa "lírico-musical". Diz-se da poesia lírica que ela é musical, porém sua "música", por sua vez, é "lírica". Tal música é limitada a uma gama específica de sentimentos, de tons e de empostação emocional. Não se trata de música dramática ou retórica. O grau de musicalidade que existe no verso dramático ou no retórico será discutido adiante, mas devemos dizer aqui que tais estilos não se prestam, em geral, tão imediata ou naturalmente à analogia musical. A preponderância da convicção de que os poemas líricos são normalmente os mais "musicais" justifica-se no sentido de que, embora o "lirismo" possa estar presente em artes diferentes – Giorgione, por exemplo, é um pintor lírico –, sentimos que é a música que lhe dá a expressão mais intensa e apropriada. Daí a naturalidade da analogia musical.

A música de Milton é a da retórica e, embora exiba musicalização menos intensa do que a dos exemplos acima do verdadeiramente lírico, é insistente e convincente. Sua forma é a narrativa épica, porém uma atitude emocional incontrolada e poderosa – tirânica mesmo – em relação ao assunto de que trata, é o fator dominante de seu estilo. Acontece que, assim sendo, o que marca o poeta que narra transfere-se à fala de seus personagens. Tal atitude, é claro, embora emocional, depende de julgamentos intelectualmente determinados e de conhecimento, e poucos trechos em Milton passam mais de duas ou três linhas de apresentação sensorial sem ser interrompidos por algum componente de pensamento elevado e de escrupulosa adequação entre a vida e a teologia. Além do mais, suas descrições tendem, de forma geral, a estabelecer o sensorial de maneira vaga e geral, evitando a definição pictórica; elas indicam e enumeram as características maiores da cena, mas são parcas de detalhe vivido. Os sentidos não são muitas vezes expostos em sua nudez ao impacto imediato das impressões incisivas ou particulares. É mais frequente sermos convidados a observar a cena e alertados sobre as reações adequadas:

> *High on a throne of royal state, which far*
> *Outshone the wealth of Ormus and of Ind,*

Mansell Tones debateu Verlaine em relação a Poe, Tennyson, Mallarmé e outros; o leitor deve consultar esse trabalho altamente esclarecedor.

Or where the gorgeous East with richest hand
Showers on her kings barbaric pearl and gold,
Satan exalted sat, by merit raised
To that bad eminence; and, from despair
Thus high uplifted beyond hope, aspires
Beyond thus high, insatiate to pursue
Vain war with Heaven; and, by success untaught,
His proud imaginations thus displayed...

                                        In this pleasant soil

His far more pleasant garden God ordained.
Out of the fertile ground he caused to grow
All trees of noblest kind for sight, smell, taste;
And all amid them stood the Tree of Life,
High eminent, blooming ambrosial fruit
Of vegetable gold; and, next to life,
Our death, the Tree of Knowledge, grew fast by —
Knowledge of good, bought dear by knowing ill.
Southward through Eden went a river large,
Nor changed his course, but through the shaggy hill
Passed underneath ingulfed; for God had thrown
That mountain, as his garden-mould, high raised
Upon the rapid current, which through veins
Of porous earth with kindly thirst updrawn,
Rose a fresh fountain, and with many a rill
Watered the garden; thence united fell
Down the steep glade, and met the nether flood,
Which from his darksome passage now appears,
And now, divided into four main streams,
Runs diverse, wandering many a famous realm
And country whereof here needs no account;
But rather to tell how, if Art could tell
How, from that sapphire fount the crisped brooks,
Rolling on orient pearl and sands of gold,
With mazy error under pendent shades
Ran nectar, visiting each plant, and fed
Flowers worthy of Paradise, which not nice Art
In beds and curious knots, but Nature boon
Poured forth profuse on hill, and dale, and plain,
Both where the morning sun first warmly smote
The open field, and where the unpierc'd shade
Embrowned the noontide bowers.

[Alto num trono de condição real, que de muito
Ofuscava o brilho da riqueza de Ormus e da Índia
Ou de onde o belo Leste, com a mais rica mão
Cobre seus reis bárbaros de pérola e ouro
Satã, exaltado, sentava-se, por mérito elevado
A essa má eminência; e, do desespero
Assim tão alto elevado para além da esperança, aspira
Além desta altura, ainda insaciado, a buscar
Guerra vã com o Céu; e não ensinado pelo sucesso,
Assim, orgulhoso, exibia suas imaginações...
                                    Neste agradável solo

Seu jardim bem mais agradável Deus ordenou.
Do fértil solo fez crescer
Todas as árvores das mais nobres espécies para a vista, o olfato, o paladar;
E entre elas todas ficava a Árvore da Vida,
Alta e eminente, florescendo frutas ambrosíacas
De ouro vegetal; e, junto à vida,
Nossa morte, a Árvore da Sabedoria, ficava bem perto
Conhecimento do bem, comprado ao alto preço do conhecimento do mal.
Em direção ao sul através do Éden ia um grande rio,
Que não mudava seu rumo, mas através da colina coberta de mato
Passava por baixo, engolfada; pois Deus havia jogado
Essa montanha, como molde de seu jardim, levantada alta
Sobre a rápida corrente, que por meio de veias
De terra porosa com bondosa sede sugada
Elevava nova fonte, e com muitos riachos
Regava o jardim; e dali, unidos caíam
Pelo íngreme vale abaixo, e encontravam o fluxo inferior
Que ora aparece da escura passagem
E agora, dividido em quatro correntes principais
Corre diversamente, percorrendo muito famoso reino
E país dos quais aqui não é preciso fazer relato;
Antes contar como, se a Arte pudesse contar
Como, daquela fonte de safira os riachos encapelados
Correndo por pérolas do Oriente e areias de ouro
Errando por labirintos sob sombras pendentes
Corria néctar, visitando cada planta, e alimentando
Flores dignas do Paraíso, que não a fina Arte
em canteiros e curiosos tufos. Mas a generosidade da Natureza
Despejava profusamente pelos montes, vales e planícies
Tanto onde o sol da manhã bateu, quente, em primeiro lugar

> O campo aberto, e onde a sombra impenetrada
> Escurecia o arvoredo do meio-dia.]

Há, assim, duas correntes no verso de Milton que seguem no sentido da abstração: a diminuição do impacto sensorial imediato, nos termos generalizados da descrição, e o constante enunciado intelectual; e tal abstração, colocada em meio a um amplo fluxo de emoção generalizada circundante, cria o efeito musical particular do autor, expressado em amplos e majestosos parágrafos de largo desenho rítmico nos quais a definição pictórica é sacrificada em favor do caráter sugestivo da retórica. Novamente, aqui notamos a indissociabilidade do som e do sentido. O sentido de Milton não pode ser separado de suas atitudes emocionais; juntas, ambas determinam o aparecimento de uma imagística de som e de ritmo. Nele, porém, o ritmo é mais sutilmente organizado do que o som. Ou talvez, maior atenção é dedicada aos detalhes do ritmo, moldado com maior variedade e flexibilidade em virtude das necessidades imediatas da história e do pensamento, enquanto o efeito sonoro repousa menos no detalhe verbal do que num extenso e geral aumentar e diminuir do tom subordinado à arquitetura da narrativa ou do diálogo.

Todos os exemplos até aqui examinados obrigam-nos a reconhecer, dentro de todo o panorama da poesia, possibilidades de qualidade musical de uma natureza específica. A característica mais marcante é a de que elas são alcançadas por determinadas combinações de imagística e por determinadas espécies de emoção e de pensamento. Acima de tudo, elas são sons e ritmos, imagens e metáforas de espécie em grande parte não visual, cuidadosamente organizados; são sugestões do imponderável e do ideal, evocações fugidias mais do que representações plásticas e predominância de certas espécies de emoção intensa.

5. EFEITO MUSICAL POR MEIO DE METÁFORA E DE SÍMBOLO

A imagística auditiva e motora apresenta-nos a ligação mais facilmente apreensível entre poesia e música. Mas já que a poesia explora a expressividade indireta, efeitos semelhantes aos da música aparecem onde as palavras e as imagens transmitem um sentido emocional não apenas pelo que obviamente denotam ou conotam, mas também por meio de sua função dentro de um esquema complexo. Encontramos então um tipo de verso no qual a musicalização depende da metáfora e do símbolo tanto quanto da imagística auditiva. Tomemos, por exemplo, a canção de Ariel:

> *Full fathom five thy father lies;*
> *Of his bones are coral made;*
> *Those are pearls that were his eyes:*
> *Nothing of him that doth fade*
> *But doth suffer a sea-change*
> *Into something rich and strange.*
> *Sea-nymphs hourly ring his knell.*
>   *(Burthen) Ding-dong.*
> *Hark! now I hear them, – ding-dong, bell.*

> [A bem cinco braças jaz teu pai
> De seus ossos são feitos corais
> Essas são pérolas que eram seus olhos:
> Nada dele que possa desaparecer
> Deixou de sofrer uma transformação de mar
> Em alguma coisa rica e estranha.
> As ninfas do mar de hora em hora tocam seu dobre.
>   (Burthen) Ding, dong.
> Atenção! Agora as ouço. – Ding, dong, sino.]

Esse poema, como *Come Away, Come Away, Death* ou *Take, O Take those Lips Away*, é uma composição lírica, interpelada numa peça e cantada com música. Todas três são extremamente "musicais", mas o são da mesma forma? Às duas últimas chamaríamos musicais por razões semelhantes às atribuídas aos exemplos anteriores, e nelas notamos claramente que o enunciado lógico é preservado dentro do caráter sugestivo musical. Mas o que dizer de *Full Fathom Five thy Father Lies*?

> *The ditty does remember my drown'd father...*

> [O verso lembra meu pai afogado...]

diz Ferdinand, indicando uma relevância dramática que, no entanto, ainda deixa que a canção permaneça um poema misterioso. Não se trata de simples canto fúnebre; não há sentimento definido que imagens e metáforas ilustrem de forma direta. Ao contrário, a metáfora aqui assume papel primordial. Não constitui um apoio a algum sentido lógico ou à narrativa ou à descrição; absorve ela mesma o sentido do poema que só existe, individual ou conjuntamente, nas metáforas. O enunciado direto nesse poema (como a primeira linha ou como da quarta à sexta) só é simples num sentido sintático, sendo de outro modo indireto e metafórico. As imagens são do mar, coral, pérolas, e há a imagem total de maravilhosa transmutação de criaturas imaginárias, ninfas do mar, e dobre dos sinos, que se torna, com o desenvolvimento do poema, ambígua, menos um pranto que a celebração de alguma coisa admirável e requintada.

Esse poema tem definição emocional, não lógica. O enunciado lógico e a descrição direta de coisas observadas foram refinados por sua assimilação dentro de uma ordem implícita nas relações metafóricas entre imagens, que não são apresentadas como coisas reais que existem no mundo pictórico que vemos ou que reclamam nosso interesse apenas para si. Os ossos do homem afogado transformam-se em coral, seus olhos em pérolas, ninfas dobram os sinos por ele; quem já ouviu falar dessas coisas? Essas imagens, alheias à ordem da "realidade", são evocativas e simbólicas; seu significado não reside nos objetos que as palavras representam, mas em suas relações umas com as outras. Elas são usadas como uma fórmula – complexa, mas sem dúvida uma fórmula – de natureza largamente esotérica, assim como a música é esotérica – e expressa um estado mental ou, para usar o termo mais simples, um sentimento.

Quando um grupo de imagens é construído desse modo, a importância de cada uma delas tende a tornar-se puramente *funcional*; e à medida que o esquema vai sendo elaborado, imagens que a princípio não pareciam ser necessariamente figuras de retórica tornam-se claramente metafóricas, em virtude de sua nova função, de seu lugar dentro do esquema. Não quero dizer, claro, que as imagens usadas estejam de tal modo absorvidas por sua função que seu conteúdo não tenha à menor importância; nesse poema, o coral, as pérolas, as ninfas, a transformação, embora finalmente refiram-se a outra coisa, são importantes por seu conteúdo no sentido de que só esses objetos específicos, com toda a sua estranheza, sua riqueza e sua sugestão de acontecimentos e de emoções maravilhosos, podem provocar em nossa mente as reações adequadas. *Essas* imagens, e não outras – e não qualquer grupo de imagens – são necessárias aos efeitos desejados. Entretanto, sua significação reside primordialmente em sua função dentro de um esquema, e elas indicam um afastamento do mundo da realidade exterior na direção a um mundo interior de pensamento e de emoção.

Ao usar as imagens dessa forma, um poema aproxima-se da música. A música usa imagens melódicas, imagens harmônicas, poderosas em si por intermédio da cor e da dinâmica do som, e com elas desenvolve um elaborado esquema, acrescendo à primeira significação a das relações expressivas. A linguagem da música é esotérica, tem sua própria sintaxe e seu vocabulário, que não podem ser transcritos em linguagem comum, falando diretamente à nossa imaginação a respeito de nossos "sentimentos". Quando um poema se apoia numa estrutura de imagens que funcionam metaforicamente, evitando com isso a sintaxe normal e o enunciado direto – como é o caso do poema que analisamos –, ele nos toca direta e imediatamente sem que saibamos por quê, de forma análoga à da música.

No exemplo que usamos, sem dúvida ritmo e som têm seu papel, mas que é subordinado, ao contrário dos poemas do tipo anterior, nos quais o elemento musical nascia primordialmente do som e do ritmo.

Esse é o segundo esquema importante de efeito musical na poesia, e se trata, como nos mostra intencionalmente o exemplo shakespeariano, de algo muito mais antigo do que o simbolismo. Esse movimento, porém, desenvolveu o método com especial refinamento e sob a influência de tendências idealistas de pensamento.

6. INFLUÊNCIA DO ASSUNTO E DO PENSAMENTO NA MUSICALIZAÇÃO

Já observamos anteriormente que a qualidade musical jamais nasce apenas de um aspecto de um poema, mas antes de certa ênfase e funcionamento da imagística em relação ao efeito total ou à ideia concebida. Em virtude dessa funcionalidade, o assunto ou o pensamento – distinto de um conteúdo de emoção – também pode contribuir para o efeito musical. Um exemplo notável, embora muito conhecido, pode ser encontrado no início do quinto ato de O *Mercador de Veneza*, quando Lorenzo e Jessica estão aguardando a chegada de Portia:

Lorenzo:
How sweet the moonlight sleeps upon this bank!
Here will we sit and let the sounds of music
Creep in our ears; soft stillness and the night
Become the touches of sweet harmony.
Sit, Jessica. Look how the floor of heaven
Is thick inlaid with patines of bright gold;
There's not the smallest orb which thou behold'st,
But in his motion like an angel sings,
Still quiring to the young-ey'd cherubins;
Such harmony is in immortal souls,
But whilst this muddy vesture of decay
Doth grossly close it in, we cannot hear it. –

(Entram músicos)

Come, ho, and wake Diana with a hymn;
With sweetest touches pierce your mistress' ear,
And draw her home with music.

(Música)

Jessica:
I am never merry when I hear sweet music.

Lorenzo:
The reason is your spirits are attentive;
For do but note a wild and wanton herd,
Or race of youthful and unhandled colts,
Fetching mad bounds, bellowing and neighing loud,
Which is the hot condition of their blood –
If they but hear perchance a trumpet sound,
Or any air of music touch their ears,
You shall perceive them make a mutual stand,
Their savage eyes turn'd to a modest gaze
By the sweet power of music. Therefore the poet
Did feign that Orpheus drew trees, stones, and floods;
Since nought so stockish, hard, and full of rage,
But music for the time doth change his nature.
The man that hath no music in himself,

Nor is not mov'd with concord of sweet sounds,
Is fit for treasons, stratagems, and spoils;
The motions of his spirit are dull as night,
And his affections dark as Erebus.
Let no such man be trusted. Mark the music.

[Lorenzo:
    Quão doce dorme o luar sobre este banco!
    Aqui sentaremos e deixaremos os sons da música
    Entrarem para nossos ouvidos; a suave quietude e a noite
    Vão bem aos toques da doce harmonia.
    Senta-te, Jessica. Vê como o chão do céu
    Está fartamente entalhado de patinas de ouro brilhante;
    Não há a mais pequena órbita que tu possas ver
    Que em seu movimento não cante como um anjo,
    Servindo de coro aos querubins de olhos jovens;
    Tal harmonia está nas almas imortais
    Mas enquanto esta lamacenta veste de podridão
    A envolver grosseiramente, não podemos ouvi-la
                              (Entram músicos)
    Vinde, olá, e despertai Diana com um hino;
    Com os mais doces toques penetrai os ouvidos de vossa senhora
    E trazei-a para casa com a música.
                                      (Música)

Jessica:
    Nunca fico alegre quando ouço a doce música.

Lorenzo:
    É porque teus espíritos estão atentos;
    Pois basta que notes um rebanho selvagem e indisciplinado
    Ou tropa de potros novos e não domados
    Dando saltos loucos, gritando e relinchando alto
    O que resulta do calor de seu sangue
    Se por acaso ouvem o som de uma trombeta
    Ou se qualquer ária musical lhes toca as orelhas
    Hás de vê-los parar, simultaneamente
    Seus olhos selvagens mudados em olhares modestos
    Pelo doce poder da música. Por isso o poeta
    Fingiu que Orfeu atraiu árvores, pedras e torrentes
    Já que não há nada tão bruto, duro ou cheio de raiva
    Que a música com o tempo não mude sua natureza.
    O homem que não tem música em si mesmo
    Nem é movido pelos acordes dos sons doces

É feito para traições, estratagemas e saques
Os movimentos de seu espírito tão opacos quanto a noite
E suas afeições tão escuras quanto Erebus
Que homem nenhum desses mereça confiança. Ouve a música.]

O efeito geral dessa passagem é extremamente musical, mesmo em tradução, como no caso da versão alemã de Schlegel-Tieck. Mas no original inglês a linguagem não exibe a elaborada orquestração de som verbal que encontramos em Spenser ou em Stefan George ou nos exemplos anteriormente considerados. Há certa quantidade de assonância e quase aliteração e os sons duros são suficientemente evitados para que se produza uma melodiosidade geral, mas que fica bem aquém do que poderíamos chamar alto grau de doçura. Por outro lado, toda a cena dramática, em seu contexto na peça (depois da rígida intransigência de Shylock e da salvação de Antônio pela habilidade de Portia), contribui para a criação de um estado de espírito especial. Há a atmosfera quente da noite, o luar, Jessica e Lorenzo apaixonados; o julgamento de Antônio terminou e há uma expectativa geral de um final tranquilo e feliz dos acontecimentos. As palavras abraçam as impressões da cena e das emoções dos personagens, inclinando-se com delicado e nostálgico idealismo na direção de pensamentos de nobreza e de imortalidade, e na de conhecimento e de emoções que transcendem a vida. Então, ao ser tocada a música, torna-se ela o assunto de comentários e a cena culmina na incisiva ligação do poder da música com a docilidade de espírito e sua alienação do que há de baixo ou grosseiro na natureza. Assim são esmaecidas as cores da vida; o que resta de luz, o luar adormecido e as pátinas de ouro ardente não são mais do que sugestões de algo distante, obscuro e fascinante; a emoção é intensificada, mas ao mesmo tempo refinada, e a mente retrai-se para uma condição de desejo a um tempo íntimo e estranho.

Essa cena, com seu tema de amor, do espírito de Orfeu e com suas tendências idealizantes, é exemplo de como um requintado efeito musical pode nascer da complexa fusão de muitos elementos da poesia, inclusive um tema explicitamente enunciado. E torna-se particularmente interessante por ser a própria música parte desse tema. Ela, porém, é também uma metáfora, tão sutil é aqui o jogo de ideias sobre a imaginação. O poeta focaliza o pensamento e a emoção na música porque esta é uma chave simbólica da situação. A cena não é musical apenas porque se ouve música ou porque se fala dela, mas também porque seu estado de espírito é do tipo que é expressado da melhor maneira pela música. Assim, todas as imagens e todos pensamentos – a cena dramática, as pessoas, as palavras, as figuras, a música que a acompanha – são assimilados ao espírito da música. O que queremos dizer em última análise por "espírito da música" é a capacidade de disciplinar as discórdias da vida numa harmonia ideal.

Esse é, portanto, um exemplo de como o assunto, o pensamento explícito e os sentimentos manifestados podem influenciar os valores musicais da poesia.

7. TENDÊNCIAS PARTICULARES DO SÉCULO XIX; OS POETAS ROMÂNTICOS E O IDEAL MUSICAL; MALLARMÉ

Identificamos dois caminhos diversos para a música na poesia. Um é o dos aspectos acústicos, do som verbal e do ritmo, aliados a uma tendência para omissão das imagens concretas ou pictóricas, e do afastamento da realidade visual pela busca de uma espécie de caráter sugestivo idealizante. O outro é alcançado principalmente por uma organização das imagens-símbolos por meio da qual serão obtidas referências emocionais precisas. Mas aqui, notamos também, via de regra (ou pelo menos onde o efeito é mais intenso e concentrado), um afastamento do mundo figurativo e do enunciado profissional. As imagens utilizadas poderão ser de objetos visuais, porém sua significação não reside na referência aos objetos, mas nos efeitos emocionais ocasionados por eles e pela maneira pela qual são associados em determinada passagem. Esses dois caminhos, aparentemente tão diversos, parecem fundamentalmente semelhantes se os encararmos à luz de nossos princípios de imagística e do funcionamento metafórico de todas as imagens de arte. Pois, em ambos os casos, observamos que entram em jogo imagens-fórmulas expressivas, constituindo as imagens auditivas paralelos imediatos das imagens-fórmulas da música e as imagens-símbolos, exemplos da imagem ou de objeto visual, que se transformam em imagem-fórmula por sua função.[2]

É indispensável entrar um pouco mais nesse assunto porque, embora toda a poesia, de qualquer período, tenha alguma relação com a música, alguns poetas românticos ou simbolistas do século XIX abraçaram um ideal, dito "musical", de significado e de importância específicos, a ponto de ter sido toda a ideia do "poético" profundamente modificada por várias décadas se não mesmo perturbada e restringida. Tais ideais têm certa aplicação geral, mas, como veremos, trata-se muito mais de uma questão de determinada época. Por isso, bem como por sua complexidade, é melhor que eu as examine de um ponto de vista histórico. Além do quê, no momento nos limitaremos aos tipos lírico-musicais de poesia, deixando para mais tarde a questão do tipo *dramático*-musical.

A influência determinante de tal desenvolvimento nasce de certas características bem claras e muito frequentes da poesia romântica do início do século XIX, como suas inclinações panteístas, seu culto da vida da sensibilidade, seu idealismo filosófico, sua emotividade e sua introspecção, seu interesse pelo irracional (com suas boas e más consequências), seu transcendentalismo e sua busca por êxtases espirituais e por Amor e Beleza perfeitos, na qual fica implícita uma depreciação do mundo real e quotidiano, composto por cenas e emoções familiares da natureza e do homem, a não ser nos casos em que esses – envoltos num brilho enobrecedor – possam ser vistos como exemplos de perfeição. Em todas as manifestações do romantismo existe uma nostalgia profunda e difusa de alguma espécie de realização perfeita da alma humana, que pode ser chamada de Deus, de Absoluto, de Infinito, de Unidade Universal, de Beleza Eterna, de Céu, de Ideal e de Amor Perfeito, cada um desses vibrando com eco dos outros. Esse sentimento de "alguma coisa além", de inefável perfeição e êxtase só apreendidos em fugidios momentos de antecipação, torna a poesia romântica fluida, musical e sugestiva, em contraposição às qualidades plásticas visuais do autor de tendência realista ou pictórica. O olho que vê cede lugar à alma que escuta, o

---

[2] Cf. a análise no capítulo III.

sentido do particular e do diversificado o cede ao do espírito envolvente. A poesia romântica usa as imagens para indicar, de modo misterioso e hieroglífico, a Beleza Ideal (que Novalis chamaria "Poesie") e a reação a ela. E na verdade podemos dizer que sua melhor manifestação é aquela que atinge quando a força do impulso emocional no sentido do ideal consegue criar uma imagística que, afastada do real e, portanto, de certa forma incrível, torna-se aceitável como signo de um mundo transcendental e da aspiração a ele. Vem da mesma fonte a razão de não ser a poesia romântica uma coisa construída e completa, como o soneto renascentista, que toma seu lugar num mundo de objetos criados, com forma e caráter desejados, mas antes um simbolismo de iniciação ou de inspiração, que tem a harpa eólica como seu emblema muito apropriado. Em lugar algum, nem mesmo em Shelley, fica esse aspecto tão claro quanto em Novalis, cujas poesia e convicções enfocam mais claramente do que quaisquer outras a natureza quintessencial do impulso romântico. Tal poesia, que acaricia o infinito, pode ser contínua ou fragmentária, mas nunca pode ter forma finita ou centralizada. E a distinção entre verso e prosa não só deixa de ter importância, como também sentimos que não é a linguagem, mas a própria condição de "introspecção" ou de "ser outra coisa" que constitui o poema. É o desejo infinito de transcender, o salto para o céu, a fugidia apreensão do Paraíso, a bênção momentânea dos sentidos mortais e o desejo permanente. A "poesia" é, de fato, uma condição da alma; em termos ideais, é a própria consumação, a busca do místico; como uma criação linguística, constitui um símbolo da condição mais elevada.[3]

A música é também um desses símbolos e pode ser usada com a mais eficaz expressividade simbólica nesse contexto. Era um dos símbolos favoritos de Novalis, embora – o que é muito significativo – ele tivesse apenas o mais superficial dos conhecimentos da música propriamente dita. Seu poeta-herói Heinrich von

---

[3] Lembramos também as palavras de Poe tantas vezes citadas: "É na música, talvez, que a alma chega mais perto de atingir o grande fim pelo qual, quando inspirada pelo sentimento poético, luta – a criação da beleza sobrenatural" (*The Poetic Principal*, 1850). Cf. também este fragmento de Novalis: "Wenn man manche Gedichte in Musik setzt, warum setzt man Sie nicht in Poesie?" (Novalis, *Werke*, Bd. III, p. 205, Ed. Kluckhohn, Bibl. Inst., Leipzig).

Ofterdingen resume o fascínio e a significação última de sua amada e de seu amor por ela com as palavras *Sie wird mich in Musik auflösen*, palavras que captam sua significação do esquema mais amplo de ideias e de símbolos onipresentes na obra do poeta, e cuja chave central é o sentido de um reino final de grandes realizações espirituais. Dadas essas filiações, a palavra (ou ideia) "música" sofre um processo característico de sutilização. Como outros fenômenos ou outras realidades, é passível de oferecer um pretexto para ser tomada como símbolo. Poe, por exemplo, enumera "alguns dos elementos simples que induzem no próprio poeta o verdadeiro efeito poético":

> Ele reconhece a ambrosia que alimenta sua alma nas brilhantes órbitas que brilham no céu – nas convoluções da flor – nos tufos dos arbustos rasteiros – nas ondas dos trigais – na inclinação das altas árvores do Oriente – na distância azul das montanhas – no agrupamento das nuvens – no rebrilhar dos riachos semiocultos – no chamejar dos rios prateados – no repouso dos lagos isolados – no reflexo profundo das estrelas nas fontes abandonadas. Ele a percebe no canto dos pássaros – na harpa de Éolo – no suspiro do vento noturno – no lamento da voz da floresta – na onda que se queixa à praia – no hálito fresco dos bosques – no perfume da violeta – no voluptuoso perfume do jacinto – no odor sugestivo que ao crepúsculo lhe chega, de ilhas distantes e desconhecidas, após cruzar oceanos obscuros, sem fim, e inexplorados. Reconhece-a em todos pensamentos nobres – em todos motivos não mundanos – em todos impulsos sagrados – em todos atos cavalheirescos, generosos e altruístas. Ele a sente na beleza da mulher. (O *Princípio Poético*)

Do mesmo modo que aí algumas coisas são selecionadas, enquanto todas as outras são ignoradas, assim a música é escolhida pelos poetas românticos como símbolo, em virtude de certas qualidades apropriadas, como sua abdicação da realidade plástica, sua estrutura esotérica, seu caráter sugestivo nostálgico, sua intensidade emocional. Composições individuais não importam; na verdade, não é tanto a música que Poe, Novalis, Verlaine, ou qualquer de seus colegas românticos ou seus admiradores simbolistas têm em mente, mas uma ideia da música, a ideia de uma música que transcende toda a música.

Quando as coisas se tornam símbolos nessa maneira, elas perdem sua identidade na nova função. A música fica presa nas engrenagens da sensibilidade romântica e é forçada a contribuir para sua imagística do ideal e do infinito. Nesse ponto, observamos os limites da demanda romântica da música. Como arte ortodoxa e contínua que, como todas as artes, nasce da experiência, a música é mais ampla que o romantismo, como a "música da poesia" também deve ser mais ampla que a concepção que dela tem qualquer poeta romântico e mesmo do que todas as concepções românticas reunidas. Pois não é tanto que os românticos do século XIX tenham buscado na música um ideal para a poesia; o que eles buscavam realmente era um ideal de transcendência para cada uma das artes, nenhuma das quais ficaria contente de permanecer dentro dos limites previstos de sua própria identidade. A poesia cultuou o efeito musical; a música buscou ligações com o mundo da fantasia poética, como podemos verificar na música programática e nos temas literários de Weber, de Schumann, de Chopin, de Berlioz, de Liszt e de muitos outros; a pintura tomou temas literários ou explorou o clima poético das paisagens; enquanto na obra de Wagner, o grande ídolo artístico do meio e do fim do século XIX, encontramos a busca da promiscuidade estética em grande escala no que ele tão confiantemente chamou de *Gesamtkunstwerk*. A ambígua significação da música em tudo isso era a de não apresentar-se necessariamente como a arte *ideal*, mas como o mais feliz dos símbolos da *transcendência*, do triunfo puro e simples do espírito sobre a matéria. Nessa ramificação de sensibilidade e de ideias, as quatro palavras – ideal, romântico, poético e musical – formaram uma unidíssima fraternidade da qual até hoje ainda não conseguiram se livrar inteiramente. Isso não significa que os românticos não valorizavam as qualidades musicais mais simples do verso, mas apenas que essas eram associadas também a um simbolismo mais amplo.

Numa poesia dominada pelo culto da introspecção e pelo sentido místico ou quase místico da vida e dos poderes invisíveis, as imagens figurativas cederam lugar aos símbolos, que, na poesia romântica, têm importância filosófica e estética. Além do mais, o debatidíssimo fenômeno dos efeitos sinestéticos depende do mesmo processo. Não que o detalhe sensorial seja caprichosamente negado; nenhum dos aspectos sensoriais mencionados na passagem de Poe, citada anteriormente, podem ser arbitrariamente substituídos. Ainda assim, todos são dotados de significação secundária, mais elevada, à qual seus significados, como referências a fenômenos sensoriais específicos, estão subordinados. Tal ambiguidade está a apenas um passo do estágio seguinte, no qual o objeto perde completamente, ou quase, sua referência literal, e torna-se puro símbolo de emoção. É o panteísmo, ou seja qual for o outro sentido que possa ter a mística Unidade dos românticos, que tornava sem importância as imagens da realidade e abria caminho para seu uso como representantes ou símbolos de algo diverso delas, bem como, por consequência natural, para o sentido de "correspondências" ou de equivalências na função simbólica. Afinal de contas, as famosas linhas de Baudelaire não fazem mais do que propor uma teoria de correspondências sensoriais como parte de um hino ao Ser místico e infinito:

> *La Nature est un temple où de vivants piliers*
> *Laissent parfois sortir de confuses paroles;*
> *L'homme y passe à travers des forêts de symboles*
> *Qui l'observent avec des regards familiers.*
>
> *Comme de longs échos qui de loin se confondent*
> *Dans une ténébreuse et profonde unité,*
> *Vaste comme la nuit et comme la clartè,*
> *Les parfums, les couleurs et les sons se répondent.*
>
> [A natureza é um templo no qual as colunas vivas
> Deixam por vezes escapar palavras confusas;
> O homem ali passa através de florestas de símbolos
> Que o observam com olhares familiares.
>
> Como longos ecos que de longe se confundem
> Em tenebrosa e profunda unidade
> Vastas como a noite e como a claridade
> Os perfumes, as cores e os sons se respondem.]

Cada palavra e cada ideia dessas linhas são uma nota ou uma frase no hino do Todo cósmico.

Tais desenvolvimentos trazem a liberação da imagem, funcionando metaforicamente, de seu lugar ilustrativo em quadros ou em pronunciamentos, e dão a ela constituição independente como análoga do sentimento; e o estilo que nasce como resultado é adaptado à expressão dos sentimentos ou de estados de sensibilidade nos quais a descrição de cenas ou de pensamentos não é mais importante como na poesia do século XVIII nem – por certo – pode mais constituir a estrutura básica do poema. Isso aparece de forma bastante viva num comentário de Mallarmé, em cuja obra tais tendências são focalizadas, resumidas e sistematizadas com mais rigor e exclusividade do que na de outros poetas.

> Finalmente comecei a minha *Herodias*. Com terror, pois estou inventando uma língua que deve necessariamente surgir de uma poética muito nova, que eu poderia definir nestas palavras: *Retratar, não a coisa, mas o efeito que ela produz.*
>
> O verso não deve, portanto, ser composto de palavras, mas de intenções, e todas as palavras devem se apagar diante da sensação. (Carta a Cazalis, 1864)

Outra passagem diz o seguinte:

> Ao se declararem ou serem rotuladas precipitadamente por nossa imprensa de Decadentes, Místicas, as Escolas adotam, como convergência, um Idealismo que (semelhante às fugas, às sonatas) recusa os materiais naturais e, como brutal, um pensamento exato que os ordene; para conservar somente a sugestão. Instituir uma relação exata entre as imagens, para que surja um terceiro aspecto fundível e claro apresentado à adivinhação. Banida a pretensão, esteticamente um erro, embora governe as obras-primas, de incluir no papel sutil do volume algo diferente do que, por exemplo, o horror da floresta ou o estrondo mudo disperso na folhagem: não a madeira intrínseca e densa das árvores. Alguns jorros do orgulho íntimo verdadeiramente alardeados despertam a arquitetura do palácio, o único habitável; afora quaisquer pedras, sobre as quais as páginas se fechariam mal.
>
> Os monumentos, o mar, a face humana, em sua plenitude, nativos, conservando uma virtude atraente que uma descrição não poderá ocultar; evocação, dizem, *alusão*, eu sei, *sugestão*: essa terminologia um tanto aleatória atesta a tendência, muito decisiva, talvez, vivida pela arte literária, a limita e a isenta.

> Seu sortilégio, se não é liberar, afora um punhado de poeira ou realidade sem confinar, no livro, mesmo como texto, a dispersão volátil, que seja o espírito, que não tem mais nada a fazer senão musicalidade de tudo. (*Divagations. Crise de Vers*, sendo o segundo parágrafo tirado de *La Musique et les Lettres*)

Isso indica a nítida mudança do foco do interesse do esforço figurativo à reação da sensibilidade, do sentido do objeto exterior à exploração da reação a ele; nesse processo, a sensibilidade que reage torna-se o verdadeiro foco, a realidade central, enquanto signos e imagens do mundo exterior tornam-se ocasionadores de esquemas de sensação.

Segundo os princípios de imagística apresentados neste ensaio, tais imagens são denominadas, em virtude de sua função, imagens-fórmulas, porque sua significação literal cede lugar a outra, de funcionalidade metafórica. Enquadram-se também aqui os efeitos sinestéticos, pois essa tendência era um sintoma de que a expressão poética, outrora sensível à imagem como analogia de emoção, conduzia à consequência lógica de um reagrupamento de imagens sobre novas bases. Elas deveriam desligar-se de suas filiações no mundo normal da percepção para formar novas associações segundo a espécie de sentimento que evocam, num processo que envolve imagens formadas das várias espécies de percepção sensorial. Em outras palavras, os efeitos sinestéticos são a descoberta de expressividades cognatas nas diversas áreas sensoriais, dado o processo estético pelo qual as imagens são válidas não por seu conteúdo, mas por sua funcionalidade em fórmulas expressivas.

O aparecimento da poesia romântica e pós-romântica produziu, assim, uma dupla técnica imagística realmente nova. Por um lado, para seus rarefeitos êxtases e apreensões místicas ela necessitava de uma super-realidade, de símbolos a um tempo saturados de emotividade e ricos em implicações esotéricas; por outro, explorava a imagística para expressar seus crescentes âmbitos de sentimento, bem como sua própria sensibilidade a reagir diante de objetos ou de acontecimentos exteriores, como se essa reação fosse, em si, algo de interessante e valioso. Esses dois aspectos da imagística fundem-se nas mesmas obras e também como influências a atuar – em intensidades e pontos variados – sobre a produção poética dos segundo e terceiro quartéis do século XIX.

Nesse processo histórico, observamos a gradativa elaboração e refinamento da ideia de um poema como o perfeito análogo de um sentimento, e o mais óbvio e simples contraste a ela seria o ideal do dr. Johnson, que ainda incluía "pensamentos" e um conteúdo moral. Claro que a nova ideia não é narrativa ou dramática nem serve para formas meditativas ou didáticas. Trata-se de forma quintessencialmente lírica, que tem a maior afinidade possível com a música porque nela a linguagem, com sua semântica convencional largamente limitada ou alterada, é obrigada a funcionar como pura imagística.

Uma significação particular da poesia de Mallarmé deriva de ser ela exemplo de uma aplicação tão rígida e sistemática desse método poético que todos os componentes da tessitura, todo som, ritmo, nuança de palavra e evocação, torna-se uma analogia de sentimentos, de sentido ou de qualidade intelectual. Do ponto de vista deste capítulo ela mostra o uso simultâneo dos dois caminhos do musical anteriormente analisados, ou seja, o da imagística auditiva e da obliquidade metafórica. Aos comentários reveladores citados acima podemos acrescentar o seguinte:

> Sua raríssima originalidade é, proveniente de toda a arte musical destes últimos tempos, que o verso, por mais móvel e melódico que possa ser, não perde nada de sua cor nem dessa riqueza de tons que se dissipou um pouco na sutil fluidez contemporânea. As duas, a visão e a melodia, fundem-se em um encanto indeciso para o ouvido e para o olho, que são para mim a própria poesia... (1887, a Ernest Raynard)[4]

Tais palavras esclarecem a concepção de Mallarmé do que faz a poesia. A linguagem como pensamento, como lógica, como afirmação, como nexo sintático e gramatical, perde sua importância. "Sempre é preciso cortar o começo e o fim do que se escreve. Sem introdução, sem fim." Tal máxima para a composição tem sem dúvida um significado limitado, porém o princípio que ela encarna, a redução da explicitação lógica, é a mais cara crença de Mallarmé e pode ser aplicada de forma legítima bem além de seu âmbito

---

[4] Citado em Michaud, *La Doctrine Symboliste (Documents)*. Paris, 1947, p. 88.

original; isto é, não só ao desenho geral de um poema ou de um trecho, mas a todo o esquema linguístico. Do ponto de vista de seu uso normal, a linguagem sofre uma fragmentação para ser reorganizada como o mais alto grau de liberdade pela imaginação, trabalhando no sentido de uma expressividade que repousa na interação do ritmo, das conformações sonoras verbais e das imagens evocadas: "visão e melodia se fundem num encanto indefinido para os ouvidos e os olhos":

Quelconque une solitude
Sans le cygne ni le quai
Mire sa désuétude

Au regard que j'abdiquai
Ici de la gloriole
Haute à ne la pas toucher
Dont maint ciel se bariole
Avec les ors de coucher

Mais langoureusement longe
Comme de blanc linge ôté
Tel fugace oiseau si plonge
Exultatrice a côté

Dans l'onde toi devenue
Ta jubilation nue.

[Uma solidão qualquer
Sem o cisne nem o cais
Olha sua dessuetude

Ao olhar que abdiquei
Aqui da pequena glória
Alta que não se pode alcançar
De onde muitos céus se colorem
Com os ouros do poente

Mas langorosamente segue
Como linho branco tirado
Tal como se um pássaro fugaz se mergulhasse
Exultante ao lado

Na onda transformou-se em ti
Tua jubilação nua.]

Poesia dessa espécie caracteriza-se por evitar a representação realista e pela sistemática desvalorização dos significados verbais normais, em favor de um tecido metafórico de sons e de imagens. Há duas maneiras de encarar a questão. Ou consideramos que a linguagem como meio de comunicação foi colocada num cadinho e refinada até o ponto poético em que parece anárquica em relação a sua natureza ordinária ou como um correspondente ou uma expressividade organicamente cognata de sons e de evocações de imagens que existe na imaginação poética como algo não linguístico, mas intralinguístico. Isso é que é "o verso que, de vários vocábulos, refaz uma palavra total..." (*Oeuvres Completes*, edição Pleiade, 1945, p. 858).

Em relação à concepção de poesia de Mallarmé, seria insensato desconsiderar o forte sentimento do Ideal que o levava a criar algo inefavelmente puro. Escreveu ele a um amigo: "Meu Deus, se fosse diferente, se o Sonho fosse assim deflorado e diminuído, onde então nos refugiaríamos, nós, os infelizes, que a terra repele, e que só temos o Sonho como abrigo? Oh, Henri, inspira-te no Ideal". Muito do idealismo do romantismo era impregnado de copioso sentimento ou emoção ou amor que o mantinha larga e generosamente "humano"; de modo que, para tomarmos apenas um exemplo, não encontramos nenhuma incongruência insuperável entre a nostalgia metafísica de Shelley e sua utopia social. Em Mallarmé, por outro lado, o pessimismo é mais pronunciado e o niilismo já lança suas primeiras sombras. Não vemos, porém, energia dissipada em exibições de desespero, sendo ela antes concentrada no Poema Ideal. O sentimento romântico, do ideal, desenvolvido sem qualquer crença ortodoxa, porém com fervor religioso, sofre aqui uma intensificação que o converte numa especialização. O poeta renuncia ao mundo, renuncia ao materialismo em todas as suas formas e cultiva com dedicação sacerdotal a mais requintada ideia de introspecção, de idealidade espiritual (tomada como oposta ao mundo); mas esse ideal é seu próprio objetivo. Mallarmé salva o sentido do Ideal por concebê-lo como a idealidade da forma perfeita, uma nostalgia espiritual mesclando-se com uma ambição artística. A qualidade mística da visão que em poetas anteriores – como Trahernf ou Vaughan, por exemplo – faz a poesia pertencer a outro mundo, Mallarmé incorpora ao processo imaginativo. Assim, em vez de permitir à poesia uma refulgência nascida de um reflexo imperfeito e intermitente de uma radiosidade transcendente e divina, ele trabalha baseado no ambicioso pressuposto de que a criação imaginativa, o poema, quando perfeito, pode acender a chama mística.

A beleza inefável, a natureza ideal do poema perfeito, tem assim a intenção de indicar um tipo de experiência distante da realidade. Para tal fim a linguagem, parte da realidade prática, é negada e reconstituída, sofrendo uma autotranscendência. O comentário de Mallarmé de que a poesia é feita de palavras é sempre citado em relação à sua poesia, e quando citado em separado ele sempre adquire um significado mais absoluto do que tinha originariamente na conversa de Mallarmé com Dégas; pois tudo não passou de uma resposta à declaração de Dégas de que ele não tinha "ideias" para poesia. As citações que transcrevemos antes indicam mais precisamente o conceito que Mallarmé tinha das "palavras", pois toda a significação de seu estilo está no desafio que ele lançou à linguagem – às palavras – em sua realidade prosaica e quotidiana, as rígidas convenções da comunicação prática. Um poema de Mallarmé é um sistema de evocações auditivas e visuais no qual o resíduo mínimo de enunciado proposicional permanece cativo. A linguagem é sistematicamente refinada para tornar-se imagística.[5]

A importância extraordinária de Mallarmé a poetas e à poesia reside no grau de sua insistência nessa concepção da linguagem poética, o que não produz, necessariamente, "grandes obras poéticas". A obra de muitos grandes poetas – e de muitos dos maiores – contém elementos que Mallarmé repudiou. Nem foi ele o primeiro a descobrir a verdadeira essência do poético; o poema de Shakespeare, a que nos referimos anteriormente neste capítulo, trabalha com meios estéticos fundamentalmente semelhantes. Porém a concepção de Mallarmé, aplicada como método exclusivo, chega a isolar da maneira mais radical e fascinante um elemento indispensável do processo poético expressado por meio de linguagem. Privado de qualquer crença a não ser a da poesia, imbuído de um sentido do Ideal que havia perdido todo objetivo a não ser o da sua própria necessidade, Mallarmé devotou sua imaginação à expressão do

---

[5] Cf. C. Soula, *Gloses sur Mallarmé* (Paris, 1945), para uma análise que apoia esse ponto de vista.

puro funcionamento da imaginação – isto é, das imagens e de suas evocações em relação a uma sensibilidade – na linguagem. Em todos os seus poemas ouvimos, por trás da voz principal, uma segunda, que anuncia continuamente a identidade de sua poesia, que chama nossa atenção à perfeita assimilação da linguagem ao Poético, que no sentido interior de Mallarmé, não era apenas palavras, nem música, nem a música audível das palavras:

> Certamente, nunca me sento nas fileiras dos concertos sem notar, entre a obscura sublimidade, um traço de alguns dos poemas imanentes à humanidade ou seu estado original, mais compreensível que silenciado, e que para determinar a sua vasta linha o compositor tenha sentido essa facilidade de colocar em suspensão até mesmo a tentação de explicar-se. Imagino, sem dúvida por um inextirpável preconceito de escritor, que nada ficará sem ser proferido; que estamos aqui justamente buscando, diante de uma fissura dos grandes ritmos literários (tratava-se disso acima) e sua dispersão em frissons articulados próximos da instrumentação, uma arte de realizar a transposição, para o Livro, da sinfonia ou simplesmente de retomar o seu bem: pois não é a partir das sonoridades elementares de metais, cordas, madeiras, inegavelmente, mas, da palavra intelectual, no seu apogeu, que deve, com plenitude e evidência, resultar, enquanto conjunto das relações que existem no todo, a Música. (*Crise de Vers*)

Fica aí indicada a assombrosa imagem de um sonho transcendente que paira além da música e da poesia em suas formas ordinárias. Com seu "preconceito de escritor", Mallarmé sentiu que a luz dessa imagem poderia ser captada numa poesia de "palavra intelectual, no seu apogeu", porém impregnada de música. Pois a tessitura de tal poesia significa uma adaptação mútua maravilhosamente intricada em sua imagística, seus ritmos, seus sons e suas evocações, "orquestrados" em torno de um motivo inicial, de modo a criar uma presença poética que está, paradoxalmente, tanto *na* imagística quanto infinitamente além dela. Tal tessitura, ou estrutura de imagens, toma emprestada, para as evocações da linguagem, a estrutura da música, alcançando com isso um caráter sugestivo simbólico a ela semelhante.

8. DISTINÇÕES E CONCLUSÕES

De todas essas observações sobre imagística e simbolismo da linguagem e da música, torna-se evidente que a poesia pode aproximar-se da condição da música em mais de uma maneira, embora seja difícil estabelecermos definições precisas dos efeitos "musicais", já que há interação de tantos fatores. Mas, nessa atmosfera, notamos como a unidade das artes se afirma, apesar das diferenças entre elas. Em virtude de um princípio comum a todas elas, podemos dizer de um poema que ele é poesia, que é arte, que é uma espécie de música; ou de uma música, que é arte, que é uma espécie de poesia; ou de uma pintura, que é arte, que é poética, que é uma sinfonia de cores; e assim por diante. E na verdade tais analogias perseguem-se constantemente na crítica (escrita). O paradoxo do meio de expressão se desnuda: ao artista, o meio é tudo, mas mesmo assim não passa de um instrumento da imaginação. Da maior importância como a *condição* da imagística, ele jamais deve ser considerado literalmente. Em todas as suas formas, finalmente a arte é uma espécie de pensamento, e as aparentes barreiras do meio de expressão são relativamente sem importância em meio à sua importância. Tais paradoxos têm de ser aceitos, e não justificados.

Outro fator a ser sempre considerado é a natureza daquilo que denominamos "intertessitura", a qual, como vimos, significa que o efeito está sempre na complexidade e não nos elementos separados. Por exemplo, no poema, ritmo não é uma imagística separada, mas integrado nas palavras e em suas evocações. Esse princípio de complexidade aplica-se em múltiplas direções e influencia a qualidade "musical" de qualquer poema de formas várias.

Resumindo nossas conclusões a respeito dos tópicos música e poesia, podemos destacar quatro concepções distintas: 1) poema, 2) poema musical, 3) simbolismo específico da música na fase romântica e simbolista da poesia e, finalmente, 4) ideia geral do "poético", que não precisa ser ligado ao verso.

Por "poema" desejo indicar, nesse contexto, uma norma, por teórica que seja, contra a qual certos poemas podem ser considerados especialmente "musicais". Essa norma incluiria a poesia narrativa, dramática, meditativa, filosófica e didática. Em todas elas existe, como dissemos antes, uma "música da poesia", ou seja, alguns aspectos da linguagem poética e de suas evocações quase sempre mostram afinidades com os processos e os efeitos da música, mas não uma musicalização deliberada ou particular. O grau dessa musicalidade implícita varia muito, sobretudo dentro da composição; e no presente contexto, claro, concebemo-la como fator não dominante. Para ilustrar essa "norma" poética, tomemos o soneto 113 de Shakespeare e comparemo-lo ao de Spenser, anteriormente citado. Tratam ambos do mesmo tema.

> *Since I left you, mine eye is in my mind;*
> *And that which governs me to go about*
> *Doth part his function and is partly blind,*
> *Seems seeing, but effectually is out;*
> *For it no form delivers to the heart*
> *Of bird, of flow'r, or shape, which it doth latch;*
> *Of his quick objects hath the mind no part*
> *Nor his own vision holds what it doth catch;*
> *For if it see the rud'st or gentlest sight,*
> *The most sweet favour or deformed'st creature,*
> *The mountain or the sea, the day or night,*
> *The crow or dove, it shapes them to your feature.*
>   *Incapable of more, replete with you,*
>   *My most true mind thus mak'th mine eye untrue.*

[Desde que te deixei, meu olho está na minha mente
E o que me governa para andar
Faz em parte sua função e é percialmente cego
Parece ver, mas na verdade não vê
Pois não leva ao coração qualquer forma
De pássaro, flor ou contorno, que prenda
De seus objetos vivos a mente não tem parte
Nem sua própria visão segura o que apanha;
Pois se vê a visão mais rude ou mais suave
A mais favorecida ou a mais deformada criatura
A montanha ou o mar, o dia ou a noite
O urubu ou a pomba, dá-lhes a forma de tuas feições
    Incapaz de mais, repleta de ti
    Minha mente verdadeira assim faz falso o meu olho.]

Nenhuma qualidade poética essencial falta a esse soneto. Além do mais, suas emoções fluem poderosamente e o estilo não pode ser acusado de austero, rude, áspero ou de alguma forma oposto à suavidade lírica, mas sua "música" é do tipo subordinado ou subjacente, e não do tipo da efusão musical dominante de Spenser. Do mesmo modo, o seguinte poema, de Hölderlin, embora saturado de emoção, não é do tipo musical especial:

Mit gelben Birnen hänget
Und voll mit wilden Rosen
Das Land in den See,
Ihr holden Schwäne,
Und trunken von Küssen
Tunkt ihr das Haupt
Ins heilignüchterne Wasser.

Weh mir, wo nehm'ich, wenn
Es Winter ist, die Blumen, und wo
Den Sonnenschein
Und Schatten der Erde?
Die Mauern stehn
Sprachlos und kalt, im Winde
Klirren die Fahnen.

[Pendurada de peras amarelas
E plena de rosas selvagens
A terra no lago
Vós graciosos cisnes
E embriagados de beijos
Deitai a cabeça
Na sagrada e sóbria água.

Ai de mim, onde hei de alcançar, quando
For inverno, as flores, e onde
O brilho do sol
E as sombras da terra?
Os muros estão de pé
Sem fala e frios, no vento
tinem as bandeiras.]

(Hälfte des Lebens)

A segunda categoria mostra, dentro da estrutura da poesia, geralmente certas espécies de intensificação lírico-musical que já exemplificamos. As análises mostraram as várias fontes para isso, não sendo necessário recapitulá-las.

A terceira concepção, que emerge do exame prévio, é que a relação entre poesia e música em boa parte da poesia e do pensamento românticos tem características próprias e peculiares. Os mesmos processos gerais estão presentes, mas, além disso, o ponto de vista romântico é influenciado por uma espécie particular de simbolismo musical para o qual as realidades comuns das artes e as diferenças entre elas são de pouca importância. Ao invocar a música, os românticos tinham em mente uma música poetizada, que expressasse os temas que eles colocavam em poesia. Por isso, as relações entre música e poesia, no caso, implica uma unidade de estilo particular que repousa numa feição espiritual comum. Eles buscavam a frase musical na linguagem para expressar suas sutilezas de sentimento. Por outro lado, a música buscava o tema "romântico" ou romanticamente poético. Seus "programas", as *Wald-* e *Kinderszenen*, as *Frühlingssymphonien*, as sinfonias Fausto e de Oberon e as baladas e os noturnos, não eram apenas assuntos literários, mas espécies peculiares deles, espécies românticas. O estilo desse período torna perigosa qualquer generalização a respeito da música e da poesia baseada apenas na poesia romântica. Por outro lado, confirma amplamente a teoria de música proposta neste ensaio, ou seja, a de que, como todas as outras artes, ela é estreitamente ligada à experiência e, consequentemente, às circunstâncias históricas e à sensibilidade do período.

A quarta concepção é a de uma qualidade, do "poético", que não é necessariamente um aspecto apenas das composições em verso, mas reconhecível em várias formas. Geralmente, a obra que evoca tal epíteto tem aspectos que incluem um ou mais temas românticos, o mundo do sonho, da infância e da inocência, da natureza, do amor e do ideal. Por isso o usamos para a pintura de Christopher Wood e de Stanley Spencer, as peças tardias de Ibsen e Tchecov, os romances de Hardy e de Virgínia Woolf, todos artistas pós-românticos, como também foi usado para a música de Schumann, de Chopin e de Berlioz. Mas creio que agora o epíteto tem outro significado, pois os escritores românticos, como vimos, concentravam-se na força poética independente de cada imagem análoga ao sentimento, convertendo todos os aspectos visuais e sons da natureza numa notação de signos de seu sentido interior, usando a linguagem e sua capacidade sugestiva para o mesmo propósito e explorando as correspondências sinestéticas. Isso deixou uma herança à expressão poética, seja de temas românticos ou de outros. O romantismo criou o poema em prosa e abriu o caminho ao *vers libre*, ambos aspectos de uma mesma descoberta, a de que a poesia reside no poder expressivo da imagem que funciona metaforicamente, com o ritmo e o som do *verso* sendo apenas uma imagística desse tipo, entre muitas outras.

Mallarmé e seus discípulos simbolistas, trabalhando na direção do mesmo princípio essencial da metáfora por meio de imagens linguísticas, produziram uma forma lírica especializada que restringia a poesia. Seu poder, sua concentração e sua consistência a levavam a isso, pois ela buscava uma quintessência de forma poética, que por sua vez sugeria que todos os outros ideais de expressão eram inferiores. Enquanto esse ideal dominou a poesia europeia, como aconteceu por várias décadas, a poesia narrativa e dramática e as formas satíricas e didáticas enfraqueciam-se na sombra. Mas o princípio de imagística poética fora do verso liberou uma enorme força compensadora, de forma que especialmente o drama e a narrativa puderam recobrar ao menos parte do poder poético e metafórico que perderam quando privados do verso, trabalhando com a imagística do sonho, do mito e da alegoria, com a melhor exploração dos ritmos e das formas da composição, com o constante sentido do simbolismo potencial das superfícies aparentemente realistas e da saturação das imagens tiradas à vida com sentimentos individuais.

Afinal, quais os limites que se impõem à música da poesia? Aos termos da passagem de Pater, citada no princípio deste capítulo, falta precisão, para não dizer discriminação "científica", da crítica estética mais recente. No entanto, na linguagem de sua época e sob a inspiração de seu avassalador ideal poético, ele definiu um aspecto crucial da arte num momento de inspiração que lhe veio na escrita de um pintor, Giorgione, de grande poder lírico e caráter sugestivo musical. Mas já que suas palavras são frequentemente mal interpretadas, vale a pena notar que ele não disse que todas as artes aspiram *ser* música, mas simplesmente à *condição* ou ao "princípio" da música, "sendo a música a arte típica ou idealmente consumada", porque ela oblitera a oposição de conteúdo e de forma. É verdade que no decurso de seu ensaio ele quase esquece a sutil distinção implícita em seu enunciado e cai temporariamente no erro de estabelecer alta musicalidade como o primeiro critério da arte. Tal erro deve por certo ser evitado em relação à poesia, cuja riqueza perderia se só admitíssemos nela o ideal lírico-musical. Embora não desenvolvida, a formulação de Coleridge realmente menciona efetivamente a doçura musical como uma qualidade num complexo, e a ambiguidade de seus termos deixa suas definições mais próximas do âmago da poesia como meio linguístico. E, na verdade, numa arte de palavras certo poder peculiar deve residir permanentemente nos significados lógicos. Como dissemos em capítulo anterior, todos os usos da palavra são acessíveis à poesia e a rejeição de qualquer deles empobrece o meio à disposição do artista. Enunciado direto é um uso da linguagem, implicação metafórica é outro e os dois mesclam-se com grande vantagem à expressão. Cada poema, e a poesia em geral, paira entre os polos da música e do enunciado direto; chamada em cada direção, sabe que nem um nem outro, sozinho, é seu objetivo. Se ela se torna por demais musical, afasta-se de uma das principais funções da linguagem, e, nesse caso, o meio está em guerra consigo mesmo. Consequentemente, cai numa posição de enfraquecimento em comparação com a música, o grande poder do qual origina sua autocoerência perfeita. É uma notação completa, uma linguagem com sintaxe organizada, perfeita coordenação entre seus sinais e gramática impecável de suas relações e de suas funções metafóricas. A não ser pelas origens naturais da música no canto, esse poder baseia-se numa elaboração coerente na história do meio como algo esotérico, razão por que agora temos a experiência esotérica a partir da qual podemos julgar seus produtos. Indissociavelmente ligada à linguagem lógica, a poesia nunca atingiu autocoerência esotérica desse tipo e provavelmento não o fará. Além de certo limite, toda e qualquer tentativa de musicalização extrema e exclusiva fracassará por falta de uma gramática aperfeiçoada ou de uma teoria harmônica do sistema. Não há meios seguros de conhecermos os "significados" envolvidos ou de sabermos se eles realmente existem, e muito menos de estabelecermos julgamentos a respeito, e os usos gerais da linguagem sempre impediriam esse tipo de desenvolvimento. Algum grau de musicalidade é essencial na poesia, porém, se for alto demais, é contrário às suas próprias possibilidades. Seu ideal não é outra arte, mas sua própria intertessitura, que mescla o enunciado meditativo à imagística de sentimento e de sentido.

CAPÍTULO X

A Arte do Drama

1. O DRAMA E A TEORIA DE IMAGÍSTICA

Todos os aspectos da arte mencionados nestes capítulos podem ser ilustrados pela forma do drama. É uma arte, uma imagística dirigida aos olhos e aos ouvidos e evidencia uma intertessitura característica. Existem nele elementos de representação e de expressão. Incorpora as imagens visuais de cenas e de pessoas, usa palavras nos diálogos, que podem, entretanto, incluir muitas utilizações da fala emotiva, analítica, declamatória, exclamatória, retórica, descritiva, lírica, musical e assim por diante. Ele pode expressar estados de alma, emoções e conflitos subjetivos; nasce da experiência e reflete-a; é clara e intensamente uma revivência e, finalmente, assemelha-se a todas as outras formas porque explora muitas espécies de imagística e de tons expressivos, mantendo seu caráter típico. Como um ramo da arte, é uma interpretação da experiência por meio de imagens e de palavras nas quais o figurativo e o expressivo se entrelaçam e na qual, na verdade, a lei de assimilação funcional é respeitada em relação a todas as espécies de imagens utilizadas.

Nos capítulos que se seguem, reconsideraremos alguns dos principais problemas da forma dramática à luz de nossa teoria de imagens e de intertessituras de imagens.

2. VARIEDADE DE FORMAS DRAMÁTICAS

A questão "O que é o drama?" permite duas respostas, uma histórica e complicada e outra teórica e comparativamente simples, que se complementam.

Drama é todo o drama tal como o conhecemos por intermédio de uma multidão de exemplos históricos e também um tipo de arte cujo conceito foi elaborado para generalização de alguns aspectos muito frequentes.

O primeiro sentido é complicado por causa das inúmeras variações da forma, cada uma com significação e função diversas, em culturas extremamente diferentes e, em tempos mais recentes, com crescentes manifestações de idiossincrasias pessoais que contrastam com um drama que, como as peças religiosas, seja firmemente baseado em crenças e cultos. Tragédia e comédia gregas, mistérios e moralidades da Idade Média cristã, dramas elisabetano e clássico francês, comédia de costumes, *commedia dell'arte*, *comédie larmoyante*, Ibsen, Claudel, expressionistas e peças românticas e simbolistas, para mencionar apenas alguns tipos, têm sua maneira original de associar a forma dramática com certa visão da vida defendida por uma sociedade ou um indivíduo, e deles forçosamente aprendemos que "drama" significa muitas coisas para muitos indivíduos. Ele pode ser o servo de um credo, uma história simples mas comovente, uma análise de personalidade, um perfil de costumes, a proclamação de um sentimento subjetivo, um veículo para conquista ou repúdio da fé, um conto de fadas ou uma fantasia, um "provérbio", uma história, uma alegoria; todo drama ou é de um tipo comum, isto é, um dos tipos históricos predominantes, ou, fazendo uso de vários dos aspectos associados ao drama, é uma mistura.

A segunda resposta (teórica) sobre o que é o drama parece simples por comparação porque é fácil enumerar um grupo de características necessárias à forma. É preciso haver uma ação, isto é, acontecimentos e situações devem ser apresentados acompanhados por tensão, mudanças repentinas e clímax; as pessoas devem ser apresentadas com simpatia e verdade; a concepção deve incluir possibilidades à arte do ator; e é preciso que haja algum significado central – religioso, moral, emocional ou psicológico –, que atinja o cérebro e o coração do espectador. Tais ingredientes, presentes no drama mais simples e no mais complexo, no mais ritualístico e no mais sofisticado, no mais trágico e no mais cômico, originam-se das condições estéticas dessa arte. Partindo do fato de uma peça – a vida retratada pela interpretação dos atores – nos dar prazer, é natural buscar ações mais adequadas a esse objetivo, que são as tensas e emocionantes, que mantêm o espectador interessado. Dessa simples condição inicial tudo o mais decorre: a arte de construção dramática sutil, de retratar vividamente as pessoas e de buscar todos os meios de intensificar a expressão. Mas não antecipemos uma análise mais detalhada; por ora, é suficiente indicar nos termos mais breves e gerais o que é o drama, reservando a análise mais precisa às seções que se seguem. Além do mais, antes de entrarmos por enunciados teóricos a respeito de aspectos e de tipos do drama, é conveniente catalogar o maior número possível de fontes de prazer em peças. Gostamos da história, da caracterização e de nos interessar com simpatia pelos bons e maus momentos dos personagens, por seus problemas e por suas emoções. Gostamos do desenvolvimento de uma ideia por meio de situações dramáticas e da libertação emocional que isso ocasiona. Sentimos prazer em observar a habilidade do dramaturgo em sua construção, seu sentido de teatro e nas oportunidades que dá aos atores. Outra fonte de prazer vem do estilo e da linguagem, em verso ou em prosa, da eloquência, da poesia, do espírito, do epigrama, da retórica, dos sentimentos ou das ideias expressados *en passant* ou como produto imediato de uma situação. E, por último, temos prazer na cenografia, na produção, na interpretação e nas personalidades de atores e de atrizes, que são indissociáveis de sua arte. Esse arsenal de prazeres imensamente rico e variado atrai-nos sempre para o teatro, e é preciso que uma peça seja muito ruim para não nos oferecer um ou outro desses prazeres. Algumas não passam de armadilhas por meio das quais, segundo os puristas, ficamos enredados nas superficialidades da cenografia e de suas atrações sensoriais e a interpretação pode degenerar num espetáculo sem sentido e vulgar. Por outro lado, o uso harmonioso de tantos meios de expressão pode garantir efeitos tão intensos e comoventes a ponto de outorgar uma aura especial à forma.

Nas páginas de análise e de definição a seguir, tentaremos não nos esquecer dessa ideia singela dos prazeres ao assistirmos a uma peça teatral.

3. A IDEIA DO "DRAMÁTICO"

Nossa noção do dramático deriva-se, em primeiro lugar, de coisas emocionantes observadas na natureza e na vida humana, mas foi refinada pela própria arte do drama, e o resultado é que a vida e a forma de arte são agora indissociavelmente interligadas na ideia. A palavra "dramático" tem significado natural em relação a quaisquer acontecimentos repentinos, surpreendentes, perturbadores ou violentos ou a situações e sequências de acontecimentos caracterizados por tensão. Tempestades, ressacas e enchentes e animais que perseguem e matam sua presa são dramas da natureza. Acidentes, morte repentina, lutas, resgates, crimes, brigas, política, aventuras, fracassos e triunfos são dramas naturais do destino humano que conquistam diariamente espaço nas manchetes dos jornais. Habitualmente, são chamados de sensacionalistas, mas indicadores do que toca os homens e desperta seu interesse, e não era por acaso que Ibsen estudava cuidadosamente os jornais diários. Diz-se comumente que o conflito faz o drama, porém surpresa e, particularmente, tensão são indícios mais verdadeiros. Embora nem sempre, ambas nascem do conflito, e o conflito só é dramático quando isso acontece. Um jogo de críquete implica conflito, mas de tensão muito variável, como poderão atestar espectadores estrangeiros; ele só se torna um conflito dramático em determinados momentos, quando o ritmo se intensifica e a partida está para ser decidida. Por outro lado, o que pode haver de mais dramático do que um trem correndo a toda velocidade na direção de uma ponte quebrada? No entanto, o que existe aqui é apenas intensa expectativa e não conflito.

Quando a imagística da arte incorpora tais aspectos, nós lhe atribuímos uma qualidade "dramática" e, claramente, esse processo não é restrito somente ao drama e ao teatro. O estilo barroco na arquitetura, as esculturas de Michelângelo e as pinturas de Delacroix e de Picasso são exemplos do dramático nas artes plásticas, enquanto muitos aspectos da música – ritmos, mudanças de tonalidade, andamentos, enfim, toda sua "dinâmica" – e do balé, que se aproxima do drama, também merecem tal denominação. A forma sonata é comumente considerada como estrutura de qualidades dramáticas. As máscaras, embora presas a uma única expressão imutável, são carregadas de efeitos dramáticos.

No drama propriamente dito, a fórmula básica é a de que as pessoas tomam decisões e agem segundo estas, com consequências que envolvem outras pessoas, donde se seguem complicações e crises. Alguns acontecimentos e ações sempre aconteceram antes do começo; o início de uma peça pressupõe que existe determinada situação entre um grupo de pessoas, e a peça mostra sua evolução. Em outras palavras, passado e futuro estão sempre implícitos nas cenas iniciais, o que também pode ser dito a respeito de qualquer momento subsequente no decorrer da peça; isso constitui o aspecto essencial de um *enredo*, ao qual tudo se liga em relação tensa por curto espaço de tempo. Quando falamos de situações dramáticas nos referimos àquelas que nascem de personalidades humanas interligadas e suas circunstâncias e às quais pertencem destino e fatalidade. Um dos efeitos mais marcantes e poderosos do drama, em contraposição à narrativa ou ao filme, é mostrar um *grupo* de pessoas, simultaneamente presentes no palco, assim reunidas pelo abraço do destino. Acontecimentos e ações e pressões múltiplas da vida são então sentidas, ou "vistas", como presenças no grupo.

Desde cedo o drama grego definiu esse esquema geral, embora, segundo Aristóteles (*Poética*, III, i), pareça que o próprio nome originariamente significava apenas aquele tipo de poesia que "imitava" ao apresentar os personagens como se fossem reais e engajados numa verdadeira ação. Claro que personagens e ações que não sejam emocionantes ou tensos podem também ser apresentados dessa maneira, de tal modo que se o drama não houvesse feito mais do que isso ele jamais teria se tornado "dramático". Daí a importância das complicações emocionantes e da crise. Para ser bem-sucedida e captar as emoções do espectador, a forma de revivência requer concentração de efeitos, que se deriva da intensificação no andamento dos acontecimentos, das situações complexas e da gravidade dos problemas em jogo na situação representada. Drama não literário, feito só para divertir (como comédia policial), cultiva apenas as emoções exteriores, enquanto o literário deriva as suas da seriedade de seus temas e de seus assuntos.

A prática dos grandes dramaturgos foi seguir tais exigências naturais da forma da representação. Eles sempre cultivaram o bom "enredo". Alguns, como Sófocles e Racine, foram mais hábeis que outros, mas nenhum negou sua importância. E aprenderam, por sugestões da própria vida, o que é um bom enredo. Noutras palavras, exploram para a arte dramática a imagística dramática gerada pela vida.

E assim ocorre que nossa noção do "dramático" é constantemente influenciada pelo jogo das duas ideias do drama na vida e da qualidade dramática cultivada na arte. E à medida que a palavra assume um significado técnico em relação ao drama, sugere a possibilidade de concentrar vários modos do dramático. Dessa forma, ocorre uma estilização que envolve uma complicação e uma intensificação *sustentadas* que geralmente não são encontradas na vida real. Quando consideramos que uma peça não é dramática o suficiente, isso significa que ela fica aquém dessa estilização.

Muitas coisas, às vezes operando separadamente e às vezes em conjunto, podem ser dramáticas numa peça: a ação, se complicada, tensa ou impetuosa; as falas, revelando dilemas e conturbações individuais e uma gama explosiva ou tempestuosa de emoções e de paixões; as surpresas de toda espécie, como confrontos, descobertas, confissões e mudanças de conceitos e de situações; os ritmos de várias espécies, cujas modulações, captadas na linguagem e no desenvolvimento da ação, estão entre os elementos dramáticos mais potentes; e a dialética das ideias, das cenas e das situações. Não há peça que use todas as formas do dramático o tempo todo, porém todas as usarão suficientemente para estabelecer a sensação de que o dramático é predominante. Mas mesmo assim "um drama" é qualquer variação da forma dramática que se situe entre dois extremos – aquele em que há a maior concentração concebível e aquele em que o dramático é inteiramente negado. Racine e Ibsen estão próximos do primeiro e, algumas vezes, Tchecov aproxima-se do segundo.

Nenhum desses aspectos, no entanto, deve ser tomado num sentido exterior ou superficial. No bom drama, as aparências sensoriais são sempre ligadas a significados, pensamentos, filosofias, sentimentos religiosos e julgamentos morais. Na verdade, é preciso ser dito categoricamente que a mais intensa qualidade dramática será alcançada onde estiver implicado o maior número possível de significados vitais. Isso pode ser ilustrado mesmo no drama não literário. Com todas as suas falsidades, o melodrama depende da realidade na mente do público, do conflito entre "virtude" e "vício" encarnados respectivamente no herói e no vilão. Ele floresceu particularmente na Inglaterra vitoriana quando o senso desse conflito estava no auge. Mistério ou policial, explorando todo tipo de choque nervoso, indiretamente depende de um senso de horror moral ao assassinato. O drama "fatalista" do início do século XIX (especialmente na Alemanha), mecânico em seu uso de chavões teatrais e privado de qualquer qualidade poética, ainda assim dependia da provocação de um autêntico senso da fatalidade e do sobrenatural. Tais exemplos mostram, suficientemente, que as imagens do drama – toda a vívida experiência sensorial atirada do palco ou da arena iluminada em direção ao espectador, a convincente ilusão de ação violenta e catastrófica – estão impregnadas de pensamento e de julgamento humanos. Nesses casos, os últimos são estereotipados ou convencionais, já que o autor de uma peça de mistério nada de novo revela a respeito da natureza humana, mas estão presentes, incorporados à matéria-prima da história. Na verdade, podem ser chamados de agentes da forma por libertarem o elemento dramático.

O senso de significação, no entanto, é importante à própria ação, o elemento tão universalmente considerado indispensável ao drama. Na "ação" de uma peça, espera-se que as pessoas "façam alguma coisa" e assim criem uma concatenação de ações, situações e acontecimentos. Diariamente, executamos inúmeras ações que não são nada dramáticas, uma vez que pertencem a uma rotina pacífica. Quando as ações, porém, são plenas de consequências, tornam-se dramáticas. "Ser plena de consequências" é uma frase que só podemos usar em relação à significação de uma ação e de seus possíveis efeitos. Nisso entram todas as convicções e todos os princípios segundo os quais vivemos, bem como todas as nossas interpretações gerais da experiência. O prestígio peculiar da "ação" no drama não resulta apenas do sentido objetivo de alguma coisa acontecendo ou de pessoas criando movimentação, mas origina-se de um sentido geral de destino e de fatalidade nas ações que têm consequências importantes. O "destino" sempre foi um tópico muito explorado em qualquer debate sobre o drama, o que não surpreende, já que são por natureza conectados. É verdade que existe uma forma não dramática de destino, como quando dizemos: "Foi seu destino viver uma vida longa e tranquila na aldeia em que nasceu". Por outro lado, o destino muitas vezes emerge como uma presença tangível, com a força de uma personalidade, a partir da interação entre acontecimentos e pessoas; e onde tal interação mostra-se mais marcante, onde o homem parece ser joguete de forças inteiramente fora de seu controle é que a noção de destino torna-se mais portentosa. Uma situação na qual um homem é submetido a uma mudança completa na sorte, a um sucesso inusitado, a uma perseguição ou a qualquer outra coisa do gênero mostra o controle do destino, gerando o drama.

Do mesmo modo que as ações são dramáticas por causa da fatalidade que há nelas, assim, também, a tragédia é altamente dramática porque seus significados são complexos, profundos e sublimes, envolvendo nosso senso com relação aos desígnios divinos, à ordem e à justiça no universo e na vida humana e nossas convicções sobre o bem e o mal. Os momentos no decurso da peça nos quais tais significados são esclarecidos são sempre de grande intensidade emocional. Por isso, não há dúvida de que, por tradição, a tragédia tem sido especialmente associada à forma dramática, enquanto os elementos trágicos em outra forma literária, como o romance, quase sempre produzem uma qualidade dramática.

Do mesmo modo, a força dramática do ritual depende inteiramente dos significados em jogo. Ritos pertencem à religião, da qual derivam todo seu mistério e sua significação, e são intensos e dramáticos porque pertencem aos deuses. As emoções ficam exacerbadas durante sua apresentação em virtude desse senso de significativo, e a formalização do ritual é a fixação do esquema cerimonial, descoberto como o mais adequado à evocação da reação emocional máxima aos significados religiosos invocados.[1] O mesmo princípio se aplica a julgamentos e acareações, que são dramáticos na vida real e, consequentemente, material comum do teatro; cenas de julgamento sempre esquentam uma peça. Não é só porque representam um exemplo óbvio de "conflito"; o conflito em qualquer cena dessas é intensificado e o suspense criado em virtude de todos os significados associados à lei, à noção de certo e de errado, a crime e a castigo, em virtude de o destino de uma pessoa depender do resultado do julgamento e pelo fato de a justiça ser reafirmada ou corrompida pelo mesmo resultado. Podemos lembrar também uma situação, como a abdicação de um rei, que é uma situação dramática, como sabia Shakespeare, por causa da instituição da

---

[1] Para a ligação entre o drama primitivo e o ritual, ver H. Read, *Icon and Idea*, p. 57, e sua referência (p. 144) aos comentários de Jane Harrison sobre *dromenon* e *drama* em *Ancient Art and Ritual*.

monarquia e tudo que ela implica religiosa, política e socialmente. Quando um rei abdica, a própria monarquia é posta em dúvida, de forma clara.

Desses exemplos, podemos concluir que definir o drama apenas como "ação" ou "conflito", como frequentemente acontece, é depender demais de uma abstração limitada. É verdade que incidente físico e conflito produzem algo dramático, porém a qualidade dramática de qualquer momento ou de qualquer situação numa peça é diretamente proporcional a todos os significados em jogo. Entre eles, naturalmente, está o "conflito" de ideias ou de convicções representadas pelos personagens da peça, mas estendem-se também a todos os significados que operam em determinado contexto social. As situações humanas só sobressaem aliviadas contra esse pano de fundo de significados sociais e espirituais, como imediatamente apreendemos nos temas e nos enredos das peças elisabetanas ou, igualmente marcante, nas de Ibsen, com sua atmosfera do final do século XIX.

A força desse ponto sobre o significado no drama pode ser reunida a partir do efeito criado pelo exagero. Um significado muito deliberadamente enfatizado produz o efeito que chamamos de teatral. O que constitui uma ênfase válida e o que prejudica suas qualidades positivas pelo exagero resulta num interessante problema de equilíbrio. O melhor drama traz consigo uma impressão de prepararação de cena que, em si, intensifica a ênfase ao drama que está por vir, indicando deliberadamente seu significado. Por vezes, isso fica implícito na exposição, como nas primeiras cenas de *Hamlet*, de *Macbeth* ou de *Antônio e Cleópatra*, nas quais personagens secundários ajudam a iniciar a ação e, por ser secundários, formam plateia preliminar que se interroga sobre os acontecimentos e tenta descobrir seu significado. Mas às vezes o autor prepara sua cena com deliberação ainda maior. Um exemplo a ser destacado é a abertura de *O Grande Teatro do Mundo*, de Hofmannsthal, na qual Deus distribui papéis às almas que estão a ponto de entrar no mundo. Aqui, a imagem do "teatro da vida", dando corpo à qualidade do teatral, é em si usada para emprestar força à cena. Ela determina o tom grandioso e solene, alertando os espectadores de que há algo por vir, algo significativo e pleno de consequências. Uma peça está começando, com seu significado a princípio oculto sendo gradativamente revelado. O sentido do dramático e do teatral irradia dessa imagem, por meio da qual o poeta determina seu objetivo, e duplica seu efeito.[2]

Wagner, tantas vezes escolhido por Nietzsche e por Thomas Mann para aplausos – por vezes um tanto ambíguos – como gênio dotado dos mais profundos instintos teatrais, era mestre da "mágica" que emana de uma cena cuidadosamente escolhida. Um dos melhores exemplos é a cena 5 do Ato III de Os Mestres Cantores, que progride da homenagem a Sachs para o concurso entre os cantores, a vitória previsível, mas ilustrativa de Walter, e finalmente, no ápice dessa vasta e maravilhosa construção teatral, a exaltação da *deutsche Ehre* e da *deutsche Kunst*. Todo o poder da música, aqui incorporado à tessitura teatral, é generosamente derramado na expressão da expectativa e *Ergriffenheit* da multidão, no cerimonial significativo e na vitória de uma ideia. As grandes cenas das óperas de Wagner são todas "encenadas" assim; todas têm um significado que é não apenas evidenciado na ação e nos personagens, mas também exibido com marcante grandiosidade em todo aparato da imagística teatral e musical. Os *Leitmotive* de Wagner eram um recurso que colaborava com esse objetivo e se integram perfeitamente a todo o esquema. São uma série de indicações por meio das quais Wagner solene e constantemente chama a atenção para o significado central de sua fábula ou seu mito. Eles compartilham a ambiguidade da qualidade teatral ao serem apresentados por vezes com belíssima discrição e caráter sugestivo, e por vezes de forma gritante. E é por isso que em certos momentos eles parecem uma nova e maravilhosa invenção, e a outros um recurso tão óbvio que beira a infantilidade. Todos esses aspectos de Wagner, porém, tornam-no um soberbo exemplo da qualidade específica do teatral, cuja essência é o significado dramático posto em relevo, enunciado de forma excessiva, deliberadamente alardeado, e banhado de emoção, ânimo, reverência e exaltação.

Tal qualidade teatral, em sua forma mais pura, reforça a estrutura do drama e, em formas inferiores, prejudica-a. Por um lado, ela intensifica o sentido da imagem dramática, provoca uma participação emocionada do espectador e propicia a realização da peça em suas ligações sociais. A *scène-à-faire*, a "grande cena", a "grande ária" na ópera, as famosas cenas de debate de Ibsen, bem como

---

[2] Claro que é verdade que no estilo barroco esse simbolismo é elaborado em relação a uma atitude religiosa, com o teatro tornando-se um símbolo da natureza ilusória da vida mortal.

o aproveitamento de cenas de julgamento, de acareação e de cerimonial, cenas "naturalmente" dramáticas que utilizam multidões e constituem peças dentro de peças, teatro dentro do teatro, evidenciam a mistura sutil do dramático e do teatral, a legítima invocação, na plateia, do senso da importância dramática, a valorização teatral positiva. A técnica de distanciamento de Brecht (*Verfremdungseffekt*) também origina desse processo de tornar o espectador consciente da *imagem* teatral, embora seu método seja algo grosseiro. Por outro lado, todo o processo pode ser tão malconduzido que provoca um resultado. Em lugar de um efeito intensificado e mais impressionante, ficamos com artificialidade, afetação e exagero; ou se coloca ênfase demasiada no significado ou se faz grande esforço para dar ênfase a um significado que não existe. Muitas obras do estilo barroco na escultura e na arquitetura, com seus gestos e suas formas amplos e agitados, pairam precariamente na tênue fronteira entre o dramaticamente positivo e o teatralmente negativo. A esta altura, devemos perceber que histrionismo é a forma pessoal desse fenômeno, o teatral irrompendo do indivíduo. A última degradação é vista na procura de recursos e de truques baratos que mostram apenas conchas ocas do dramático-teatral, como — para tomarmos um exemplo simples e óbvio — quando o autor bajula os atores ou, mais frequentemente as atrizes, e seu comportamento histriônico, em meio a sua *dramatis personae* [personagens do drama], ou com frequência introduz em seu texto cenas feitas para exibição de interpretação e mímica. Isso é depender exclusivamente dos efeitos, meras formas vazias, do teatral, não com ênfase exagerada no significado, mas vazio de dele. É uma fraqueza para a qual Anouilh tem inclinação.

A não ser pelo que já foi dito sobre Wagner, em geral a ópera apresenta curioso adendo a esse problema. Ela é notória por produzir efeitos teatrais, a ponto de "operístico" ser por vezes usado como sinônimo pejorativo de teatral. Não há dúvida de que isso se deve ao aspecto de ênfase excessiva a que nos referimos, mas que é inerente na tessitura da ópera. A estrutura musical altera o dramático e, acima de tudo, a natureza da interpretação, que tem de ser mais estilizada e convencional. Inevitavelmente, isso resulta em ênfase excessiva do gesto. O gênio de Wagner transformou tal fraqueza numa certa forma de triunfo porque seus assuntos mitológicos e heroicos prestam-se bem ao estilo do gesto grandioso.

4. FALA E DIÁLOGO DO DRAMA

Após as observações gerais das seções anteriores, era de se esperar agora, segundo precedentes convencionais que remontam a Aristóteles, uma discussão sobre ação e enredo. Mas o argumento deste ensaio requer que falemos primeiro sobre *imagística característica* e *intertessitura* do drama, os termos sensoriais que lhe dão uma personalidade distinta como arte. Por isso, a seguir examinaremos a fala, a personificação e o gesto como o principal foco da forma dramática, deixando o enredo para mais tarde.

Como uma das artes do teatro, o drama é uma forma composta por ter mais de um "meio" a seu serviço. Dramaturgo, ator, diretor, cenógrafo e outros contribuem, cada um a sua maneira, com alguma coisa; e mesmo que um critério ou uma regra austera relegasse o diretor e sua equipe a uma posição secundária, ainda resta a inevitável união do diálogo e da interpretação, uma representação de uma personificação, que situa o drama em algum ponto entre as artes literárias e artes da mímica e da dança. Num drama, os atores interpretam e falam suas falas num cenário localizado. Mesmo o cenário mais cósmico ou mitológico – de Ésquilo, da alegoria barroca ou das peças de Fausto – é localizado e os seres sobrenaturais parecem antropomórficos. E essas interpretação e fala ou ação e diálogo apresentam-se não apenas como harmonizador de meios diversos ou como a adaptação de duas coisas separadas uma da outra, mas como uma complexa imagística de arte baseada numa complexa imagística da natureza. Pois a fala e seu gesto correlato formam uma intertessitura natural de imagística; sua associação não é fortuita, mas essencial e orgânica.

A fala toma muitas formas, já que existe onde quer que as palavras sejam utilizadas para comunicação ou expressão, e toda espécie de fala é acompanhada por maior ou menor grau de gesto, seja na mudança da expressão facial, na gesticulação ou mesmo no movimento dos membros e do corpo. Assim, nossa ideia de uma conferência, de um discurso num congresso de industriais, de uma oração no Parlamento, de um sermão, de um discurso demagógico por um dominador de massas ou de uma palestra informal de um professor, ou o tom da fala na conversa, é sempre determinada por duas coisas. Por um lado, temos a voz que transmite significados e toda espécie de emoção auxiliar em suas inflexões; por outro, ela encontra um acompanhamento natural e correlato no gesto físico. Cada um dos tipos de fala mencionados mostra um estilo diferente de comportamento físico. Isso se aplica *a fortiori* às formas exaltadas da fala que usamos quando manifestamos emoção e paixão. Ações físicas de maior ou menor violência, inclusive a expressão facial, acompanham as palavras ditas, compondo, juntas, uma expressão total de nossos sentimentos. Nem só as palavras nem só os gestos, mas os dois juntos mostram o quanto estamos irados, alegres, mal-humorados ou agressivos em determinado momento. Essa ligação íntima entre dois modos naturais de expressão, reconhecida em manuais de interpretação teatral desde os tempos elisabetanos, é a base do drama, que, como mencionamos anteriormente, representa pessoas numa relação de crise entre elas. A espécie de linguagem falada no curso de tal relação, pronunciada sob a influência de toda a variedade de emoções, de sentimentos, de paixões e de manifestações de força de vontade e, consequentemente uma linguagem que é sempre parte de um estímulo físico-mental, é a fala característica do drama. Ela é o agente da ação, do enredo, das tensões. É uma linguagem ativada, que implica movimento constante, desenvolvimento e mudanças nos sentimentos e nas relações das pessoas. É uma linguagem que explicita a ação exterior e os motivos que a compele. Assim, fala dramática é a realização completa e adequada, no diálogo, de uma situação tensa entre pessoas. Para expressar o assunto em termos dos princípios da imagística podemos defini-la como intertessitura de imagens, composta de fala e de gesto coordenados (interpretação), que evidencia em termos sensoriais uma visão da vida e de comportamentos humanos. Como em todas as artes, nas artes dramáticas tal complexidade é uma construção ou uma criação, no sentido de que o dramaturgo constrói um sistema de fala e de interpretação para expressar determinada concepção, mas ela é baseada numa imagística natural complexa, como dissemos anteriormente.

Para exemplificar essa fala característica basta que nos lembremos das aberturas das peças de Shakespeare e de Racine. É extraordinário como consistentemente e com tanta certeza eles estabelecem, de início, a sensação de uma situação importante. Cada palavra dita já é uma participação nos acontecimentos e, ao mesmo tempo, uma espécie de profecia. Pense nas cortinas se levantando sobre a multidão de cidadãos romanos revoltosos que, em poucos segundos, declarou Coriolano inimigo número um do povo e pediu sua morte. Lear fala imediatamente as palavras que cercam com terrível ironia a ação que se segue:

> *Meantime we shall express our darker purpose.*
> *Give me the map there. Know we have divided*
> *In three our kingdom: and 'tis our fast intent*
> *To shake all cares and business from our age,*
> *Conferring them on younger strengths, while we*
> *Unburthen'd crawl toward death .*

> [Nesse meio-tempo expressaremos nosso objetivo mais secreto.
> Dê-me aqui o mapa. Saibam que dividimos
> Em três o nosso reino: e é nossa inabalável intenção
> Sacudir de nossa velhice toda preocupação e trabalho
> Conferindo-os a forças mais jovens, enquanto nós
> Livres de cargas rastejaremos para a morte.]

Lembremo-nos das intricadas e emocionadas falas iniciais de Iago, fartas de todas as características principais de sua personalidade – ódio, cinismo, ambição, avareza e dissimulação como instrumento de sua asseveração pessoal pervertida: Iago falando de seu novo posto com Otelo e incitando Rodrigo a ajudá-lo a criar problemas com Brabâncio por causa de Otelo e de Desdêmona. *Antônio e Cleópatra* abre com a fala de Filo, na qual sua indignação lhe arranca uma vívida descrição da situação de Antônio. Nessa fala, a violência de sentimento é igualada por uma força de expressão que tende à hipérbole, mas que permanece, entretanto, simples e extraordinariamente precisa. Uma situação de dimensão trágica é indicada, uma reação é expressada e, com isso, o drama já foi iniciado. Enquanto Filo fala, entram Antônio e Cleópatra e temos a oportunidade de testemunhar a sublime "senilidade" de Antônio, enquanto imediatamente após chegam as "notícias de Roma". Com estilo inteiramente diverso, Racine é, no entanto, comparável no domínio da fala dramática na abertura de uma peça. Basta lembrar como começa *Britannicus*:

Albine:

Quoi! tandis que Néron s'abandonne au sommeil,
Faut-il que vous veniez attendre son réveil?
Qu'errant dans le palais, sans suite et sans escorte,
La mère de César veille seule à sa porte?
Madame, retournez dans votre appartement.

Agripina:

Albine, il ne faut pas s'éloigner un moment.
Je veux l'attendre ici: les chagrins qu'il me cause
M'occuperont assez tout le temps qu'il repose.
Tout ce que j'ai prédit n'est que trop assuré:
Contre Britannicus Néron s'est declaré.

[Albine:

O quê! Enquanto Nero se abandona ao sono
É preciso que vós venhais aguardar seu despertar?
Que errando no palácio, sem séquito e sem escolta,
A mãe de César vigie só à sua porta?
Madame, volvei a vosso aposento.

Agripina:

Albine, é preciso não me afastar um só momento
Quero esperá-lo aqui: as tristezas que ele me causa
Me ocuparão o bastante todo o tempo que ele repousa.
Tudo o que eu predisse não foi senão demais assumido:
Contra Britânico, Nero se declarou.]

  Seria cansativo citar outros exemplos, embora devamos mencionar que podem ser encontrados no moderno drama em prosa de Ibsen, de Sartre, de Cocteau e de outros, não menos que em Shakespeare e em Racine; na verdade, minha razão para citar tantos e, além disso, sempre do início das várias peças, é para enfatizar a singularidade dessa espécie de fala e a maneira pela qual os grandes dramaturgos encontram o tom no primeiro momento. Peças não são simplesmente diálogo ou conversa com ações e acontecimentos tensos a elas acrescentados ou interpolados. São algo mais vigoroso e compacto, que captura situações de conflito ou de dilema ao focalizá-las, ao dar-lhes a forma de fala-mais-gesto.

Linguagem dramática defeituosa é bem ilustrada nas obras de Byron e pegaremos um exemplo de *Manfred*. Lembramos, claro, que o próprio poeta descreveu sua obra como "uma espécie de Poema em diálogo (em verso branco) ou Drama", porém vangloriava-se de "tê-la tornado *inteiramente impossível (sic)* para o palco, pelo qual meus contatos com o Drury Lane me geraram o maior desprezo" (carta a Murray, 15 de fevereiro de 1817). Byron referia-se, sem dúvida, aos voos de fantasia na localização do poema, como, por exemplo, "A Sala de Arímanes – Arímanes em seu Trono, um globo de Fogo, circundado pelos Espíritos", coisas que não excluem por si a qualidade dramática, embora dificultem bastante a produção. Existe em *Manfred* uma quantidade considerável de surpresa e de efeitos dramáticos aceitáveis. Uma galeria gótica à meia-noite, com um mágico a conjurar espíritos, não é um mau começo para uma peça. Também é verdade que um drama emocional privado se desenrole com o próprio Manfred. De qualquer maneira, o dramático não fica estabelecido claramente como um tipo inequívoco de forma, como pode ser visto pelo modo de falar de Manfred:

> *The spirits I have raised abandon me –*
> *The spells which I have studied baffle me –*
> *The remedy I reck'd of tortured me;*
> *I lean no more on superhuman aid,*
> *It hath no power upon the past, and for*
> *The future, till the past be gulf'd in darkness,*
> *It is not of my search. – My mother Earth!*
> *And thou fresh breaking Day, and you, ye Mountains,*
> *Why are ye beautiful? I cannot love ye.*
> *And thou, the bright eye of the universe,*
> *That openest over all, and unto all*
> *Art a delight – thou shin'st not on my heart.*
> *And you, ye crags, upon whose extreme edge*
> *I stand, and on the torrent's brink beneath*
> *Behold the tall pines dwindled as to shrubs*
> *In dizziness of distance; when a leap,*
> *A stir, a motion, even a breath, would bring*
> *My breast upon its rocky bosom's bed*
> *To rest for ever – wherefore do I pause?*
> *I feel the impulse – yet I do not plunge;*
> *I see the peril – yet do not recede;*
> *And my brain reels – and yet my foot is firm:*

There is a power upon me which withholds,
And makes it my fatality to live;
If it be life to wear within myself
This barrenness of spirit, and to be
My own souls sepulchre, for I have ceased
To justify my deeds unto myself –
The last infirmity of evil.

[Os espíritos que invoquei me abandonam
Os encantos que estudei me confundem
O remédio para o qual atentava me torturou;
Não me apoio mais em ajuda sobre-humana
Ela não tem poder sobre o passado, e, quanto
Ao futuro, até que o passado seja engolfado em escuridão
Não é para a minha busca. – Minha mãe Terra!
E tu, dia fresco que nasces, e vós, montanhas
Por que sois belos? Não vos posso amar.
E tu, brilhante olho do Universo
Que te abres sobre tudo, e para tudo
És um deleite – tu não brilhas no meu coração.
E vós, rochedos, em cujo limite extremo
Estou de pé, e no limiar da torrente embaixo
Vejo os altos pinheiros reduzidos como a arbustos
Na tontura da distância; quando um salto,
Um sobressalto, um movimento, até mesmo uma respiração, levariam
meu peito no leito de seu seio rochoso
a repousar para sempre – por que razão eu paro?
Sinto o impulso – no entanto não mergulho;
Vejo o perigo, no entanto não recuo;
E meu cérebro roda – no entanto meu pé está firme;
Não há poder sobre mim que me prenda,
E faça viver minha fatalidade;
Se é que é vida gastar dentro de mim
Esta esterilidade de espírito, e ser
O sepulcro de minha própria alma, pois deixei
de justificar meus atos diante de mim mesmo
A última fraqueza do mal.]

Os pensamentos autoconscientes nessa passagem estragam o sentido de urgência emocional e resultam em artificialidade. Essa não é a linguagem dramática do suicídio, mas a de uma pessoa vaidosa, cheia de complacência e de pena de si mesma, assumindo poses dramáticas para impressionar a si e à plateia.

É uma linguagem de pensamentos, de reflexão introspectiva e é típica de todo o poema. De modo que, embora haja por vezes certo ar de drama e muita preocupação com atitudes, o tom característico não existe no diálogo. As palavras de Manfred não refletem ações em palavras, mas meditação agitada. Falta a Byron o senso de diálogo dramático e de como ele incorpora personagem e ação. Seu talento é o da narrativa arrogante colorida, sem dúvida, por um traço narcisista e histriônico.

Assim, o caráter particular do drama é determinado por uma forma de linguagem; sempre existe uma "ação" ou um "enredo", mas ele deve ser expressado principalmente pelo diálogo. Gestos acompanham a fala; as relações entre os personagens fundem-se na fala. A intertessitura característica da imagística do drama, que deriva do aspecto básico de *representação* e personificação de personalidades, reside numa unidade de fala e de gesto na qual uma ação ou um enredo se tornam manifestos. Isso configura o drama em contraposição a formas que utilizam algumas das mesmas características. Pessoas, situações, acontecimentos, ações e crises, todas pertencem à poesia narrativa, à novela e ao filme, bem como ao drama; personificação e representação, por outro lado, pertencem também a outras formas de teatro, como ópera e balé, que têm aspectos dramáticos, mas não são drama. A aliança desses dois grupos de características produz uma forma especial e distinta que chamamos "peça".

O aspecto fala-gesto, como aqui concebido em termos de intertessitura de imagens, é o eixo de toda a ideia da forma dramática por ser, no processo de desenvolvimento dramático, o foco de determinado ponto no tempo desse desenvolvimento e também de todas as suas implicações. Essa forma é particularmente distinguida por duas coisas intimamente relacionadas: a progressiva revelação de uma situação de crise, intensamente sentida, do início ao fim, como um *processo* no tempo, que tem passado, presente e futuro, e também o sentido de que qualquer momento dado é passível de ser isolado e visto como centro focal de toda a ação. A situação, a qualquer momento, é completamente interligada com toda a ação e deriva toda sua significação de sua localização precisa numa série de acontecimentos. Isso dá à fala sua qualidade dramática específica. Acontecimentos e ações eclodem nela ou preparam-se para eclodir.

Ela é sempre a expressão da paixão, da vontade, do sentimento ou da criação do *suspense*; ou de forma demonstrativa, ao dar voz aos sentimentos envolvidos ou, plena de referências, de informações e de implicações, ao contribuir para a tensão gerada por uma concatenação de acontecimentos e de circunstâncias.

Assim, as principais características da forma, dos personagens, das situações, da ação, da crise, do gesto e do diálogo encontram seu ponto de integração na imagística fala-gesto. É uma fusão orgânica. Pessoas implicam ação e diálogo, diálogo implica algo que o provocou, situações implicam decisões e comportamento e crise implica acontecimentos envolvendo pessoas. A complexidade de imagem característica do drama manifesta-se onde todos esses aspectos realizam plenamente as implicações que contêm para o outro, e é melhor compreendido na obra dos três maiores mestres da forma, Shakespeare, Racine e Ibsen. Shakespeare inclui mais em seus esquemas que os outros dois e, consequentemente, embora sua contextura seja sempre – ou quase sempre – perfeitamente dramática, seu desenho inclui efeitos exuberantes. Por uma restrição mais severa na composição, Racine e Ibsen sugerem mais fortemente a perfeição do tipo, embora não sem um toque da artificialidade que tantas vezes jaz à sombra da arte perfeita.

5. DIÁLOGO E INTERPRETAÇÃO MAL AJUSTADOS; EFICIÊNCIA INDEPENDENTE DO ATOR

Em sua contextura e em seu desenho arquitetônico, o ideal da unidade fala-gesto, que pertence à forma particular do *drama* e é a ela circunscrito, implica também o tipo ideal do ator. Ele é o homem capaz de realizar em sua fala e interpretação o encadeamento completo da imagística implícita no plano do dramaturgo e do qual o texto é a pista. Três grupos de significados – palavras, voz e gestos – unem-se em sua interpretação de tal modo que sentimos de maneira igualmente forte que o ator submeteu-se perfeitamente à intenção do autor e que o autor concebeu sua peça perfeitamente para a arte do ator. Podemos expressar isso de outro modo dizendo que um bom texto dramático sugere ou mesmo impõe a interpretação adequada, e nessas circunstâncias o excelente ator sabe muito bem que tem oportunidades suficientes para seu talento, sem acrescentar enfeites extravagantes ou pessoais.

Mas é também verdade que dois dos instrumentos do ator, sua voz e seus gestos, podem adquirir grande importância independente. Mímica pode se tornar uma imagística das mais explícitas. Peças dessa natureza, geralmente farsescas e representando cenas da vida quotidiana, eram conhecidas nos antigos teatros grego e romano e a arte da mímica ainda é cultivada hoje, embora em escala restrita. Uma mímica pode ser descrita como um sistema de imagística de gesto que transmite significados dramáticos pré-linguísticos. Esse aspecto da arte do ator pode tornar-se importuno em peças ininterruptas, desenvolvendo-se em oposição com as intenções do autor e dando ao ator proeminência sobre a peça.

A voz não pode alcançar o mesmo grau de independência porque ainda precisa dizer as palavras. Mas, mesmo aqui, somos levados a reconhecer o papel importantíssimo da qualidade do poder vocal do ator na interpretação expressiva. Como dissemos em capítulo anterior, a música da linguagem é a música da voz falando e as palavras mais melífluas podem ser pronunciadas como sons estridentes. As palavras não passam de símbolos abstratos e, para que seja revelado seu pleno significado dramático, precisam ser materializadas no contexto sensorial dos sons vocais nos quais os significados da emoção e do sentimento são por natureza inerentes. Se palavras frívolas são ditas com tristeza, ou vice-versa, um truque cômico comum, reconhecemos imediatamente a discrepância entre expressão vocal e sentido, o que ressalta a expressividade independente da voz. Tal poder pode unir-se à mímica e tornar-se, por sua vez, uma força que contribua para a ruptura da unidade fala-gesto do drama, a não ser, claro, nos casos especiais suja intenção é a paródia ou a comédia.

Por outro lado, nesses fatos temos a razão por que peças banais podem parecer obras teatrais toleráveis ou mesmo bem-sucedidas ou por que personagens de peças perfeitamente medíocres podem tornar-se poéticos quando entregues a um ator de grande imaginação. Em tais casos, reconhecemos que estamos assistindo a uma peça ruim, porém analiticamente registramos o trabalho especializado do ator. Não que ele esteja evidenciando especialmente *sua* arte, a arte da interpretação, pois como já dissemos ele pode fazê-lo perfeitamente e ainda assim servir a Sófocles ou a Shakespeare. Ele está simplesmente salientando uma ou duas características de sua arte, usando seus recursos para compensar a pobreza de outro aspecto. Um papel mal escrito é, assim, melhorado, e um fracasso de imaginação numa forma converte-se num triunfo em outra. Talvez os mesmos poderes de compensação ajudem o processo de transplante de peças, outorgando-lhes mais viabilidade de internacionalização do que a da poesia. Esforços independentes de voz e de interpretação dão vida imaginativa às peças, remindo as deficiências de uma tradução possivelmente prosaica ou defeituosa.[3]

6. ESTILIZAÇÃO DA FALA DRAMÁTICA

Investigar os vários problemas da fala dramática em detalhe requereria um tratado separado, porém um ou dois comentários oriundos das observações anteriores são apropriados a esta altura.

O argumento aqui apresentado enfatiza que a ação é incorporada à linguagem e ao diálogo e o faz tão deliberadamente para contrabalançar um modo usual e impreciso de chamar a "ação" teatral, ou a matéria estranha ao diálogo, a verdadeira alma do drama. Da mesma forma, devemos, para fortalecer nosso argumento, que tal matéria teatral é parte de um contexto mais amplo que inclui o ator com sua fala e seus gestos. Um tiro ou uma pancada não são elementos isolados, são precedidos e seguidos pelo diálogo e pelas exclamações dos participantes. Quando César, na peça de Shakespeare, é assassinado pelos conspiradores, ele tinha falado algo que dá margem para ser acusado de excessiva autoridade e provocação pessoal, e embora exista uma pausa momentânea enquanto ele morre – e qualquer ato de morrer seja de certa forma dramático –, o verdadeiro drama daquele momento é indicado por uma fala, quando Cinna grita:

---

[3] Um aspecto comparável na música é verificado quando execuções excepcionais valorizam músicas triviais, embora o efeito seja mais restrito.

Liberty! freedom! Tiranny is dead!
Run hence, proclaim, cry it about the streets.

[Liberdade! Liberdade! Morreu a tirania!
Correi daqui, proclamai-o, gritai-o pelas ruas.]

Outro exemplo igualmente forte é o do uso de fantasmas por Shakespeare. Nada é tão dramático ou teatral quanto um fantasma, porém apenas se alguém o vê e reage a ele. Um fantasma numa peça não é um fantasma se só for visto pela plateia. Ele é uma extensão dos personagens que o veem, uma parte do contexto de comportamento e de diálogo. Isso é admiravelmente ilustrado pela cena do banquete em *Macbeth*, em que o fantasma de Banquo, "entrando" e sentando-se na cadeira reservada a Macbeth, só é visto por este e sua presença só é depreendida em consequência dos gritos e das interjeições nervosas de Macbeth. Mesmo que a cena seja realizada com um ator efetivamente aparecendo como o fantasma de Banquo, o foco está no que Macbeth faz e diz e não apenas na assombrosa aparição. O fantasma do pai de Hamlet dá prova ainda mais eloquente dessa ideia, ao evoluir de sua mera aparição e sinais misteriosos vistos pelos amigos de seu filho, para sua prolongada comunicação com ele. Esses exemplos ilustram como, em boas composições, os incidentes teatralmente eficazes não são de forma alguma externos, mas partem de um complexo plano dramático essencialmente baseado na fala.

Meu segundo comentário refere-se à *tirade* e à *stichomythia*, duas convenções consagradas respectivamente do teatro francês e do grego. Ambas são exemplo da estilização de formas dramáticas naturais. O ator que diz uma *tirade* reúne argumentos e ideias que justificam seus sentimentos, ações ou desejos em determinada situação e expressa-os com todo o peso sentimental que consegue. Isso acontece na vida real, mas claro que a concentração, a eloquência e a objetivação retórica de uma *tirade* transcendem, em sua habilidade formal, qualquer coisa normalmente resultante de situações reais. Elas concentram, entretanto, os significados de uma situação, por isso intensificam o sentido do drama, uma certa amplidão que enriquece, em lugar de empobrecer, a significação dramática. Tal fala não é coloquial ou tranquila; é, ao mesmo tempo, uma ação e um movimento dentro de uma ação maior. Fracasso, exagero, uso pouco criterioso ou decadência do estilo da *tirade* não deveria nos impedir de reconhecer sua natureza verdadeira, que é essencialmente um modo de falar ao qual a ação se incorpora. Shaw explorou brilhantemente o valor dramático da *tirade* em suas comédias de ideias.

Em contraposição às poderosas e insistentes asseverações da *tirade* situam-se as formas igualmente naturais do impulso e do contraimpulso, no debate afogueado dos antagonistas, ou da tensa busca por informações, dos quais a *stichomythia* é a estilização dentro da estrutura do verso. Como a *tirade*, embora não no mesmo grau, ela se afasta formalmente da realidade, mas apenas para expressar o sentido dramático mais vividamente. Por isso, ambas as convenções ilustram a ideia do dramático, independentemente dos detalhes de qualquer situação dramática em que são usadas.

7. CENÁRIO E DECORAÇÃO

Uma vez que o drama retrata pessoas, ele precisa mostrar também seu *habitat*, os locais nos quais elas devem representam seus destinos. A primeira função do cenário e da decoração do palco, que inclui os figurinos, é figurativa e devemos concebê-los como prolongamento dos personagens. Na medida em que eles também são figurativos, o cenário pertence à imagística da fábula, razão por que a maioria das peças é visualmente situada e vestida em linhas realistas ou históricas, segundo o que for mais indicado, sem que nasçam daí quaisquer dificuldades ou problemas estéticos particulares, a não ser em casos especiais (por exemplo, nos ambientes "pré-históricos" ou "mitológicos", nos quais se desconhecem os detalhes da vestimenta). Mas o cenário e os elementos de decoração também se subordinam à lei da imagística (expressiva e figurativa), o que significa que podem ser feitos para servir, geralmente com força impressionante, os aspectos emocionais e afetivos da peça. O que dissemos anteriormente sobre a simultaneidade das funções figurativa e expressiva é válido também aqui. O exemplo mais sublime de ambientação expressiva é o das cenas da charneca em *Rei Lear*. Aqui, a charneca, tão exposta à fúria dos elementos, é o lugar físico ao qual Lear é levado, em sua privação doméstica, para se tornar um joguete da natureza. Aquele local inóspito e sua tempestade, entretanto, também são utilizados para corresponder simbolicamente aos distúrbios na sociedade e ao desespero e sofrimento de Lear e, ainda mais sutilmente, desafiar seu orgulho moral.[4] As cenas das feiticeiras em *Macbeth* constituem um dos exemplos mais óbvios de uma ambientação na qual a criação de uma atmosfera dramática nasce da própria cena. Outro exemplo é Fausto, em sua sala gótica, que, com seu conteúdo, é considerada por ele uma das coisas que conspiram para intensificar seu mal-estar espiritual e seu sentimento de frustração. Um exemplo de tipo mais requintado é o cenário de *Berenice*, de Racine: "em Roma, em uma sala que fica entre o apartamento de Titus e o de Berenice"; um pequeno espaço cuja localização reflete todo o drama de proximidade e de separação no destino dos dois amantes.

Num cenário realista ou ligado a uma decoração simbólica, figurinos têm papel proeminente de reforçar o significado expressivo, especialmente no que diz respeito à cor. Porém, raramente é possível estabelecer uma linha divisória entre o figurativo e o expressivo. Como cenários ou elementos cênicos, figurinos são ligados a pessoas e, como eles, são pictóricos e emocionais; além disso, são parte de uma ideia ou de um sentimento geral. Servem à história e também à diretiva simbólica da peça como um todo ou a determinadas cenas com seu clima emocional predominante. O figurinista usa vestimentas históricas para o figurativo e arte para o expressivo, considerando tanto as reações psicológicas mais comuns às cores quanto as associações tradicionais de certas cores (verde para mágicos, vermelho para demônios, branco para castidade, etc.).

Como todas as imagens da arte, a imagística do cenário e de outros elementos cênicos pode deslocar a ênfase figurativa e desempenhar funções puramente, ou ao menos predominantemente, expressivas ou simbólicas. É o que

---

[4] A riqueza da evocação poética de Shakespeare faz com que cenários e efeitos realistas sejam muitas vezes mais apropriados do que os simbólicos, resultando em melhor equilíbrio. Certos aspectos da recente produção de *Rei Lear*, com cenários e figurinos do artista japonês Noguchi, evidenciaram isso. A estilizada tempestade na charneca, por exemplo, era um frio jogo intelectual que não conseguia reforçar o drama. O que se torna necessário naquele momento é o sentido mais direto de natureza, uma imagem naturalista clara das forças contra as quais Lear coloca as suas.

acontece, por exemplo, em *Peças para Dançarinos*, de Yeats. *At the Hawk's Well* [Na Fonte do Gavião] começa com os músicos abrindo "um pano preto com desenhos dourados que sugerem um gavião", enquanto um "pano azul, quadrado" representa um poço. A Guarda da Fonte usa um manto preto e, sob ele, um vestido que "sugere um gavião". Ela dança, "movendo-se como um gavião". Os personagens da peça movem-se como marionetes. Nessa técnica Yeats explora imagens de linguagem, de música, de pintura, de dança e de escultura harmoniosamente mescladas num objetivo único de significado emocional. Cenografia utilizada dessa forma também é uma extensão das pessoas, já que representa um drama, mas é tão simbólica quanto eles. Cocteau, em *Orfeu* e especialmente em *A Máquina Infernal*, explora os elementos cênicos e o mobiliário do palco para obter simbolismo dramático, sem os excessos de musicalização de Yeats. A estola de Jocasta, na qual constantemente tropeça e com a qual finalmente se enforca, tem um "papel" de incisivo efeito teatral. O espelho através do qual Orfeu acessa os infernos é também um poderoso símbolo dramático com ecos misteriosos. Essses são apenas alguns exemplos, escolhidos ao acaso, para ilustrar, primeiro, como cena e cenário são extensões dos personagens e, segundo, como sua expressividade simbólica sempre se equipara aos significados dramáticos, que eles intensificam dessa forma.

8. IMAGÍSTICA DRAMÁTICA E SEU PROBLEMA ESPECIAL DE REALISMO FIGURATIVO. DOIS ASPECTOS DA EXPRESSIVIDADE NO DRAMA

A distinção que fizemos anteriormente entre imagens figurativas e imagens-fórmulas expressivas é útil quando nos voltamos à questão de "realismo" no drama. Justificamos o elemento de figuração no fato de que algumas espécies de sentimentos e de ideias da arte são ocasionadas por objetos do mundo exterior e por cenas da natureza e da vida humana, e não para ser separadas deles. Mas tivemos cuidado de destacar a diferença entre imagem figurativa estética, que também é sempre expressiva, e imagem-cópia científica.

Tais distinções nos ajudarão a tratar de forma mais adequada um problema especial que se manifesta em conexão com a forma dramática, o do "realismo" figurativo. Como uma forma que exige representação e imitação, e como atores são pessoas vivas, o drama transmite com grande força um sentido de "realidade" ou de existências reais. Dramas da vida real podem ser sempre utilizados como modelos para o drama, como podem ser vistos nas peças históricas. Entre todos os modismos mutáveis do drama literário, observamos um constante retorno a um tipo elementar de peça (como em O'Neill ou um escritor como Rattigan), feito de emoções e de paixões fortes, como existem na realidade, que nada mais é do que a evidência da forte atração exercida sobre a ilusão realista nessa forma. E quando o drama tenta desenvolver estilos simbólicos ou abstratos, como nos últimos trinta anos, não consegue, como a pintura ou a escultura, trabalhar com formas abstratas rarefeitas, pois continua a ter de usar pessoas que, mesmo até certo ponto despersonalizadas, andam e falam como seres humanos. Assim, a relação entre imagem dramática e vida real oferece dificuldades especiais às quais devemos devotar um comentário especial.

O problema específico que me preocupa pode ser melhor comprovado pelo contraste comum com poesia lírica e narrativa. De forma bem simples, as duas últimas formas são mais maleáveis do ponto de vista subjetivo. Os poetas reflexivos podem escolher livremente, segundo suas escolhas pessoais, as ideias que expressam em seus poemas, e todas as obras da natureza e do homem alimentam sua imaginação em sua busca por palavras e por símbolos. Também os romancistas, embora mais próximos do dramaturgo em virtude do uso da ficção, podem ser igualmente restritivos e subjetivos ao manipular seus personagens principais ou ao desvalorizar o enredo de personagens e de situações em favor de outros aspectos, como descrição de paisagens, de períodos históricos ou de condições sociais, por meditações introspectivas, pelo lirismo e assim por diante. Um dramaturgo, ao contrário, trabalhando com personificação e com atores, é compelido a fazer sua peça viva por seus personagens, não apenas por *um* deles, mas por *todos*. Além do mais, isso se aplica mesmo quando os personagens em questão são ficções de conto de fadas, mito ou fantasia. Na verdade, o drama só pode nascer quando a imaginação funciona de um modo muito especial, evidenciando simpatia por todos os inúmeros, e principalmente conflituosos, aspectos do caráter humano. Pois só assim ela pode criar as *dramatis personae* com interesse e vivacidade e estabelecer as fundações para a dialética do drama, na qual as pessoas reagem umas às outras com todas as situações vindo à tona em consequência disso. O que quer que se diga a respeito da vida, da filosofia, da religião, da moral, do homem ou da natureza e qualquer que seja a sutileza de espírito ou de sentimento a que se proponha o poeta, tem de ser dito nesses termos.

De forma muito generalizada, essa simpatia pode ser chamada de amor da vida humana, da própria vida de cada um, do fato de se estar vivo e tudo o que isso implica e da vida humana como um todo, suas vibrações e sua variedade. Ela infere particularmente um amor da complexidade da natureza humana e uma aceitação de suas contradições, que começam com os mais simples apetites do homem e os conflitos que deles advêm no eu, mas estende-se depois a todas as complexidades da vida moral no indivíduo, o que inevitavelmente envolve os desejos e a vida moral dos outros. Assim, dada essa simpatia inicial pela natureza humana, a vida aparece fatalmente como vasto e contínuo panorama de conflito e de reconciliação, no qual a natureza do homem compartilha prazeres e remorsos. Sobre esse profundo sentido de ligação e de antagonismo com outros, expresso na recriação simpática, funda-se a visão dramática da vida. A ele é que a vida aparece como drama a cada momento e ninguém é bom dramaturgo sem ele.

O que desejo deixar aqui claro aqui é que esse sentido é primordial na criação dramática. Quero dizer que ele precede quaisquer crenças filosóficas ou morais específicas que o dramaturgo possa expressar. Ele torna sua peça e seu meio dramático viáveis, seja qual for a filosofia que o autor proclame como sua ou sejam quais forem as ideias que influenciam sua percepção da vida. Talvez ele possa ser exemplificado na atitude de Ibsen em relação aos admiradores que encaravam sua obra como propaganda desta ou daquela ideia. Ele costumava protestar dizendo que era poeta e não pregador, que estava esclarecendo a vida e não dogmatizando sobre ela, tampouco, podemos acrescentar, escrevendo sobre si mesmo. Essa era a voz do dramaturgo – não do crítico moral – em Ibsen, a falar com simpatia universal a favor dos direitos de todo desejo individual; do dramaturgo que, como Shakespeare, conseguia conceber seus personagens com o autocentramento de pessoas reais, cada um por seu turno dominando o palco como se fosse o centro e a lei da vida. O interesse dramático primordial das peças de Sartre também reside nesse aspecto, derivado brilhante e inevitavelmente do sentido moral existencialista de "les Autres", aqueles "outros" cuja liberdade restringe a nossa própria. Sem dúvida, as peças de Sartre são ilustrações de uma filosofia, mas de uma filosofia dotada do sentido mais agudo a respeito da substância dramática da vida e da sociedade humana. Dramaturgos podem adotar determinados julgamentos morais ou subentendê-los, como sem dúvida fez o próprio Ibsen, porém sua visão é possibilitada por prévia autoidentificação intuitiva com as muitas possíveis variações do caráter humano. O drama sempre contém tal expressão de simpatia universal para com os desejos dos homens e as possibilidades da vida. Você deve amar Iago ou deve tê-lo prefigurado como um desejo dentro de si mesmo para conseguir retratá-lo. Só em virtude de tal simpatia podem as *dramatis personae* adquirir vida na imaginação.

Assim, temos de reconhecer nas condições básicas do drama alguma coisa que o faz e o mantém numa forma altamente "figurativa" e pictoricamente descritiva, do mesmo modo que o retrato ou a paisagem, embora arte, tem de continuar figurativo. Uma peça tem de ser representada, e o dramaturgo deve desaparecer por trás dos personagens, que tomam emprestada uma existência convincente como se fosse "da vida real". Ela é a forma antropomórfica *par excellence* e também inveteradamente humanista no sentido de ser um espelho no qual os homens olham a si mesmos. Sejam quais forem as outras formas que o drama incorpore, por mais alegórico ou simbólico que seja seu método, por mais didático e devotado a uma causa que possa ser, esse aspecto pertence a seu caráter fundamental. Daí, as afiadas críticas que atrai quando se afasta muito de uma base sólida de "personagens" e de situações, nostalgia que aparece infalivelmente quando as formas não realistas são muito proeminentes. E aí reside o sucesso de Bertolt Brecht, cuja verdadeira força não está em suas técnicas aparentemente novas, mas em seu ortodoxo dom dramático de retratar tipos comuns com simplicidade e humanidade. Talvez as pessoas esperem que o drama nunca renegue essa estrutura básica, do mesmo modo que dissemos que a poesia tenderia a modificar um simbolismo excessivo pelo retorno a afirmações proposicionais.

A tendência será sempre apoiada pelo desejo do ator de personificar, por sua vez baseado numa simpatia semelhante com caráter e sua variedade e desejo por autoidentificação com outros em situações humanas interessantes e comoventes. É preciso mencionar a plateia também, que compartilha os mesmos interesses e as mesmas simpatias.

9. TEMAS MORAIS E PSICOLÓGICOS NATURAIS NO DRAMA

Implícita nessa atitude do dramaturgo nato, em sua simpatia generalizada pelos seres humanos e no conhecimento a respeito deles em toda a sua variedade de caráter e de sorte, está uma aguda sensibilidade moral; sem tal discriminação e sem o sentido de qualidade e de nuança na personalidade os seres humanos pareceriam reduzidos a uns poucos tipos físicos simples e grosseiros. O amor que o dramaturgo tem pela vida, por todos os seus impulsos, pela maldade e pela virtude, pela liberdade e por seus exageros e também pela ordem solícita não é de forma alguma divorciado da moralidade; é apenas uma capacidade mais ampla de ter simpatia por todos os lados. Na verdade, seu sentido moral é mais sensível e terno precisamente por causa de seu próprio sentido dos conflitos que nascem das tensões básicas do instinto, da vontade e da paixão. Os efeitos do amor, da implacabilidade egoísta em todas as suas piores formas e do remorso pertencem à compleição da natureza humana, e só em seu alcance e em sua alternância encontra-se o caráter verdadeiro e completo da vida humana em seus significados supraindividuais. A força peculiar do dramaturgo nasce dessa compreensão, que, insistimos, é tão intimamente ligada à personificação e à representação. E ela possibilita toda a complexidade do grande drama no qual o pulsante e explosivo sentido da vida, afirmando-se dinamicamente, faz contraponto com a visão de bondade e de ideal, a reação a todos os valores emocionais e espirituais da vida. O drama é sustentado por estas duas coisas: pela simpatia primitiva com todos os seres humanos e seu direito à existência e à idiossincrasia, o que implicitamente torna toda peça um ato de piedade pela humanidade e pela espécie humana, e pela sensibilidade moral que, provocada pelo conflito entre asserção egoísta e idealismo (a primeira evocando amor próprio e autoindulgência dos homens, o outro, sua dignidade e seu desespero), pronuncia um julgamento geral sobre a condição humana.

Sendo a forma do drama ligada dessa maneira à personificação e à representação, seus temas naturais relacionam-se à psicologia e à moral. Ele é, como toda arte, imagística; não é vivo, mas feito; não é realidade, mas símbolo. Só que as pessoas são parte integrante de sua imagística e onde elas transmitem significados, os que são melhor transmitidos são aqueles que a elas concernem. As imagens do drama só podem ser expressivas se forem primeiro figurativas, por isso só determinadas espécies de expressão podem ser alcançadas por elas. Visões e sentimentos da parte dramática precisam sempre, e de forma muito óbvia, ater-se a seres humanos e seu modo de ser. E quando se estenderem a ideias religiosas ou filosóficas, também serão apresentadas, se a forma não for prejudicada, como aspectos da psicologia e da moral. Assim, embora toda peça interessante inclua uma "meditação", ela tem de ser de tal espécie que possa ficar implícita nas imagens. Ela terá de ser, em resumo, sobre a natureza humana. Pois pessoas, situações e relações são o material com o qual trabalha o dramaturgo e se o consideramos como um indivíduo que medita sobre a vida, sua meditação é particularizada em termos de relações humanas. Um poeta lírico pode meditar sobre suas relações com Deus, com o Universo ou com a natureza. Para o dramaturgo, tais assuntos não são proibidos, mas sua pura e simples apresentação subjetiva é. Eles têm de ser vistos em termos de relações humanas e o que emerge do drama não é a relação do indivíduo com um deus, um ideal ou uma ideia, mas a relações da comunidade com essas coisas, porque uma peça tem de ser sempre um pronunciamento a respeito das relações entre os homens. Eliot se mostra cônscio disso quando fala sobre o "drama humano" dentro do "drama divino" e o que em geral observamos nas peças religiosas, que frequentemente tratam de martírio (*Polyeucte*), de tentação (O *Assassinato na Catedral*), de milagres (*L'Annonce faite à Marie*) ou de histórias bíblicas, é que se baseiam não na ideia ou no sentimento de um indivíduo sobre Deus ou numa experiência mística de Deus, mas na intervenção de Deus na comunidade humana. Elas invariavelmente tratam do significado da religião nas relações sociais. Mesmo uma obra como

Le Partage de Midi, de Claudel, que trata sobre o sentido da vocação religiosa humana, só é uma peça porque o personagem principal sofre o mais doloroso conflito entre o amor sagrado e o profano. É a relação com outra pessoa que ocasiona o drama. E o mesmo se pode dizer de sua obra *O Refém*, exemplo ainda melhor sobre a necessidade do "drama humano". Sygne, o personagem principal, aceita o dever que lhe é imposto pelos padres, que interpretam a vontade e os desígnios de Deus para ela, embora o considere tão ultrajante que sua fé é posta em xeque. Assim, o problema existe entre Sygne e Deus, mas o dever e o drama pertencem à vida terrena e à sociedade humana, envolvendo-a no amor e na quebra de confiança com seu primo Georges e no humilhante casamento com seu inimigo comum, Toussaint, filho de um empregado da família, um arrivista da era pós-Revolução.

Nessa peculiaridade, o caráter natural do drama, a ideia do poeta, sua visão, seu sentimento, sua "meditação" e seu motivo particular de expressão estão sempre indissociavelmente entrelaçados com o retrato da vida e a ilusão da realidade. O escritor dramático precisa usar imagens que, pela natureza do meio, sejam próximas da vida, e assim ele é compelido a buscar sempre a situação, o acontecimento, a complicação, a pessoa e o detalhe que formem o eixo da penetração moral, da iluminação psicológica ou de sua reação emocional à vida. Assim, o retrato da vida e a declaração do poeta são concêntricos. A história em si é convincente simplesmente como retrato de pessoas e de acontecimentos, mas, além disso, ela foi tão apreendida e construída que está impregnada com o simbolismo dos significados do próprio poeta. O ponto no qual percebemos mais facilmente o funcionamento dessa concentricidade é geralmente o protagonista. Em peças como *Hamlet* ou *Otelo* o material é organizado em torno de uma pessoa central, que aparece como único centro, primeiro, de um retrato ilusório da vida e, segundo, de uma meditação sobre a vida. A melhor arte dramática aparece quando tal concentricidade é perfeita e, consequentemente, duplamente convincente. Se aceitamos a ideia de que *Hamlet* é uma meditação sobre a corrupção, é porque tal ideia se manifesta nos termos particulares do enredo e dos personagens que tornam *Hamlet* uma peça. Eles são a base indispensável à ideia da corrupção e a vida à qual a corrupção é inerente. É necessário mostrá-los para mostrar a corrupção. O próprio Hamlet é o foco e a consciência dessa vida. Do mesmo modo, Otelo e Iago são polos magnéticos para ideias e sentimentos sobre nobreza, ciúme e dissimulação. O quinto ato de *The Duchess of Malfi* mostra o mais vigoroso aspecto moral na construção dramática, enquanto exemplos de concentricidade de moderno drama em prosa estão nas peças bem concebidas de Gabriel Marcel (*La Chapelle Ardente; Un Homme de Dieu*).

Assim, nas condições naturais da forma dramática os significados do autor, tudo aquilo que resumimos nas palavras "visão" ou "meditação", devem estar implícitos numa situação convincente. Ou para dizer isso de modo ainda mais veemente, quando as situações são vistas com a mais aguda das sensibilidades e a mais viva das imaginações, de modo que forneçam completo detalhe e transparência em relação a sentimentos e a valores humanos, então a imagem contém a ideia meditada, a ficção é a metáfora e a ilusão é o símbolo. A conquista desse ajuste perfeito no desenrolar de uma peça é o sinal da obra-prima. As falhas que inevitavelmente acompanham a natureza da tarefa estão relacionadas ao fato de as sentenças e os epigramas, naturais à atmosfera moral do drama, serem emperrados e inábeis, e de o discurso moralizador também ser introduzido muito obviamente, prejudicando a tessitura. A fala de Tecnicus a Orgilus sobre a honra, em *The Broken Heart*, de Ford (III, i), ilustra esse ponto.

O período que mostra o desenrolar mais perfeito desse aspecto natural da arte dramática, no qual a expressão poética só é atingida com a completa ilusão da realidade pessoal, é o do final do século XVI e começo do século XVII na Inglaterra, na Espanha e na França, quando uma série de circunstâncias foram particularmente propícias à forma. Não é necessário enumerá-las detalhadamente, mas certamente a ascenção do drama refletiu a liberação geral da sociedade e da cultura medievais por seu sentido implícito da importância da personalidade individual, dos impulsos do homem natural (manifestado em formas heroicas ou diabólicas) e de sua noção do conflito entre homem natural ou pagão e a tradição ética derivada da religião ortodoxa. O drama anterior havia sido didático, construído principalmente de alegorias religiosas e de farsas moralizantes que serviam aos objetivos da Igreja. O novo desenvolvimento transformou o drama numa compreensiva expressão humana dos píncaros e das profundezas do comportamento humano, e ele nunca mais se igualou a essa asseveração de seu caráter natural atingida na Renascença. Shakespeare destacou-se nesse período por comandar a mais ampla gama de psicologia e de situação. Desde o século XVIII virou lugar-comum dizer que em seu poder para criar personagens vivos, Shakespeare é tão "universal" quanto a própria natureza. Mas tal poder não pode ser separado de seu senso da situação, pois só ela revela o caráter. O que é realmente surpreendente em Shakespeare é sua capacidade para conceber a forma dramática de uma série aparentemente sem fim de situações humanas e dos dilemas morais que delas nascem, desde a mais transcendental e trágica à mais cômica ou despreocupada. Desse ponto de vista, é Shakespeare como um todo, e não as partes, que nos ensina o que ele e o drama são; e nosso objetivo atual é ver todas as peças separadas, inclusive as de Shakespeare, no contexto total do drama, como forma imaginativa. Nele, vemos perfeitamente como pensamento, comentário e ideia poética são simplesmente a amplificação adequada da situação (embora estejamos falando de maneira geral, claro, e admitamos que em algumas peças, como *Troilo e Créssida* e *Medida por Medida*, haja problemas particulares que concernem precisamente essas relações). Todas as grandes falas sobre temas dados, como a de Ricardo II sobre a monarquia, a de Portia sobre misericórdia, a de Macbeth sobre culpa, a de Hamlet sobre suicídio, e todas as frases, epigramas e observações gerais sobre a vida estão integrados num contexto, num enredo. O pensamento filosófico que emana das peças sempre nos conduz de volta a ele e a força poética não é algo adicionado à peça, mas liberado pelo contexto, possibilitado pela forma dramática preexistente.

Ao mostrar tantos esquemas de retratação de superfície e de simbolismo implícito perfeitamente fundidos, Shakespeare é, paradoxalmente, o melhor critério do que a forma dramática pode alcançar e um obstáculo na avaliação de outros autores, que são diminuídos pela comparação, mas que, por outro lado, por serem maioria, representam aquilo que normalmente podemos esperar: normalmente uma gama mais limitada de temas. Com a maioria dos autores o retrato da vida pode ser bastante convincente em nível da história, mas observamos o mesmo tema, ou um pequeno grupo de temas, recorrente numa sucessão de peças, das quais obtemos as pistas para interpretar cada obra em separado e esclarecer a natureza de sua imagística. Em outras palavras, repetições e variações de aspectos básicos determina "o desenho no carpete", deixando claro que, primeiro, existe realmente uma figura nele e, segundo, o que é. Embora não necessariamente, às vezes tais figuras dominantes mostram os autores em sintonia com os interesses e com os sentimentos característicos de sua época. Os heróis de Marlowe exibem grandeza renascentista, heroísmo, exuberância, esplendor sensual, realização, orgulho e excesso. O tema onipresente de Corneille concerne à consciência e à força de vontade do homem honrado. Repetidamente, Racine deriva tragédia das paixões exacerbadas de homens e de mulheres apaixonados ou em buscam do poder. Schiller é atraído pelo destino de personagens históricos nos quais entrevê conflitos entre dever e paixão, entre idealismo moral e desejo egoísta. Ibsen examina a personalidade livre ou o herói corrupto. Shaw constrói suas peças em torno desta ou daquela encarnação do herói shaviano e Eliot o faz em torno do mártir que escolhe. Esses são apenas alguns exemplos da regra comum de que, na maioria das peças, um simbolismo orientador é mesclado à tessitura central, geralmente por intermédio do protagonista, e constitui um acréscimo e uma modificação do nível básico de retrato da vida do drama. Ibsen nos oferece o melhor exemplo de um dramaturgo que, tendo belo controle da variedade psicológica, combina grande força de criação de personagens e consequente qualidade figurativa com um tema incisivo transmitido por intermédio dos personagens principais de várias peças.

No século XX o novo conhecimento da psicologia e a ideia do inconsciente alteraram completamente o conceito de personalidade e de caráter, com consequências da maior importância ao drama. Um desenvolvimento gradativo pode ser observado desde as últimas peças de Ibsen, nas de Strindberg e nas mais desagradáveis de Wedekind até as análises intelectuais de Pirandello, a atitude psicanalítica sintomática porém um tanto diluída de Lenormand, a fantasia surrealista e o realismo simbólico de Cocteau e as neuroses existencialistas de Anouilh. Nessa sequência, observamos como uma nova espécie de drama deriva-se da exploração das pessoas, e não apenas de confrontos entre elas, ou de um dilema consciente de alguém diante de questões de conduta. No início da série, personagens como Rebecca West, Hedda Gabler, Borkman e Rubeck, o escultor de *Quando os Mortos Despertam*, são concebidos com uma sutileza imaginativa dedicada, primeiramente, a uma análise psicológica pessimista que desloca o otimismo moral do período anterior, militante, de Ibsen. São pessoas nas quais ações e circunstâncias exteriores não correspondem ao desejo interior, que nunca chegam a descobrir sua verdadeira natureza ou fazem-no tarde demais, ou então descobrem um "eu" indesejável sob a aparência social consciente. Em Ibsen, no entanto, tais análises são apresentadas ainda em termos de realismo e com o caráter ético anterior, embora com uso significativo de símbolos ou de motivos simbólicos para sugerir a afluência da vida inconsciente da vontade. Por outro lado, Lenormand e Cocteau representam a sofisticação pós-freudiana de forma positiva e negativa. O primeiro, aplicando deliberadamente a psicanálise, embora de maneira canhestra e confusa, gira suas peças (como *À l'Ombre du Mal* ou *Le Mangeur de Rêves*) em torno da revelação de desejos inconscientes como o clímax de acontecimentos e dos comportamentos impenetráveis, mistificadores e pecaminosos segundo os velhos e simples critérios morais de certo e de errado. Cocteau, no entanto, com imaginação mais requintada e maleável, apega-se ao esquema dos símbolos no gesto, na ação, no sonho e nos objetos circunjacentes, tornando-o a própria estrutura de sua peça, de modo que tudo, inclusive a superfície, é símbolo, e o inconsciente transparece através das aparências sensoriais. Assim, combinando a sofisticação psicológica com um senso poético de uma imagística teatral prenhe ele exterioriza o mundo interior do desejo nas fantasias de mitos, como *Orfeu* e *A Máquina Infernal*, ou no realismo simbólico do romance e do filme *As Crianças Terríveis* e da peça *Os Pais Terríveis*, que também desenvolvem a qualidade do mito. Nesse tipo de composição dramática continua a longa tradição do esclarecimento psicológico no drama, embora transformada segundo o conhecimento e o ponto de vista modernos. Aqui, há uma concepção muito diversa da personalidade, do que uma "pessoa" é, e há também uma aguda apreensão do mundo condicionador do inconsciente que existe por trás do mundo ilusório das ações; entretanto, as pessoas e suas ações e seus sofrimentos são o interesse central. Mas, acima de tudo, o movimento poético livre atrai o espectador à esfera de um ritual trágico, no qual, passando além das aparências, ele fica em contato com as forças que existem na "pessoa", mas são incontroláveis. Tais forças criam as "pessoas", suas ações e seu destino. Dessa forma, o drama deriva-se novamente não dos conflitos morais externos ou sociais, mas das profundezas da paixão, do apetite e do inconsciente.

Na tradição mais antiga, a imagística do retrato da vida e o simbolismo implícito no personagem principal estão em harmoniosa aliança. O simbolismo é eficaz sem ser intrusivo. Em outras palavras, os significados literais e simbólicos aproximam-se sem negação ou restrição mútua. Às vezes, porém, símbolos podem ser acentuados, reduzindo a capacidade de persuasão imediata do elemento pictórico ou literal, embora sem, necessariamente, falsificar a verdade geral da visão. As peças de Heinrich von Kleist, vívidas ilustrações desse ponto, mostram formas distorcidas no enredo e nos personagens que destroem a validade literal e salientam a expressão simbólica, produzindo – e é aqui que a ideia tem sua gênese – o "expressionismo". As ações e os conflitos dos enredos de Kleist tendem ao extremo, as pessoas comportam-se com a máxima irracionalidade, compelidas por transes ou por estados mentais parecidos, por sonhos e por oposições de paixões violentas, particularmente as alternâncias de amor e de ódio, de modo a parecerem "anormais". Elas são, no entanto, pessoas, e o melhor modo de interpretá-las é como símbolos acentuados de tendências psicológicas na natureza humana em geral. A distorção não é uma inverdade ou uma imprecisão (provavelmente Kleist acreditava firmemente na realidade objetiva de seus personagens), mas uma questão de iluminação parcial, um modo de dar contorno especial a certos aspectos analisados do comportamento. É uma distorção não de um indivíduo considerado como um "caso" (exemplo puro de um tipo patológico), mas do âmbito e da variedade mais normais da personalidade. Os heróis e heroínas kleistianos são admissões dos conflitos pessoais de Kleist, de modo que seu simbolismo é forte, porém restrito. Eles colocam seu drama próximo à imagem de sonho que fica aquém da melhor arte por ser próxima demais do sonho *natural*. Muita coisa em Kleist é documentária no sentido de ser um depoimento do sonho, do transe ou do inconsciente, insuficientemente integrado, como requer a arte numa visão controlada e numa ideia dominante. É só no *Prinz Friedrich von Homburg* que a linguagem kleistiana da vítima perseguida cede lugar a uma visão mais ampla que reconhece os valores de um mundo social e extrapessoal.

A arte dramática nem sempre se limitou ao que chamei neste capítulo de forma "natural", isto é, à imagem que convence igualmente em dois sentidos, o de um retrato dramático da vida e o de um símbolo da interpretação de um autor. Ela explora a alegoria, a forma franca e ousadamente simbólica, o expressionismo, a ressurreição de mitos, modos que estabelecem (e serão examinados mais tarde) relações muito diferentes entre o mundo real e o objetivo expressivo do autor (tal como esse é encarnado em seu quadro dramático). Algumas das formas experimentadas, veremos, levam o drama aos limites daquilo que ele pode legitimamente fazer, até onde ideias ou sentimentos particulares do autor são mais importantes para ele do que seu respeito pelas pessoas e pela ideia e a necessidade das *dramatis personae*. O drama, então, esfacela-se, não consegue dominar o palco e, como resultado, o público fica atônito ou aborrecido.

Para concluir esta seção, repetimos que a base de uma peça são a personificação e a interpretação. Isso exige simpatias humanas específicas compartilhadas pelo autor, pelos atores e pelo público, o que impõe naturalmente firme fidelidade à representação de pessoas e, por isso, a aparências semelhantes às da vida, à determinada espécie de objetividade, uma intimidade próxima com o "homem em geral". Essas são as condições que o dramaturgo tem de aceitar. O que ele quer dizer, sua própria mensagem, a visão que é sua e de mais ninguém; para isso ele varia a forma do drama, porém sem alterar suas condições iniciais.

Assim, estamos sempre cônscios de dois aspectos da expressividade no drama. Existe o primeiro nível de ilusão, de ficção, da história que pode ser verdadeira sobre pessoas que se parecem conosco ou com nossos vizinhos. Tais ficções são figurativas e não invenção pura, mas não são cópias da realidade nem registros de acontecimentos históricos. Sua relação com a "realidade" não é a de uma imagem-cópia científica, mas a de uma fidelidade geral à natureza que é persuasiva e convincente. "Isso podia ser verdade" é o lema silencioso da obra e seu pressuposto. A proximidade da verdade e da realidade nesse sentido pertence à qualidade expressiva, que aqui não é apenas o resultado de um indivíduo a pronunciar sua mensagem, mas de um número de fatores socialmente compartilhados. Simpatia por pessoas, curiosidade pelos assuntos humanos e pelos caminhos tortuosos do destino, impulso para compartilhar uma vida maior do que a sua, identificar-se com outros, desejo de imitar, de copiar por mímica, de recapitular e de personificar e o desejo irreprimível de esclarecer e de iluminar o que normalmente é apenas meio compreendido no fluxo da sensação e da atividade – tudo isso, sentido pelos autores, pela plateia e pelos atores ajuda a fazer do drama um espetáculo e um ritual, uma execução e uma arte. Nesse aspecto de sua expressividade a voz do autor mistura-se à da comunidade.

No outro aspecto é apenas o autor que fala. Escritores dramáticos, como os outros, têm sua visão, sua sensibilidade e conflitos e filosofias diversos, que se expressam numa nova variação da forma dramática, no tema e no simbolismo implícito, fazendo sempre da peça o poema de seu autor. Tal ideia não precisa ser ampliada, pois é lugar-comum hoje em dia. O que não é comumente aceito é o poder da expressividade básica implícita na forma como tal, em sua própria existência e continuidade.

10. DRAMA E COMUNIDADE; TIPOS NATURAIS DE DRAMA

A esta altura, convém comentar rapidamente as relações sociais do drama, porque elas também têm alguma influência sobre seus assuntos e suas formas. Ele depende muito de uma relação íntima com a sociedade para ter vitalidade. Uma de suas maiores glórias é a de ser sempre, em grau altíssimo, o produto da comunidade, não apenas de forma ulterior ou indireta, que se aplica a todas as artes, mas no sentido óbvio de reunir pessoas – homens e mulheres, velhos e jovens – e por algumas horas prendê-las ao seu encantamento numa emoção que a todos engloba. Os momentos nos quais, pelo poder de um poeta que fala por muitos, uma plateia repentinamente se sente una, quando deixa de ser um conglomerado de indivíduos e de apetites independentes para tornar-se simplesmente uma humanidade envolvida por uma visão humana, são uma conquista social peculiar dessa arte. Forma alguma alcança tal grau de poder comunitário, à exceção das cerimônias religiosas. Por isso, sem dúvida, religião e drama caminharam tantas vezes juntos e ainda o fazem.

Em meio aos detalhes mais complexos da análise estética, é bom pronunciar uma verdade simples. O drama tem de ser uma de duas coisas: ou cômico ou intensamente comovente. Toda engenhosidade e prodigalidade da arte, do espetáculo, da "poesia", de ideias ou de problemas é inútil se a peça não conseguir tocar uma dessas notas, enquanto por outro lado eles não farão falta na mais simples e pobre das peças que o tenha feito. É irrelevante salientar novamente a ligação entre o mundo de uma peça e o mundo da experiência "real". Uma peça é uma obra de arte e tem sua integridade, mas depende de um apelo à experiência geral por meio do qual podemos concebê-la como de fato nascendo da experiência humana e falando alguma coisa sobre ela. Nada tão enganoso quanto o dogma, tão em moda, das "palavras na página", frase de qualquer modo esquisita de se usar em relação ao drama, em que as palavras estão no ar e são apenas um elemento. Podemos escolher praticamente qualquer peça de Shakespeare, dos gregos ou de Racine (na verdade, qualquer peça boa) e enunciarmos de forma simples e resumida a sua "história", e verificaremos que é comovente, mesmo em seu mais simples esboço. Nenhum dramaturgo jamais alcançou sucesso sem esse núcleo sólido de realidade humana essencial, essa ficção que poderia ser fato e que, se o fosse, nos comoveria. O drama jamais alcança o público ou transforma e transcende seu *habitat* artificial, o palco, a não ser que provoque emoções profundas e fortes ou, como alternativa, que evoque o espírito da comédia, que também é de caráter social e simplesmente humano. Tais exigências imperiosas da forma explicam a popularidade das cenas de loucura, de morte, de enterros, de procissões, de cerimônias de várias naturezas, de cenas de amor, de bebedeira, de julgamentos e de situações-padrão de conflitos especialmente patéticos (pai e filho, marido e mulher, mãe e filha, irmãos e assim por diante). Todos são chavões, porém alardeiam o estofo do teatro e do drama e são passíveis de eterna revitalização. O uso do termo "drama" como categoria descritiva nos anúncios de teatro e cinema, para obras com enredos cheios de cenas emocionais fortes e apaixonantes, também é um sintoma dos efeitos básicos nos quais o drama está enraizado.

Esses fatos simples influenciaram profundamente o desenvolvimento do drama, que tende a se encaixar em tipos bem marcados. Quatro deles, em particular, podem ser claramente distinguidos por ocorrerem persistentemente através dos séculos e nas mais diversas culturas: tragédia, comédia, romance e alegoria, termo que usamos para englobar todo o drama didático. Um quinto talvez pudesse ser acrescido: a peça histórica tomada como "narrativa dramatizada", embora nas mãos de Shakespeare não constitua um tipo separado, mas antes uma amálgama de dois ou mais dos outros. É altamente significativo que todos estejam representados na obra de Shakespeare.

O vigor desses tipos naturais emana da poderosa conjunção de vários fatores, alguns estéticos, alguns sociais. O sentido do que é trágico ou cômico, o sentido do romance e a tendência à catequese repousam em sentimentos ou em crenças comuns. Não existem num mundo inteiramente privado e aparecem apenas em contextos sociais. Situações trágicas e cômicas ocorrem nas relações entre seres humanos ou dependem de julgamentos ligados a valores humanos, e humano quer dizer sociedade. Além do mais, são utilizadas para descrever situações reais antes de denotarem categorias estéticas. "Romance" e "alegoria" podem ser incluídos entre os tipos naturais porque também têm apelo social bem definido. O primeiro, que normalmente toma a forma de alguma comovente história de amor, de heroísmo ou de aventura bem-sucedida, expressa desejos universais que são saudados e reafirmados como tais pela emoção participativa da plateia teatral. A alegoria surgiu das emoções da religião. Nos mistérios, nos milagres e nas moralidades, nos dramas barroco e jesuíta e em formas dramáticas religiosas mais tardias, ela tem longa história como modo de focalizar as emoções em ideias ou símbolos espiritualmente edificantes, que fortalecem tanto o sentido real de comunidade quanto o místico.

Dois fatores socioestéticos muito poderosos contribuíram especialmente à vitalidade persistente desses tipos. O primeiro concerne à tragédia e à comédia. Tragédia envolve acontecimentos considerados terríveis e catastróficos, bem como inesperados e muitas vezes de rápida evolução, sendo dramática por natureza. Da mesma forma, um elemento de surpresa dramática é sempre inerente a situações cômicas. Porém, o trágico e o cômico, "vistos" sempre em ligação a pessoas, consequentemente têm forte impacto como significado e como algo sensorialmente vivenciado. Não podemos vivenciar catástrofes ou incidentes cômicos sem um sentido preciso deles. Quando estamos diante dele, podemos reconhecê-lo. Ele tem significado em si mesmo como fenômeno ao ser catastrófico ou cômico. Nossa reação à situação, com seu significado, é imediata. Tal força de impacto na mente e nos sentidos é da essência do drama. Assim, embora o trágico e o cômico como categorias possam transcender o drama como uma forma de arte, são naturalmente aliados a ele, com aspectos sociais e estéticos a se reforçarem mutuamente.

O segundo fator é a singularidade de efeito ou a unidade de tom, que todos os tipos mencionados criam com um objetivo certo. Isso sem dúvida poderia ser visto como um aspecto de qualquer tipo de obras de arte. No teatro, onde é preciso considerar a reação de uma plateia numerosa, é essencial estabelecer a nota certa e manter a plateia a ela sintonizada. Dessa forma, a peça é compreendida, o mesmo clima emocional envolve atores e público e o espetáculo adquire certo tom de ritual em virtude da participação implícita da comunidade na peça. Quando uma peça falha nesse aspecto o público fica perdido; à perda da unidade social segue-se a da unidade estética.

Dentro de suas características predominantes cada tipo de peça certamente pode recorrer a uma série de sentimentos; singularidade de tom não significa repetição ou uniformidade monótona, o que é especialmente verdadeiro na tragédia. Nela, somos afetados pelos aspectos dramáticos exteriores, a violência e o suspense nos acontecimentos. Descobrimos que nossos sentimentos morais e nossa capacidade de julgamento entram em jogo. Sempre há um elemento metafísico presente, já que os acontecimentos mostram os homens influenciados por forças fora de seu controle, pelo destino ou "pelos deuses". E uma vez que vida e morte estão envolvidas, heroísmo e fracasso, sucesso e ruína, bons e maus impulsos, os mais comuns medos e emoções do homem são evocados. Não é um nem outro desses elementos, porém todos eles que dão origem à nossa profunda comoção, pois reverberam através das profundezas da vida dos indivíduos e de toda a comunidade. E todos eles, familiares num esquema recorrente, criam o tom claro e uniforme. Na comédia, o apelo é para outras faculdades, com gama diversa de correntes emocionais, porém os efeitos são tão imediatos e condicionantes quanto os da tragédia.

Essas formas permanentes do drama são naturais e orgânicas porque pertencem à sua natureza profundamente participativa e baseiam-se em importantes aspectos gerais da experiência. Referimo-nos aqui não só à significação de culto de algumas formas do drama ligadas a determinadas religiões, mas principalmente ao componente de ritual inerente a todo drama em virtude de nele se reunirem os aspectos considerados. Podemos dizer que cada um dos quatro tipos indicados tem seu próprio colorido ritualístico: tragédia é um ritual de piedade, comédia é um ritual da razão e da moderação, romance é um ritual de otimismo e alegoria é um ritual de fé. E falamos de ritual porque todo espetáculo dramático impõe uma aquiescência do público-comunidade, que, por sua presença e sua participação, reafirma os impulsos profundamente humanos e sociais que encontram sua expressão nessa forma. Sofrimento e mal, irracionalidade e absurdo, aspiração e desejo encantado, verdade e fé, cada um deles influencia consideravelmente determinado tido de drama.[5]

Salientando assim algumas formas dominantes do drama, não desejo, naturalmente, negligenciar os inúmeros tipos e combinações que a história da arte mostra, mas apenas esclarecer o que parecem ser tendências essenciais do drama em relação às condições de sua existência. A simplicidade dos tipos básicos foi sobreposta ou complicada inúmeras vezes, porém sentimos sua presença, bem como as correntes subjacentes de ritual, onde quer que o drama e sua apresentação são vitais e bem-sucedidos. Creio que o mesmo se aplica a peças de categoria mediana, como as de Terence Rattigan. Ele capta plenamente a atitude em relação à vida e à moralidade da classe média inglesa em sua fase contemporânea e, assim, solidamente baseado no convencional, está em perfeita sintonia com determinada plateia, que ajuda suas peças a se tornarem sucesso. Esse é o lado ritualístico e participativo do teatro funcionando num modo inteiramente secular e sem grande arte.

Indubitavelmente, cada vez mais a tendência do último século ou mais é no sentido do desaparecimento do tipo puro. Dramaturgos do século XX não nos dizem mais que suas peças são "tragédia" ou "comédia". Na melhor das hipóteses,

---

[5] Cf. a referência aos antigos autores do drama sânscrito e suas teorias sobre as principais "impressões" causadas pelo drama, em A. Nicoll, *The Theory of Drama*, p. 57.

pode ser *"une pièce rose"* ou, mais provavelmente, *"noire"*. Tampouco nos dizem que suas peças são alegorias ou parábolas, mas isso é o que uma boa parte das peças é desde Ibsen. Essa é a ligação comum entre peças com problemática social, as "parábolas" de Shaw, o expressionismo de Kaiser, os ensaios metafísicos de Pirandello, as adaptações livres de mito de Giraudoux, as parábolas existencialistas de Sartre, a franca reconstituição da alegoria religiosa de Hofmannsthal e as peças sociais de Brecht, para mencionar apenas alguns exemplos mais proeminentes. O didatismo pode, claro, ser enxertado em qualquer dos tipos básicos. É o que vemos nas comédias de Shaw e de Pirandello, por exemplo, enquanto em Giraudoux pode estar na tragédia (*Électre*), na comédia (*Amphitryon 38*) ou no romance sardônico (*La Folie de Chaillot*). Na verdade, é provável que o drama didático só faça sucesso se vitalizado por esse enxerto.

Diz-se muito frequentemente que a plateia do cinema moderno, ao contrário da do teatro, é heterogênea, atomizada e passiva. Ainda assim, podemos perceber nesse contexto que os tipos principais do drama tendem a reconstituir-se no filme, tanto na arte como no entretenimento. Sob o rótulo de tragédia podemos incluir o tipo comum de "drama humano", uma espécie de paratragédia, drama emocional forte potencialmente trágico; e se acrescentamos comédia, romance e história (filmes de "época"), fica coberta uma boa percentagem da produção cinematográfica. Essa evidência enfatiza os poderosos fatores sociais envolvidos na vida real e sendo uma forma teatral.

11. ENREDO CONSIDERADO COMO IMAGÍSTICA

Uma vez estabelecida a importância, para a arte dramática, da ilusão do retrato da vida e do contexto social, devemos agora tratar da elucidação de sua variada tessitura de imagens, observando todo o âmbito de sua imagística metafórica e de seu simbolismo. De início, convém olharmos mais detalhadamente para os usos do enredo e dos personagens.

Como dissemos anteriormente, determinadas ações das pessoas ao reagirem em relação às outras, produzindo uma série de situações mais complicadas por acontecimentos impessoais, fornecem o modelo na vida aos "enredos" do drama. O dicionário define enredo como "a série de incidentes, situações, etc. inventada por um escritor, sobre a qual ele constrói a peça ou a história, especialmente séries de complicações em tal obra resolvidas ou explicadas por um *dénouement*". Na prática, em todo o campo da composição dramática, a construção de enredo é uma pequena arte em si, executada indiferentemente por alguns e muito cuidadosamente por outros, cada pequeno elo da cadeia de acontecimentos sendo escrupulosamente elaborado e tornado convincente. Tais diferenças tornam-nos conscientes de uma abstração, o conceito do enredo, como um aspecto independente que pode ser manipulado com mais ou menos habilidade. Alguns dramaturgos desenvolvem tal característica, conforme um artifício de seu talento, de forma inteiramente desproporcional e acabam com algo inteiramente artificial e divorciado de toda a probabilidade ou estereotipado, segundo algumas fórmulas largamente experimentadas, como no caso de Scribe e as *pièces bien faites* do fim do século XIX, o que desmoraliza a ideia de um bom enredo. Outros autores consideram a construção de um enredo tarefa enfadonha e minimizam tal aspecto de seu trabalho como uma questão "técnica" ou "mecânica", menos importante do que as ideias ou as emoções que desejam expressar. Tal impaciência ou é irritação efêmera ou o resultado de uma deficiência real, pois a essência da questão é que o drama baseia-se em relações entre pessoas e não em suas meditações introspectivas ou numa "mensagem" separada do autor. Quem escolhe o drama como sua forma tem de aceitar sua evocação da vida, com as consequentes obrigações.

Para o ponto de vista deste ensaio, um enredo é parte de uma intertessitura de imagística e de palavras; funcionalmente, pertence à visão a ser expressada e, esteticamente falando, não existe em separado. Toda construção de enredo, na melhor arte dramática, é uma manipulação de significados, e, nesse aspecto, caminha de mãos dadas com as pessoas. Que pessoas, que situações, que percalços, que sortes e que azares e que concatenação de todos esses, diz o dramaturgo, consciente ou inconscientemente, encarna minhas ideias e meus sentimentos? Mesmo um simples manual de dramaturgia exortará o principiante a ter alguma ideia em mente para sua peça. É essa a base da concentricidade que observamos em boas peças. Elas denotam uma união harmoniosa do retrato primário da vida como drama com o tema e o simbolismo do próprio dramaturgo. Desse modo, satisfazem tanto nosso desejo por um espetáculo dramático quanto por uma visão particular do autor. Satisfazem também, independentemente do assunto em si, uma resposta profundamente arraigada à forma do drama, atendendo nossas ânsias ritualísticas por esse tipo de arte ou de revivência, bem como nosso interesse numa interpretação ou visão original da vida. O "enredo" tem assim dois aspectos: um conceito de construção dramática e um instrumento de indicação da visão ou do significado. Por produzir uma evocação convincente da vida e do tipo de concentração que reconhecemos como "dramática", serve à expressividade primordial de todo drama como arte, enquanto, por um contraponto estrutural, cria um simbolismo aos significados e aos sentimentos do autor.

São as exigências da expressividade geral da forma que dão lugar a certos princípios gerais de construção e, mais estritamente, a "regras", como as notórias Três Unidades. Dentre os primeiros, vêm as exigências de que as cenas iniciais devem conter uma exposição, que deve ser seguida por complicações que, por sua vez, conduzem a um clímax, melhor colocado ligeiramente depois do meio da peça, no final do terceiro ato – se houver cinco atos – e no final do segundo – quando houver três. Tais exigências são naturais e a maioria dos dramaturgos obedece ou tenta obedecê-las. Na mesma categoria vem também a técnica de escrever bem "para teatro", adquirida pela experiência.

As três unidades são um exemplo de regras restritivas enunciadas em certo período e dentro de determinado clima de preferências. Na história do drama e na da teoria crítica elas criaram enormes confusões, que não temos necessidade de aumentar aqui. Mas devemos admitir que foram concepções muito importantes, inicialmente nascidas de profundas intuições sobre a natureza da visão dramática e da forma natural do drama, que descrevemos anteriormente. São inteiramente explicáveis como condições que ajudam a tornar convincentes a ilusão de vida e a forma concentrada, evitando qualquer prolixidade, como na narrativa, que prejudique a sequência natural das cenas numa tensão sustentada. Até aqui, poderiam ser consideradas naturais e razoáveis, essencialmente adequadas à sociedade e ao público franceses do século XVII, com seu sentido altamente desenvolvido do homem moral e social e da racionalidade. Aplicadas com rigor absoluto, deixaram de ser razoáveis e degeneraram num mecanismo estultificante.

A atitude tomada por Corneille em relação a *"les règles"*, além de evidenciar notável bom-senso, ilustra muito bem a ambivalência dos termos "enredo" e "regras". Ambos estão ancorados na natureza da forma, dando-lhe um conjunto de "convenções básicas", codificando os princípios com melhores probabilidades para assegurar os poderosos efeitos peculiares a ela; porém, se aplicados muito rigidamente como dogma exclusivo, impedem outros modos de expressividade que acrescentariam vivacidade e variedade à forma, ampliando suas possibilidades. Tais oposições podem ser percebidas nos *Examens*, de Corneille, como na abertura do *Examen du Cid*:

> Esse poema tem tantas vantagens relativas ao sujeito e aos pensamentos brilhantes que o semeiam, que a maioria de seus espectadores não quis ver os defeitos de sua conduta e deixou de lado o seu parecer em favor do prazer que a representação lhes deu. Embora seja de todas as minhas obras aquela em que me permiti o máximo de licença, ela ainda é vista como a mais bela por aqueles que não estão ligados ao último rigor das regras; e, nesses cinquenta anos em que conserva o seu lugar em nossos teatros, nem a história nem o esforço da imaginação permitiram que nada fosse visto que pudesse apagar o seu brilho.

Ou, de novo, um pouco mais adiante:

> Essa mesma regra exige muito que Ximena peça justiça ao rei pela segunda vez. Ela o fizera na noite anterior e não tinha nenhum motivo para voltar na manhã seguinte a importunar o rei, de quem ainda não tinha nenhuma razão para se queixar, pois não podia ainda dizer que ele lhe havia faltado com a promessa. O romance lhe teria dado sete ou oito dias de paciência antes importuná-lo novamente, mas as 24 horas não o permitiram: é o inconveniente da regra.

Como artesão, Corneille distingue entre "assunto", "condução da ação" e "pensamentos brilhantes", uma convenção de "regularidade" e as liberdades que toma, notando as pressões inconvenientes das regras sobre um desenvolvimento mais natural do assunto. Mas detectamos também o poeta-dramaturgo nessas observações, defendendo implicitamente o que tão facilmente concedemos hoje em dia, isto é, que a força poética transcende regras e estreitas concepções de regularidade, aparecendo no movimento imaginativo do todo e não na articulação cuidadosa dos componentes mecânicos.

O problema crucial aqui paira entre os fatores de expressividade geral da forma dramática e da expressividade particular de cada peça em si. Todas as peças devem compartilhar a primeira para serem dramáticas, e a segunda para serem originais e interessantes; e certo antagonismo tem de aparecer se as regras são tão específicas que chegam a excluir inúmeros assuntos possíveis. Mesmo as regras de boa estirpe incluem um ideal teórico de perfeição que restringe, enquanto a visão procura sempre particularidade de expressão que se enquadra no geral, porém se afasta no particular, como nos mostra a posição de Corneille.

O que nos traz de volta à ideia estética da imagem total, na qual estão harmonizadas as várias exigências da forma: a evocação convincente de pessoas, a concentração e a ordem que reconhecemos como "dramáticas" e a expressividade particular peculiar a cada autor e a cada peça, a *Antígona*, a *Otelo*, a *Fedra*, a *Solness, o Construtor*, a *Partage de Midi*. A abstração "enredo" é então reimersa nas formas sensoriais da visão. Como dissemos antes, o bom drama é sempre uma representação de significados. A disposição das cenas por meio da exposição, do clímax e do *dénouement* mostra o autor a dizer a que veio, imbuindo a imagística dramática de um simbolismo particular de ideia e de sentimento.

Nesse contexto, a significação da ironia como uma arma da imaginação dramática transparece com grande clareza. Segundo os gregos, ironia significava engano ou dissimulação. Indicava fingimento, disparidade deliberada entre o que era dito e o que se queria dizer, e o hábito de Sócrates de fingir ignorância para provocar o debate é o exemplo habitual de sua utilização. Um irônico é sempre uma espécie de ator. Ironia é um modo oblíquo de afirmação. Usam-se as palavras de modo a chamar atenção ao verdadeiro significado que está por trás delas, oposto ao significado literal. É a evocação ardilosa de significados implícitos. Suas manifestações mais corriqueiras aparecem na forma comum de saudação entre dois ingleses em dia de chuva forte: "Adorável clima, Mr. Smith!" ou então no chavão da repreensão amistosa: "Você é uma maravilha!". Em suas formas mais degradadas, transforma-se em impiedoso sarcasmo. Seus efeitos dependem do estabelecimento de uma referência, em toda a frase, a alguma coisa que não chega a ser em si mencionada, de forma que, no caso da ironia, o sentido almejado nasce sempre de um contexto maior que o da afirmação literal. Para criar e transmitir a ironia em seu sentido simples nos exemplos dados, tanto quem fala quanto quem ouve sabe que está chovendo ou que fulano não é "uma maravilha", pelo contrário. O significado é muitas vezes esclarecido e reforçado pela inflexão da voz a contradizer o sentido direto das palavras, o que constitui uma forma de comunicação por imagística vocal.

Ironia tem inúmeros usos refinadíssimos na literatura que não podemos examinar aqui. No drama ela é extremamente útil porque o autor, pela maneira de organizar sua ação e de colocar seus personagens na sequência dos acontecimentos ou de confrontá-los uns com os outros, pode comunicar seus significados – o sentido real de sua peça e o objetivo de sua expressão – ao público. Algumas vezes isso acontece em lugares determinados, como nas cenas de *Otelo* em que Iago envenena a mente de Otelo (III, m) ou, mais adiante (IV, n), quando em sua aflição diante da atitude de Otelo, Desdêmona pede ajuda ao "bom Iago". Outras vezes trata-se de um efeito construído ao longo de toda uma peça, como em *Édipo Rei*, em que Édipo, ao buscar o assassino que macula Tebas, não sabe que está cumprindo seu próprio e trágico destino.[6]

Assim, ironia é uma das maneiras pelas quais o dramaturgo muda o plano da ilusão da realidade para o da imagem simbólica. Ela coloca a verdadeira imagem no palco com ênfase dramática numa estrutura maior de significação. Enfoque irônico sempre expressa sentimentos e julgamentos do dramaturgo, pois trata-se de um instrumento de construção imaginativa e não apenas de simples ilusão. Todos os grandes dramaturgos foram mestres da ironia: Sófocles, Shakespeare, Corneille, Racine, Grillparzer, Ibsen, Molière e Cocteau. Yeats sentia vivamente

---

[6] Um brilhante exemplo moderno é o segundo ato de *Os Pais Terríveis*, de Cocteau, quando Madeleine, ao receber a família de Michel em seu apartamento, ainda não sabe que é amante ao mesmo tempo de Georges e de seu filho Michel.

sua importância. Eliot a conhece, mas na prática sofre de falta de inventividade no que diz respeito à *peripécia* e às sequências irônicas.

A esta altura é essencial estender a discussão às pessoas do drama. Não é de forma alguma fácil dissociar o enredo das pessoas, já que são elas que lhe dão continuidade; é menos fácil ainda para o ponto de vista que estamos seguindo, que defende expressamente que tanto o enredo quanto os personagens são uma imagística funcionando em relação a um objetivo expressivo. Eles são tão metafóricos quanto as metáforas do texto.

12. PESSOAS CONSIDERADAS COMO IMAGÍSTICA

Como o enredo do qual são os agentes, as pessoas pertencem à imagística total da peça, pois sua interpretação como um todo determina o modo que a vemos. A ilusão da realidade exigida pela personificação de pessoas vivas é coerente com uma apresentação extremamente variada de pessoas, como pode ser visto pela comparação de Édipo, Macbeth e Tartufo ou de qualquer outro grupo de personagens de Sófocles, Shakespeare e Molière. Em cada um desses casos recebemos informação suficiente, e uma fala pessoal adequada, para estabelecermos uma pessoa confiável ou, melhor, uma imagem de uma pessoa que seja, de maneira geral, fiel à nossa experiência de pessoas. Mas como são diversas! Édipo não tem nada da complexidade psicológica revelada no desenrolar de Macbeth, enquanto Tartufo é uma simplificação intelectual, sua personalidade aparecendo como encarnação de um único traço predominante, a hipocrisia. Todas as circunstâncias da ação tornam Édipo crível, a Macbeth, os motivos e Tartufo o é porque realmente muitas vezes as pessoas são dominadas até a irracionalidade por um dominante traço de caráter, e porque Molière atinge em sua pessoa e nas relações que tem com os outros complexidade suficiente e profundidade vital que contrabalançam a simplificação excessivamente abstrata, fazendo com que pareça real.

O que determinada pessoa é precisamente numa peça depende da interpretação na qual o dramaturgo está engajado. Não existe critério algum de semelhança à vida e devemos resistir ao uso da palavra "personagem" em lugar de pessoa, o que sempre confunde seu sentido convencional de "personagem numa peça ou num romance" com a sugestão de idiossincrasia inata de caráter ou de detalhe psicológico plenamente desenvolvido. Para comparação, considere as figuras dos pintores. Botticelli, Jan Eyck, Rembrandt e Cézanne, em seu tratamento de pessoas humanas, mantêm uma convincente "verdade da vida", porém com métodos largamente diversos porque cada um deles vê a face e o corpo humanos de forma diferente e com objetivo expressivo diverso. Estilos não realistas da arte no século XX facilitaram todos, passada a primeira não familiaridade, a ver em todo quadro uma imagística seletiva que fala não de uma "natureza" absoluta, fixa, perfeitamente identificada, mas de um "artista vendo a natureza". O mesmo princípio é válido ao drama. Suas pessoas são imagens que não definem "realidade" ou detalhes históricos, mas significados interpretativos e expressivos selecionados.

A crítica ao drama no passado, sem falarmos do ensino da literatura, fez excelente peça com a distinção entre personagens individualizados e "tipos", sendo os primeiros "bons" exemplos de caracterização e os segundos, "maus". Esse tipo de julgamento repousava sobre pressupostos falsos. Caracterização de tipos não é necessariamente má; é uma espécie de apresentação do personagem e pode ser altamente apropriada. Ao menos os tipos que são chavões do drama – vilão, heroína, padre de palco, beberrão ou, em nível mais sutil, tipos tradicionais como o dissimulador (Iago) – revelam os processos da arte já que são excelentes exemplos de imagens, que são sempre referências parciais à realidade e têm, além disso, uma nova função. Um padre de palco, por exemplo, corresponde a um fenômeno que nos é familiar na vida. Geralmente dizemos "é um padre típico", e, ao fazermos essa observação na vida real, queremos dizer que alguns traços típicos são tão predominantes na nossa impressão que instintivamente generalizamos e dizemos que temos diante de nós um bom exemplo do "tipo". Creio que tal impressão na vida real constitua uma imagem porque é uma impressão altamente seletiva, uma silhueta que dotamos de significação. Além do mais, *desejamos* ver um tipo nessas circunstâncias, por isso mesmo "vemos" a imagem tal como a concebemos para nós mesmos. Sabemos muito bem sobre reflexão que o indivíduo por trás da imagem é ambíguo e complexo, porém eliminamos a complexidade do nosso interesse. O que apreendemos naquele momento não é a "realidade", mas uma parte dela, um pedaço rigorosamente delimitado da realidade potencial cuja exploração ampla exigiria de nós mil outras imagens e suas correlações. Todos os tipos fixos e as figuras convencionais do drama em suas várias fases históricas nascem desse processo de criação de imagens, onipresente na vida e explorado pela arte. Ficam sujeitos a críticas geralmente quando já se tornaram puramente imitativos e estereotipados e aparecem em meio a outras deficiências.

A realização detalhada de um personagem, por outro lado, tal como tantas vezes a encontramos em Shakespeare e no drama renascentista em geral, coaduna-se com o interesse humanístico na verdade humana e natural, e verdade aqui significa a retratação fiel do caráter em sua complexidade, com considerável motivação documentária ou científica. A mesma tendência aparece na pintura de retratos da época. Como dissemos anteriormente, tal ideal coaduna-se às condições naturais da arte dramática.[7]

O sucesso da retratação psicológica fiel seduz as pessoas a falarem dos personagens de uma peça como se fossem pessoas de verdade. Mas um personagem dramático permanece sempre uma imagem num esquema imagístico. O problema tem sua melhor apresentação quando relacionado a um aspecto muito debatido dos personagens dramáticos, o de sua natureza autoexplicativa. Macbeth, por exemplo, é retratado num ambiente cultural de natureza relativamente subdesenvolvida, que por certo não acreditamos iguale em refinamento e em sutileza ao de Shakespeare. O próprio Macbeth, embora não seja selvagem, também não é nenhum rei-filósofo ou sofisticado príncipe renascentista, mas descreve seus sentimentos, sua situação e seu estado de consciência com a precisão e a felicidade poética que eles podem invejar. Um senso de realismo desperta a pergunta: Macbeth consegue "saber" tudo isso sobre si mesmo? Seria ele tão lucidamente cônscio de tudo isso de modo tão exato? A resposta da

---

[7] Em relação a esse problema, ver o relato de Madeleine Doran em *Endeavors of Art* (Madison, University of Wisconsin Press, 1954) sobre a teoria renascentista do decoro, dos tipos de personagens e da "verissimilitude", p. 77 ss. e p. 216 ss.

"realidade" é um simples não. Seria possível admitir que, sendo humano, ele tem certo autoconhecimento; ele conhece sua ambição, seus atos e suas consequências a cada estágio de sua carreira. Porém, um Macbeth "real" não falaria como o faz Shakespeare, pois quem é tão explicitamente verbal é o *poeta*. O que ele diz está potencialmente num objeto hipotético (o Macbeth "real"), mas na verdade só existe na imagem que o poeta cria.[8] É um erro crasso ler personagens dramáticos como se o *insight* lúcido que mostram de suas emoções e sua expressão concentrada, para não dizer poética, fossem a fala de uma pessoa real. Sempre haverá certos personagens com autoconhecimento especialmente vívido, porém mesmo aqui temos o problema de saber se na realidade eles o expressariam; e de qualquer modo, ninguém fala de forma poética na vida real, na qual o máximo que se alcança não passa de precisão, de força, de clareza e de eloquência. A ordem poética na fala de um personagem de Racine ou de Shakespeare em momentos cruciais da ação é uma ordem imaginativa que foi criada não pelo "personagem", mas pelo poeta. Os personagens não falam assim por terem "seus momentos de intuição", de "repentina percuciência sobre seus próprios sentimentos". É o poeta que os faz falar assim, depois de haver recolhido elementos analiticamente distintos sobre a história e sobre suas pessoas, espalhados (e não elaborados) numa vasta área de uma realidade potencial. Ele amplifica numa ordem estrutural o que, em indivíduos reais, seriam fragmentos de autoconhecimento e de asseveração, de intuições potenciais ou de sentimentos incipientes ou imperfeitamente compreendidos. É assim que a forma depende das sugestões da natureza, porém finalmente se torna uma criação ordenada da imaginação, que é a concepção do dramaturgo.[9] O papel do poeta aqui é exatamente paralelo ao do compositor na ópera. Pois na música, na melodia do cantor e mais ainda no acompanhamento orquestral ele pode aproveitar quaisquer dos temas principais da música e, por meio deles, as ideias de toda a concepção. Desse modo, o

---

[8] As ambiguidades (ou referências cruzadas ao *espectador*) no diálogo cumprem aqui importante função. Cf. W. Empson, *Seven Types of Ambiguity*, e W. Clemen, *The Development of Shakespeare's Imagery*, p. 90 ss.

[9] Sobre esse problema cf. J. I. M. Stewart, *Character and Motive in Shakespeare* (Londres, 1949), e críticas de seus pontos de vista por A. Sewell em *Character and Society in Shakespeare* (Oxford, 1951).

canto de qualquer um dos personagens sempre apresenta dois aspectos de expressividade num só enunciado; ele mostra aquela pessoa em determinada situação, dando voz a suas emoções, mas é sempre, simultaneamente, o compositor definindo, musicalmente, sua imagem da pessoa em relação a toda a sequência dramático-musical da obra. Por intermédio da música ele está dentro e fora da pessoa e também cria o drama dela dentro do invólucro da música. E também é assim com o dramaturgo, especialmente se usa versos. O drama de pessoas importantes, a ilusão da realidade, é contido dentro do invólucro do enunciado poético, da visão e da ideia do poeta.

Quando falamos sobre a "realidade" dos grandes personagens da ficção e do drama, o que queremos dizer é que são imagens convincentes. A qualidade que os torna assim vem da fusão imaginativa de vários elementos: observação justa das aparências sensoriais, avaliações morais e psicológicas acuradas e objetivo orientador, ideia ou sentimento predominante configurados na peça como uma imagem total, à qual os elementos anteriores são assimilados. Os elementos, no entanto, variam largamente em grau e em equilíbrio, o que em si confirma que a força desses personagens é inerente à sua natureza de imagem, e não a uma realidade objetiva normalizada. Daí, os personagens míticos mais simples, como Prometeu, Don Juan e Fausto, terem uma "realidade" tão persuasiva quanto os personagens complexamente desenvolvidos de uma tragédia shakespeariana ou quanto as pessoas de Corneille, tão cônscias de motivo e de vontade.

Como imagem, personagens trágico e cômico têm uma relação nitidamente diferente com o mundo real. Como dissemos antes, a tragédia tem como base certas reações emocionais e morais à vida. Em consequência, seus efeitos, em toda sua poesia e sublimidade, são indissociáveis de um quadro do destino humano, uma mimese, que se torna convincente por sua verdade geral. Nesse esquema também as pessoas têm alto grau de "realidade", como de vida; temos sempre de sentir que são como nós, que poderíamos facilmente estar em seu lugar. Drama trágico, porém, embora necessariamente fiel à verdade dessa maneira, é implicitamente uma interpretação. Ele encarna e expressa não apenas um retrato da vida, mas também uma visão dela, um sentimento a respeito dela, sendo, assim, uma imagística da qual o herói trágico, por mais vividamente que tenha sido imbuído de um sentido de vida, não passa do centro e do foco. Mais precisamente: os personagens de um drama trágico devem primeiro parecer que não são imagens, mas realidade, antes que possam contribuir efetivamente com a imagem trágica como um todo.

Por outro lado, o personagem cômico é mais obviamente uma imagem, um artefato, parte de um jogo estético jogado abertamente pelo autor e também pelos autores e pelo público. Personagens cômicos, sempre perto da caricatura, aparecem como seres humanos esquemáticos, construídos sobre um ou dois traços dominantes de caráter físico ou moral ou de natureza intelectual, como no caso de Falstaff, Dogberry, Aguecheek, Belch, Volpone, o Alquimista Subtle, Mrs. Malaprop, Tartufo, Harpagon, Doolittle e assim por diante. Mesmo um personagem concebido de forma mais refinada, como Benedick, é ativado por uma poderosa paixão predominante, sua ojeriza às mulheres. Um sintoma exterior dessa deliberada simplificação de uma pessoa completa num perfil-imagem, uma caricatura feita de ênfases e de abstrações, é a sólida tradição dos nomes próprios que nos dão a pista da característica principal em jogo.

O mundo da comédia expande-se quando uma pessoa assim "simplificada" impinge-se ao seu ambiente. Sendo irreal, ela propaga a irrealidade. Ou, para dizê-lo de forma puramente estética, uma *fantasia* cômica – uma imagem irrealisticamente concentrada – revela-se como consequência natural dos "personagens" acionados apenas por um traço dominante. Assim, a comédia sem dúvida começa e permanece ligada à vida por meio das idiossincrasias naturais dos homens, porém ao pôr em movimento personagens altamente simplificados ela destrói as relações normalmente complexas das pessoas vivas, substituindo-as por uma complicação cômica desordenada em comparação com a normalidade, porém lógica segundo as leis de sua própria imagística.

O impulso à criação cômica, o reconhecimento de pontos fracos, de absurdos, de excentricidades e da incongruência do vício, é tão "natural" ao homem quanto qualquer das paixões e emoções sérias enraizadas na vontade e no inconsciente, porém uma vez que a imaginação cômica tenha lançado sua criação, tudo se torna calculado e artificial na ação e/ou no diálogo. O trabalho do ator também contribui para a fantasia óbvia. Não se pede a ele que sustente um retrato convincente de uma situação possivelmente humana, porém que seja eficaz, como exagero ou como caricatura, ante o público, deslanchando assim o mecanismo dos efeitos cômicos. Ao contrário do ator trágico, que deve parecer real para funcionar como imagem, o ator cômico deve ser uma imagem calculada desde sua primeira entrada.

13. VARIEDADES DE TRATAMENTO DA PESSOA-IMAGEM

Não mencionamos ainda um grande campo do drama, além da comédia, no qual a qualidade de imagem da pessoa é claramente óbvia. Em todos os mistérios, moralidades e alegorias, bem como na fantasia e na fábula, o simbolismo é manifesto. Ele não mais fica semioculto num quadro "realista" e fornece uma estrutura principal de tipos calculadamente simbólicos – de pessoas e de situações – com realismo fragmentário e difuso no detalhe como apoio figurativo indispensável. De nosso ponto de vista, toda essa classe depende da figura de personificação poética padrão aplicada em larga escala. As necessidades figurativas do drama satisfazem-se em tais casos pela adição de aparências antropomórficas à retratação humana; deuses e deusas, anjos e diabos, espíritos e fadas e outras criaturas do mito e da lenda são fabulosamente admitidos no esquema da fala humana dramática. Por outro lado, humanos retêm a semelhança a seres humanos quando são símbolos que representam ideias ou conceitos abstratos (como Todo-Mundo, Beleza, Boas Companhias, Discrição, etc. em peças sobre moralidade).

No século XX, após uma fase fortemente naturalista do drama, houve uma reversão às formas simbólicas, alegóricas, míticas ou parabólicas, nas quais a pessoa, como perfil de "imagem expressiva", predomina sobre a pessoa plenamente desenvolvida, psicologicamente detalhada, do humanismo renascentista ou de Ibsen. Sob esse aspecto, lembramos como os dramaturgos modernos deliberadamente basearam-se em peças pré-elisabetanas; Eliot procurou a moralidade *Todo-Mundo* e Yeats, as lendas heroicas e os contos de fadas, enquanto muitos outros aderiram à exploração de velhos mitos, e Shaw e Pirandello abertamente chamaram suas obras de "parábolas". Referimo-nos à onipresença da alegoria no drama moderno, visível apenas a quem olhar um pouquinho abaixo da superfície. E existe uma clara divisão entre ortodoxia e heterodoxia, entre os que usam a forma didática na defesa de crenças tradicionais, como Claudel e Eliot, e os que a usam para propagação de novas filosofias seculares, como Shaw, Giraudoux e Sartre. Nos últimos cinquenta anos de desenvolvimento, o interesse e a originalidade de ideia caminharam em grande parte de mãos dadas com nítidas mudanças estilísticas no tratamento das pessoas. Os frutos disso foram a desintegração de um "realismo" pálido ou estereotipado, substituído pelo triunfo da imagem expressiva. Embora esse movimento geral muitas vezes tenha levado o drama ao limiar do impossível, no qual o equilíbrio entre a substância básica do drama, com pessoas convincentes e forte sentido de vida, e a ideia expressiva do poeta tornou-se excessivamente precário. Seguir esse processo completamente requereria uma história da dramaturgia moderna; contentemo-nos com alguns exemplos.

A questão é bem ilustrada pela ideia frequentemente usada de "marionete", comparação que torna clara a simplificação de objetivo na apresentação das pessoas. Os bonecos são vestidos e pintados com expressão fixa e as pessoas de uma peça podem ser reduzidas à mesma espécie de unificação simples. Isso em si marca seu despojamento em contraste com a riqueza potencial da personalidade humana. Além disso, são envolvidas sugestões emocionais de *páthos* por parecerem tão humanas, mas sendo manipuladas, o que nos lembra a impotência do homem frente ao destino ou de sua ignorância a respeito dos objetivos maiores do universo ao qual pertence. A palavra ocorre nas primeiras peças poéticas de Maeterlinck – *La Mort de Tintagiles, Intérieur, Les Sept Princesses*, etc. – que expressam a fragilidade dos seres humanos ao enfrentarem os terrores da morte, o amor e o destino. As pessoas dessas peças têm realidade humana e elas são banhadas de forte emoção humana. O simples objetivo, porém, torna as pessoas não individualizadas; são humanas e mais nada, imagens de homens reduzidos a um ou dois sentimentos básicos.

Yeats também recorreu ao termo marionete para sugerir uma ideia do que queria em *Peças para Dançarinos*. Sob as mesmas influências simbolistas que sofreu Maeterlinck, ele tem por objetivo algo não muito diferente, a expressão das "profundas emoções que só existem na solidão e no silêncio". Seu simbolismo e sua técnica dramatúrgica são mais elaborados que os de Maeterlinck, porém suas pessoas são igualmente destituídas de detalhe e reduzidas a uma única tônica de sentimento.

A comparação aparece novamente no contexto muito diverso do drama expressionista. Toller dizia que era possível ver as pessoas como "seres humanos realistas" e também, num repente de visão, como bonecos, exibindo apenas um aspecto de si mesmas. Isso se aplica à sua manipulação dos personagens, porém ainda mais a algumas das peças mais fortes de Kaiser, como a trilogia do *Gas* ou em *Von Morgen bis Mitternachts*. Aqui, segundo uma análise impiedosa da sociedade tecnocrática, e numa explosão de emoção revolucionária, as pessoas são privadas de sua complexidade humana e reduzidas a perfis que correspondem a suas funções sociais. A imagem da pessoa é reduzida a um aspecto dominante ou a uma ideia genética: operário, industrial, mendigo, prostituta, irmão e assim por diante. Ela se torna um símbolo com uma função dupla; por um lado, num esquema abstrato de aguda análise social e, por outro, um símbolo emocional que ajuda a expressar, no esquema cumulativo do todo, um clima geral de protesto. Embora parciais e "abstratas", tais imagens não são falsas nem deixam de transmitir um sentido de "realidade", mas refletem um processo social muito típico desse século, por meio do qual a função de uma pessoa não só se tornou cada vez mais valorizada do que ela como também a embotou. Desse modo, essa espécie de imagem pode de fato ser avaliada de duas maneiras diversas. Do ponto de vista humanístico elas são abstrações que, encaradas segundo condições do proletariado industrial e da depreciação da classe dos "amanuenses" do século XX, aproximam-se mais da imagem realista. Tal ambiguidade ajuda a manter essas *dramatis personae* dentro do campo próprio da "imitação" dramática. Entretanto, o grau de rarefação é considerável, diminuindo o interesse pelo ator; o que denota um movimento na direção da periferia do que é possível na forma dramática. Não surpreende que o estilo não tenha perdurado por muito tempo.

As peças de Giraudoux, ao contrário dessas, são cheias de personagens que compartilham muito claramente a natureza humana, ainda que seu tratamento dessas pessoas ilustre um tipo muito sutil de ajuste entre imagem e ideia. Ele depende, inicialmente, de sua forma de alegoria de mito, utilizada numa série de peças das quais as melhores talvez sejam *Electre*, *La Guerre de Troie N'aura pas Lieu* e *Judith*, embora as outras dificilmente sejam inferiores. Ainda que use assuntos mitológicos, o método de Giraudoux, ao contrário do de Cocteau, não é o de configurar velhos mitos novamente como arquétipos de experiência humana. Ele se apropria dos velhos mitos e depois os expurga, utilizando o remanescente de ficção para expressar em imagens de pessoas certos ideais de virtude e transmitir uma aguda compreensão dos problemas contemporâneos que confrontam a sociedade como um todo. Assim, na superfície vemos criações poeticamente atraentes, imbuídas de fantasia e de caprichoso espírito, enquanto sob a superfície podemos discernir um poderoso exame de princípios éticos e sociais.

Giraudoux faz de seus personagens principais instrumentos de suas ideias e de seus sentimentos sobre valores, enquanto reserva aos personagens secundários o papel de enriquecedores do retrato da vida. Vê-se isso muito bem em *La Guerre de Troie N'aura pas Lieu*, na qual os membros da família de Heitor dão realidade à vida quotidiana, enquanto o próprio Heitor é reservado para uma função mais exaltada e espiritual. Não que os principais sejam meras abstrações ou porta-vozes, pois sempre têm substância suficiente para existir como parte da história, mas são representações idealizadas personificando a revelação de alguma qualidade ou de algum desejo humanos excepcional; projetados numa crise que enfoca suas aspirações, transformam-se em poderosos centros de sentimento. Electra, por exemplo, deriva-se do mito grego e aparece com o semblante geral de um ser humano como nós. No entanto, não é histórica, não é um arquétipo de figura mitológica nem cópia de nosso próprio ambiente, mas uma imagem recém-criada que expressa certo conjunto de sentimentos e de pensamentos do próprio autor a respeito da vida e do lugar que nela ocupa a justiça, bem como os modos pelos quais os valores mais altos revelam-se na pessoa e na ação humanas. Se tais sentimentos e pensamentos fossem dela, como um personagem realista, Electra não passaria de simples representação, mas como são do autor, existindo em sua sensibilidade e em sua imaginação e posteriormente encarnados na natureza dela, ela é uma imagem expressiva, funcionando como as imagens da metáfora. Assim Giraudoux trata Heitor, Judith, Alcmena, Ondine e outros, e em todos eles algum problema geral de comportamento ético ou social, baseado numa nostalgia idealizante, é focalizado racional e emocionalmente. Assim, a forma de Giraudoux é uma alegoria ou uma ficção didática baseada no mito e utilizada como veículo de significados contemporâneos e públicos.[10]

Se em Giraudoux encontramos o real, isto é, a situação humana contemporânea, abstraída, analisada e difundida por intermédio de uma fantasia de mito ou ficção, em Eliot vemos um mito que se origina de uma situação contemporânea real. Suas peças têm uma superfície literal, realista, muito contemporânea – "nós deste tempo e deste ano atuais presentes no palco" –, porém transformam-se, à medida que se desenrolam, em ritos poéticos. Ele retrata cenas da vida quotidiana – a família na casa de campo e o advogado e sua mulher, sua amante e seu círculo social – por intermédio das quais um esquema mítico subjacente difunde seus significados até a superfície. De modo que o "real" se torna, sem ser renegado ou deslocado, translúcido, e através dele o mito configura-se como o significado imanente. O tratamento das pessoas é correspondente. Elas têm, em caráter, psicologia e ação, mais "realidade" do que os perfis de muitos estilos simbólicos modernos; no entanto, os protagonistas, Becket, Harry e Célia, são também profundamente simbólicos, enquanto todos contribuem para um esquema simbólico de acontecimentos. Num drama baseado nessa visão, tanto a forma realista quanto a mítica são autênticas; a primeira é mais do que uma preocupação com aspectos limitados da realidade social e a segunda é mais que um recurso estético moderno. O simbolismo dos personagens de Eliot está implícito porque a forma pessoal contém o significado. Do mesmo modo, a força mítica é inerente à situação humana, desde que pessoas como Harry e Célia, ao contrário das figuras de mitos passados, comecem como pessoas comuns vivendo vidas comuns e permaneçam humanas mesmo depois de assumir suas funções distintas. A incorporação de elementos de ritual antigo ou primitivo, embora alcance

---

[10] Giraudoux é reminiscente de Goethe em seu tratamento das pessoas em relação às ideias. As pessoas de Goethe (Ifigênia, Tasso, Fausto, etc.), embora dotadas com certa medida de realidade psicológica, também desenvolvem-se simbolicamente para se tornarem focos ou imagens de valores ou de espécies de sensibilidade ética. Cf. meu ensaio *Goethe's Version of Poetic Drama*, Publications of the English Goethe Society, New Series, v. XVI, 1947.

sucesso desigual, é ao menos relevante, já que fortalece a identificação de toda a situação (especialmente em *The Family Reunion*) com seus complexos significados. A técnica de verso escolhida por Eliot também dá sua contribuição apropriada e orgânica, oscilando entre a superfície realista e o mito subjacente, o verso que é bem próximo do prosaico e aquele que recorre a todas as fontes expressivas, antigas e modernas, da poesia.

Seguindo assim sua própria intuição sobre o equilíbrio necessário entre realismo e ritual no drama como forma, Eliot renova a força ritualística do drama no momento em que ela havia sido dissipada pelo estilo realista, porém sem trair a individualidade da vida pessoal. Seu drama não é só de ideias ou de sentimentos, mas também de pessoas, e ele o liga a um tema espiritual e o torna também instrumento de crença e de catarse, bem como uma imagem poética da vida interior.[11] Seu sucesso foi variável, enquanto seu objetivo, que para nossa argumentação neste ensaio corresponde a uma profunda recuperação de uma forma natural no drama, foi verdadeiro.

Esses breves comentários sobre uns poucos exemplos marcantes do tratamento da pessoa no drama contemporâneo ilustram a relação constantemente cambiável entre imagística descritiva e expressiva, o retrato do homem e o simbolismo de pensamento e de sentimento. As formas consideradas nascidas do funcionamento duplo da imaginação. Por um lado, aplicada às realidades da situação humana, a imaginação interpreta e dá significação; por outro, aplicada ao sentimento e ao pensamento, constrói fórmulas expressivas. Essas duas funções unem-se à imagística vívida e conclusiva do drama em seu todo, de modo que a representação das realidades existe na expressão e a expressividade emerge da representação.

Assim, em todos esses tipos observamos uma variação de imagística ocupando lugar dentro de certos limites. A análise enfatiza o fato estético central de que estamos lidando com uma *imagística*, isto é, formas sensoriais que constituem uma interpretação expressiva; mas também com um aspecto peculiar à arte do drama, que nasce do fato de ser ele uma representação, isto é, que essa imagística nunca pode tornar-se "abstrata" à maneira da pintura abstrata nem extremamente

---

[11] Para uma visão mais ampla dos métodos de Giraudoux e Eliot, ver meu trabalho *Public and Private Problems in Modern Drama*, Boletim da John Rylands Library, v. 36, n. 1, 1953.

simbolista como a poesia simbolista. Ela nunca poderá constituir-se apenas (para empregar o termo que usamos em capítulo anterior) de imagens-fórmulas expressivas, como música e arte abstrata podem. Suas imagens devem sempre tender, ou reverter, no sentido de pessoas com semelhança figurativa à vida.

Podemos resumir o assunto desta seção, e talvez lançar um último raio de luz sobre ele, fazendo uma distinção entre o *detalhe* da ação no drama e a concepção *total* em sua unificação de ideia ou de impressão. O primeiro mostrará principalmente o elemento figurativo em sua força máxima. Pois na sequência de momento a momento do diálogo e da ação, encontramos a expressão da paixão e do sentimento e apreendemos o contorno das situações humanas, das quais todas, quando a arte é boa, propiciam esclarecimento, iluminando as massas opacas do "real" com a luz da imaginação. Por outro lado, porém, à medida que o drama se desenrola diante de nós e o sentido de um ímpeto unificador gradativamente se estabelece em nossa mente, para ali se fixar ao final da peça, somos atingidos por alguma ideia ou emoção geral que está incorporada na obra criada, que não pode ser separada, é verdade, das pessoas e de suas ações, mas que ainda assim é sentida como fator determinante e o objetivo último do todo.

No primeiro desses dois aspectos, vemos o detalhe sensorial da arte figurativa do qual emanam o sentido de *vida*, indispensável à arte, e o de vida *individual*, indispensável ao drama. No último reside a aura imaginativa do todo como todo, sua expressividade, a impressão que sua imagística transmite de tragédia, *páthos*, alegria, romance, pessimismo, luta pelo ideal, aspiração ou qualquer outra das emoções dominantes que a vida evoca, e desse aspecto o senso do *dramaturgo*, do próprio poeta, separa-se. Entretanto, tudo é imagem e a qualidade poética pode estar em ambos.

14. REALISMO NO DRAMA DO FINAL DO SÉCULO XIX

Em seções anteriores, tentamos definir até que ponto um elemento de simples representação ou, em outras palavras, quanta ilusão da "realidade" é essencial ao drama. Ainda assim, mantivemos o ponto de vista estabelecido no início deste ensaio, de que a representação na arte, por realista que seja, é sempre imagística; seu realismo é sempre estético, sempre imaginativo, sempre interpretativo e expressivo. Como tal, não pertence à "realidade", em contraste com a poesia, mas pertence, como a poesia, à arte.

Entretanto, o termo "realismo" tem-se prestado a vários usos à custa da clareza. Na crítica dramática, muitas vezes descreve o declínio da poesia para algo mais documental. O próprio Ibsen, ao abandonar o estilo mais livre e poético de *Peer Gynt* e *Brand*, falou sobre aproximar-se mais da realidade em *Casa de Boneca* e peças congêneres. Ou ele indica a queda da tragédia heroica à doméstica, como em Lillo e Diderot após a época de Dryden e de Racine. Também é comum contrastar-se o tom realista da comédia com o poético da tragédia. A palavra é quase que invariavelmente usada para caracterizar um trabalho imaginativo menos intenso, uma obra na qual a imaginação volta-se à realidade, na qual o espectador se sente mais próximo do mundo familiar do que das alturas rarefeitas da poesia. Significa o não idealizado, o não espiritualizado, o antinobre.

Tal uso obscurece a essência do problema, fazendo com que a palavra transmita não só um sentido de qualificação do grau da arte ou da poesia numa peça, como também o de negar completamente a imagem estética. Pois a oposição muitas vezes delineada entre o estilo "realista" e o poético é, afinal, imprecisa. Existe abundância do mais claro realismo psicológico nas tragédias de Shakespeare, em meio ao mais esplêndido enunciado poético. Por outro lado, mesmo nas peças cômicas o "realismo" funciona claramente dentro da proposição estética da comédia, que o ilumina com sua própria luz, uma luz de crítica e de inteligência.

Além dessas imprecisões, outro tipo de confusão nasce dos romances e das peças da segunda parte do século XIX escritas no modo "realista", que mais tarde se tornou "naturalismo". Como consequência dessa fase, o realismo juntou a seus significados gerais um histórico: tornou-se uma dessas palavras amplas e inclusivas que resumem toda uma fase inteira da literatura e da arte. Nesse sentido, realismo foi um fenômeno pós-romântico que apareceu como reação contra o romantismo e seus exageros. Respondia a uma pergunta insistente: o que vemos, quando esquecemos os sonhos, o Ideal, as belas solidões da natureza e observamos os homens e as condições em que realmente vivem quotidianamente? Esse sabor específico, por meio do qual ele se distinguiu de tipos anteriores de realismo, nasceu das novas realidades sociais, que mostravam uma burguesia cada vez mais poderosa, mas progressivamente mais materialista, guiada pela hipocrisia e por convenções decadentes em vez de pela fé e pelo idealismo autêntico; e a seu lado o proletariado imundo e cada vez mais oprimido da era industrial tornando-se articulado, militante e revolucionário. O realismo do drama desse período, visto em Hebbel, Dumas Filho, Ibsen, Strindberg, Hauptmann, Sudermann, Tom Robertson (seguido por Pinero e Jones), Brieux e outros, pertence primeiramente aos temas e às ideias; é qualquer coisa, menos uma mera reação estilística contra o altissonante verso romântico. Ele rejeita as ideias e as crenças do romantismo literário e do idealismo filosófico, do panteísmo, da metafísica e de toda espécie de *Schwärmerei* que caracterizara tantas obras da primeira parte do século XX. Trata-se de uma sóbria confrontação do homem com aquela sociedade que vinha amadurecendo lentamente e finalmente havia configurado seu caráter particular.

Por um lado, essa confrontação foi documentária e produziu um novo quadro da vida e das condições sociais, mas foi também animada, e muito urgentemente, por um espírito de protesto por vezes implícito, porém muitas vezes abertamente manifesto como crítica social. Ela contém um apelo à consciência da sociedade, embora essa consciência específica ainda estivesse, àquela altura, aguardando reconhecimento e consagração precisos.

Não é fácil avaliar a natureza estética desse drama realista. Por certo que o problema não será resolvido por meio de inócuas referências tão frequentes à *convenção* realista, o que nada mais é que um jogo de palavras. Como primeiro passo, devemos lembrar que o novo realismo não pode ser divorciado das poderosas influências e convicções da época. Ele pertence à era de Feuerbach, Marx e Comte. Como pano de fundo, observamos um ponto de vista científico a se desenvolver rapidamente com seu parceiro, o conhecimento histórico. Ceticismo na religião e na metafísica, atitude moral secular e humanista, fé nos "fatos" da ciência, da história e das condições hodiernas e otimismo implícito, nascido da confiança no poder da razão, do conhecimento e da potencialidade humana, foram fatores determinantes de uma nova atitude compartilhada pelas mentes progressistas. O caráter do novo drama foi influenciado por todas essas coisas que, reunidas, formaram um agrupamento de convicções que determinou o foco da visão. Desse modo, o protesto em nome de uma humanidade superior e do idealismo social foi lavrado por meio da retratação impiedosa das hipocrisias da moralidade da classe média ou das revoltantes condições sociais entre os pobres. Assim, a peça realista era, como outras artes dramáticas, uma imagística expressiva, considerada como um todo. Entretanto, sua expressividade é atingida por uma traição parcial da lei da arte, na medida em que a representação "verdadeira" ou "normativa" substitui a operação livre da imaginação. A "sociedade" só podia ser vista com antolhos.

O *drame à thèse* é a melhor ilustração da contradição entre fatores estéticos e não estéticos e de como a verdade fatual da descrição pode prejudicar a qualidade estética. Pois uma peça com uma tese – alguma crítica moral ou social como a de *Espectros* ou, em nível inferior, nas obras de Brieux – é obrigada, por suas intenções, a ser completamente fiel aos fatos da vida real que analisa e contra os quais protesta. Seu objetivo, que é o de persuadir o público de que alguma coisa está errada, compele-a a formar um retrato das gentes e da sociedade que possa ser verificado como "preciso", para que o protesto seja apropriadamente dirigido, e isso significa retratação normativa, não imaginativa. O problema estético não tem, claro, importância numa *pièce-à-thèse* despretensiosa ou numa franca obra de propaganda. Em peças como *Espectros* ou *Casa de Boneca*, entretanto, a estrutura da tese é, na verdade, prejudicada por fortes elementos imaginativos de várias espécies. Observamos duas peças entrelaçadas – por um lado, uma peça de tese e, por outro, a imagem de sofrimento e de dificuldade individuais com um tom dominante de *páthos* ou de tragédia –, sendo que ambas se repelem tanto quanto se atraem. Há dois eixos em tais peças: um é poeticamente vivo, uma expressividade vívida transmitida na sensibilidade vital de pessoas centrais como Nora ou a senhora Alving; o outro é o quadro da sociedade circunjacente que tem de mostrar, em termos gerais, aquele estado de coisas contra o qual o personagem principal – e Ibsen – se revolta. O ambiente é objetiva e cientificamente analisado e consequentemente representado de forma tipificada; Torvald Helmer e o Pastor Manders não passam de tipos sob esse aspecto, enquanto a situação básica de cada uma das peças também é socialmente típica. É aqui que sentimos a perda do movimento livre e orgânico da melhor arte; a imagem viva eternamente cambiante é substituída por tipos analíticos ou conceptuais, o que resulta, no que diz respeito às pessoas, em figuras representativamente estereotipadas; quanto às situações, resultam em certa rigidez ou artificialidade. Logo, o realismo de tais peças é uma estranha mistura de arte e de análise, de imaginação e de descrição fatual, de imagística expressiva e de imagens-cópias científicas.

Em certo sentido, a *pièce-à-thèse* pode ser considerada como correspondente ao panfleto ou ao ensaio apaixonado sobre assunto social ou moral, e poderia se esperar que desenvolvesse qualidades expressivas e literárias associadas à retórica. É o que por vezes acontece de duas maneiras. A mais simples e óbvia é a de utilizar abertamente um dos personagens principais como porta-voz, como faz Shaw, e nesse caso a peça, quando esse personagem fala, assume um estilo de oratória peculiar ao autor, expressivamente mais poderoso que o resto do diálogo. A prosa usada pelo personagem tipicamente shaviano é muito próxima da dos prefácios de Shaw, enérgica, objetiva, brilhante, epigramática, retoricamente forte e persuasiva, enquanto o resto do diálogo não se destaca qualitativamente. A outra maneira é a de fazer forte asseveração emocional em termos de teatro, de enredo e de personagens altamente dramáticos, com vívidas implicações retóricas. Ibsen utiliza ambos os métodos em *Casa de Boneca* e *Espectros*. Tanto Nora quanto a senhora Alving falam com a voz de Ibsen, enquanto as situações de cada uma das peças, os personagens e as ações envolvidas e o ato final são orientados para um objetivo emocional e moral premente.

O realismo do século XIX no drama ficou associado à prosa, o que não surpreende; o verso era inevitavelmente ligado à poesia romântica que estava sob ataque. Hoje, podemos perceber facilmente que essa não é a única associação possível. Nem toda a poesia tem de ser romântica e a questão de prosa contra verso não é necessariamente amarrada à do realismo contra o romantismo, que só foi aparentemente tão conectado naquele momento da história. Em outras épocas há realismo na poesia, como em Chaucer, Shakespeare ou Eliot, e romantismo na prosa – o "poema em prosa" – foi criação do romantismo. De modo que na prosa, como no realismo, o ponto ao qual se deve prender o julgamento é o de sua função; trata-se de algo estético, documentário, científico ou filosófico? Até que ponto se trata de uma coisa ou de outra? A tarefa real é a de distinguir entre a prosa como imaginação e a prosa como qualquer outra coisa, como pensamento, crítica ou ciência. E, nessa conexão, temos de lembrar que o diálogo do drama é apenas um dos componentes da peça; a impressão total é bastante influenciada pela produção teatral e pela interpretação dos atores. No entanto, do mesmo modo que temos de admitir uma tendência antiestética no realismo, levado ao limiar da imagem-cópia, também temos de admitir que uma prosa usada nesse tipo de desenvolvimento pode muito bem tender para o desaparecimento de suas qualidades potencialmente estéticas.

CAPÍTULO XI

Vários Modos de Poesia no Drama. Imagens-Fórmulas Expressivas, Metáfora, e sua Relação com o Estilo e a Qualidade Poética

1. O PROBLEMA DO "POÉTICO"; A CONFUSÃO DOS TERMOS; O CRITÉRIO DO ESTILO

Devemos agora considerar mais detalhadamente vários aspectos da expressão dramática, que envolvem a noção da qualidade "poética". De imediato, somos perseguidos pelos termos inadequados do uso da língua inglesa, já que "poesia" e "poemas", perdendo seu significado genérico mais amplo, passaram a significar simplesmente composições em verso. Embaraços linguísticos adicionais, porém, nascem dos usos ambíguos da palavra "poético", que frequentemente sugere poeticidade romântica ou lirismo. Assim, dos dois termos que ocorrem em relação ao drama, um, "poesia dramática", exclui as peças em prosa e traz à mente autores como Shakespeare e Marlowe; o segundo, "drama poético", tende a significar uma peça escrita em prosa, porém com aura poética ou atmosfera romântica, da qual as obras de Maeterlinck e Synge são exemplos notáveis. Mesmo nesses casos bem definidos, temos a desagradável sensação de que os próprios termos prejudicam nossa concepção, pois não se adaptam perfeitamente aos exemplos dados nem a outros que poderíamos citar. Eles indicam categorias nas quais só se enquadram de fato aquelas obras deficientes como criações dramáticas ou como poéticas, tendo por um lado poesia demais, como no caso de Beddoes, e, por outro, drama de menos ou um tipo de poesia contaminada, como *Salomé*, de Wilde, ou *Hassam*, de Flecker. Em teoria, claro, o termo "poesia dramática" propõe, como foi para Aristóteles, uma subdivisão da poesia; porém, a ampliação da arte literária às formas da prosa a torna insuficiente sem que qualquer novo termo tenha conseguido aceitação na língua inglesa, como foi a palavra *Dichtung* em alemão.

O uso que nos priva de um termo genérico oferece substitutos, que inegavelmente evidenciam boa dose de bom-senso, pois o uso resolve, com justiça um tanto rude, problemas que só podem ter soluções teóricas complicadíssimas. Assim, enquanto críticos e especialistas em estética discutem sobre a natureza precisa da poesia e do poético, falamos diariamente sobre uma "boa peça", uma "excelente peça", uma "bela peça", e os epítetos assim usados funcionam não apenas como descrições ou avaliações, mas também como indicações de *tipo estético*. O primeiro tende a ser reservado para peças sérias, com bons temas e várias qualidades de sensibilidade discreta, simpatia humana ou força imaginativa moderada, mas que não se eleva acima das mais humildes encostas do Parnaso. Se disséssemos que *Antônio e Cleópatra*, *O Sapato de Cetim* ou *Fedra* é "uma boa peça", estaríamos brincando ou deveríamos ter algum senso de sacrilégio; e ao ouvirmos qualquer uma delas assim descrita, suspeitaríamos de falta de educação literária no autor do comentário. Mas o termo faz justiça a um tipo aceitável de produção dramática, às peças de Galsworthy, por exemplo.

Os epítetos "excelente" e "bela" são mais usados para peças que evidenciam intensa qualidade imaginativa, a despeito de serem compostas em prosa ou em verso, como as últimas peças de Ibsen, *Um Mês no Campo*, de Turgueniev, ou *Os Tecelões*, de Hauptmann. Elas nos dão a oportunidade de reconhecer a força poética em formas que não cabem tecnicamente na classe da "poesia". "Ótima" é outra palavra muito empregada, porém menos orientadora, transmitindo na maioria das vezes simplesmente um sentido vago de qualidade. Ou o superlativo "melhor" (sua "melhor" peça) é usado para criar implicações especiais de avaliação.

Constituindo uma categoria tão definida (sem prejuízo, claro, de momentos incidentais em peças de várias espécies), a comédia não traz problemas de terminologia exatamente iguais, e outros termos, como "alta comédia", começaram a ser utilizados, enquanto "ótima" comédia adquire aqui uma nuança de significado – ótima comédia – que lhe dá um perfil mais preciso do que no uso destacado anteriormente. *A Tempestade* ou *Noite de Reis* são incontestavelmente peças excelentes e belas; *The Way of The World* ou *The Rivals*, por outro lado, têm de ser descritas de outro modo, "uma excelente comédia", sendo a colocação de palavras que, nesse caso, sugere o alto grau de realização imaginativa.

O que na prática todas essas frases fazem para caracterizar as verdadeiras diferenças nas peças é o que deve fazer de maneira sistemática nossa teoria de imagística e de intertessituras complexas. Elaborada dentro da estrutura da arte em geral, é suficientemente ampla para permitir um critério de *imaginação*, uma imaginação que usa muitos instrumentos diferentes e cria muitas variedades de forma. Por mais importante que seja, o verso no drama não passa de uma dessas. E no caso, para esclarecer a questão desde o início, podemos acrescer que a costumeira oposição entre prosa e "poesia" é de total inépcia quando aplicada ao drama. A razão, a esta altura, já deve estar suficientemente clara. A linguagem de uma peça é um elemento numa intertessitura de imagens que inclui cenografia e interpretação, de modo que a substituição do verso pela prosa, embora com consequências de grande alcance, não implica o mesmo grau preciso de contraste quanto aconteceria, por exemplo, na narrativa, forma destinada exclusivamente à leitura. Além do mais, a linguagem, em prosa ou verso, é diálogo, é fala. Isso também é fator de assimilação, já que em ambos os casos a linguagem serve o mesmo objetivo – o dramático –, no qual as funções dissimilares da prosa e do verso, em outras formas e usos literários, não têm mais importância.

A seguir, temos de encarar a dificuldade advinda da evolução da poesia desde o simbolismo. Em todas as discussões contemporâneas sobre o "poético" – o que é ele e onde se manifesta? – há uma tendência para nítida rarefação da ideia da poesia. O "poético", como conceito, foi decantado por referências à poesia lírica e à reflexiva, em contraste com as formas literárias em prosa; é uma ideia exclusiva altamente especializada. Mas, além disso, o movimento simbolista, liderado pelo hierático Mallarmé, teve efeito ainda mais significativo no excessivo refinamento da noção do poético; não a poesia, não o lirismo, mas uma poesia *quintessencial* tornou-se o ideal estabelecido. E seu critério, como vimos no capítulo IX, é a trama da imagística. Metáforas, tropos, ritmo e som não são mais instrumentos secundários da história, das ideias ou dos "pensamentos" e de seus sentimentos associados, mas tomam as rédeas, tornam-se a tessitura básica. Essa é uma das bases do apelo dos últimos hinos de Hölderlin, a par da influência de Valéry e do simbolismo; sua tessitura é densamente figurativa, cheia de imagens simbólicas nas quais as ideias foram quase que completamente transmutadas, emprestando aos poemas uma qualidade esotérica qual de sonho ou de iluminação mística e comparável à do ideal poético-musical dos simbolistas.

Não há nada de errado com tal critério, na medida em que ele enfoca precisamente o aspecto de metáfora e de transformação simbólica que é crucial na criação poética. Mas é muito fácil aplicá-lo erroneamente. Não é justo que ele leve à rejeição de estilos poéticos menos concentrados que o simbolista nem a uma depreciação implícita da arte em outras formas nem à convicção de que toda poesia depende apenas de uma espécie de metáfora ou de "símbolo" – a imagem poética num texto em verso. (Este último é o erro em que incorrem os que desmerecem as peças de Eliot em comparação com seus poemas mais antigos, que não percebem a transposição da força metafórica das palavras apenas para a cena e para as pessoas.) É preciso distinguir pelo menos entre três significados contemporâneos principais de "poético". Ele indica um texto em verso, significado que deriva em última análise da Antiguidade clássica. Em segundo lugar, significa o romanticamente poético, o que se refere antes a certos temas e atividades independentes de formas de prosa ou verso, como observamos em contos de fadas e em autores como Maeterlinck, cujas peças são intensamente românticas, porém escritas em prosa. Em terceiro lugar, ele significa estilo lírico e musical, primordialmente em verso, porém também em prosa. Tais variantes, tomadas em conjunto, mostram como é impossível *restringir* os significados de "poético" nas composições em verso ou nas românticas; os vários usos e influências já estão indissociavelmente entrelaçados. A alternativa é *ampliar de novo* a noção do poético e é isso que faremos, associando-o (por ser-lhe estreitamente análogo) inteiramente à noção de "arte" como um todo. É absurdo chamar Giorgione ou Ticiano de "poéticos" como se Michelângelo e Rembrandt não o fossem ou que

Maeterlinck é poético como se Corneill, Ibsen em seus últimos anos, Eliot ou Cocteau não o fossem.

No caso do drama é ainda mais errônea a aplicação de um critério de rigor romântico ou simbolista. Por certo, a importância da imagística é capital, porém o que conta no drama é o princípio da metáfora e do símbolo, não só na linguagem e no verso, mas em toda a imagística da qual ele se utiliza como arte. Um ou vários personagens, os acontecimentos ou as ações, a ambientação e, mais frequentemente ainda, a peça como um todo, são todos eles, de algum modo, símbolos que irradiam seu poder a todos os detalhes da imagística e criam um esquema unificado de metáfora e de símbolo. Além do mais, só tal sentido de um todo metafórico permite ao drama assimilar elementos de violência, que por vezes são por demais rudes em si para serem tornados poéticos ou "musicais" até mesmo pelo verso. Um personagem como Ferdinand, em *The Duchess of Malfi*, quando interpretado por um ator dotado da ferocidade sinistra necessária, é, isoladamente, por demais discordante e horrível para ilustrar uma fase do poético. Mas a imagem trágica da qual sua violência é apenas um único aspecto chega, em seu todo, a atingir a poesia.

É por isso que tomamos tanto cuidado em tratar o drama e seus componentes como imagística, por vezes figurativa, por vezes de fórmula e sempre expressiva. Ele é sempre um simbolismo da vida vista e sentida numa única operação de visão ou de intuição. A verdade do mundo mescla-se com a verdade dos sentimentos do autor, e o que resulta é a arte. Um drama que evidencia tal resultado é arte e tais efeitos, na forma dramática, são o produto do mesmo poder essencial que produz, na tessitura verbal da poesia, a "imagem poética". Nesse sentido, *Borkman*, de Ibsen, *As Três Irmãs*, de Tchecov, *Deirdre of the Sorrows*, de Synge, *Electre*, de Giraudoux e *Os Pais Terríveis*, de Cocteau, para citar apenas uns poucos exemplos de peças em "prosa", constituem, em seu caráter de todos dramáticos, imagens poéticas.

Baseando-nos assim num critério de *arte*, que é mais apropriado do que uma concepção restritiva do *poético*, vemos que as diferenças nas formas dramáticas devem ser encaradas não como um simplificado contraste linguístico de "verso" contra "prosa", mas como variações de *estilo*, sendo estilo, nesse caso, o caráter de toda a imagística dramática e não um aspecto parcial apenas da linguagem.

Diferenças de estilo pertencem às espécies de imagística utilizadas, para sua mistura e interação, e ao poder de que são imbuídas; cada peça tem seu próprio esquema de fala, de pessoas, de enredo, de ambientação, de cenografia e de imagística incidental. A qualidade poética no estilo depende da densidade simbólica e do jogo metafórico das imagens e das espécies de imagens. Por densidade simbólica não falo da agregação de símbolos denotadores, mas do poder das imagens de toda espécie – símbolos ou analogias de sentido, imagens arquetípicas, símbolos dos sonhos e do inconsciente e o que chamamos imagens-fórmulas expressivas (imagística auditiva e ritmo) – em suas referências a sentimentos. Por jogo metafórico quero dizer o processo, analisado no capítulo III, pelo qual todas as imagens numa obra de arte são por natureza metafóricas porque funcionais; seu sentido literal ou figurativo é deslocado em favor de seu efeito evocativo sobre os sentimentos inerentes à ideia artística central. Como imagens independentes, não são metáforas, mas são, na melhor das hipóteses, simbólicas. Mas por não terem identidade independente e agirem como contribuintes da unidade de impressão, essencial a toda obra de arte, compartilham do metafórico.[1]

Há peças que alcançam essa intensidade de expressão pelo uso do verso e da linguagem figurativa a ele associada, cujas vantagens especiais serão examinadas na seção seguinte. Em outras, como *Riders to the Sea*, de Synge, que são em prosa simples, o efeito nasce da natureza essencialmente simbólica do assunto, que exemplifica o heroísmo e a fraqueza humanos em seu trágico combate com uma força da natureza. A tragédia, em prosa ou em verso, está sempre confiante no efeito poético porque provoca sentimentos profundos e, já que o trágico na vida nunca fica oculto por muito tempo, toda situação trágica é imediatamente sentida como simbólica da vida em geral. Alguns autores, como Tchecov e Ibsen, utilizam em peças em prosa símbolos importantes que têm a um tempo grande efeito e grande força estrutural. Outros dramaturgos exploram o mito, a alegoria e a fantasia para obter a imagem expressiva. E, claro, qualquer uma dessas fórmulas é utilizada em combinação. Dentro dessa variedade o senso de

---
[1] O critério a que nos referimos provavelmente corresponde ao "grau de forma" de Mr. T. S. Eliot, com o qual ele indica a diferença entre peças poéticas e prosaicas.

qualidade poética é mais facilmente garantido pela metáfora centralizada do que pela incidental ou esporádica. Quero dizer que, por mais óbvio que isso possa soar, a poesia flui livremente de uma concepção poética, como podemos ver ao contrastar Maeterlinck e Brieux ou Lorca e Arthur Miller, enquanto a imagem poética esporádica que se agrega arbitrariamente não consegue redimir uma concepção insossa. A chave metafórica de Maeterlinck, de Tchecov, de Lorca, de Cocteau ou de Eliot está presente desde o início; as transposições simbólicas perpassam toda a imagística, inclusive a empostação inicial de enredo e de personagens, construindo delicado tecido de metáforas em jogo. Yeats oferece vívida ilustração desse princípio, já que em sua obra encontramos algumas peças todas em verso, algumas em verso e em prosa (*The Cat and the Moon*) e algumas em prosa (*The Words upon the Window-pane* e *The Ressurrection*), porém todas tirando sua força da metáfora e do símbolo difusos. Tal qualidade poética origina-se, em última análise, de certa disposição da mente criadora, que sempre mescla uma imagem do mundo com a da sua própria sensibilidade. "Minha peça é o *mundo*; minha peça é *meu* mundo." A peça que é apenas "o mundo", como tantas peças "problema", em geral é uma cópia exterior; sua tendência é para a imagem-cópia científica, não para a estética, e assim deixa de atingir a poesia. O que a motiva não é a expressão, mas o conhecimento. Uma peça que é apenas "meu mundo", por outro lado, é totalmente privada, funcional apenas ao indivíduo, assim como um sonho ou a aberração de uma mente doentia. O mesmo princípio alcança os aspectos individuais de estilo no diálogo, em prosa ou em verso, pelo qual distinguimos Marlowe de Chapman, Congreve de Vanbrugh, Eliot de Yeats e assim por diante. Todo diálogo mistura facetas de falas observadas com a própria expressividade do autor. Ele não tem estilo nem fica poético quando apenas imita a fala convencional; ele se torna estilo quando incorpora a si as qualidades da visão e do sentimento.

Apoiados por essa concepção do estilo na imagística dramática como um todo, podemos admitir uma escala de qualidade expressiva ou de intensidade artística sem cair nas malhas do termo poético e de seus vários significados e sem confundir a relação entre "prosa" e arte dramática. No centro, mantemos uma noção equilibrada e empírica do drama-poema, a peça que irradia num processo indissociável o poético e o dramático, que, em sua forma de verso, têm em Shakespeare e em Racine seus maiores representantes; e aqui sentimos, como veremos adiante, que o verso, embora não indispensável nem fonte única do poético, constitui forte arma a seu serviço. Muito próximos a esses dois, assim como elemento gêmeo do ideal central, vemos peças como as de Synge, de Tchecov, as últimas de Ibsen, Yeats, Lorca e Cocteau. Embora não em verso, são criações imaginativas, composições em imagística metafórica que, baseadas como são na intertessitura característica da forma dramática, tornam-se essencialmente relacionadas, como arte, ao drama-poema. Comentaremos mais tarde alguns detalhes de sua estrutura metafórica. Depois, afastando-se mais ou menos do centro poético-dramático, temos, por um lado, aquelas peças às quais as portas da poesia estão apenas entreabertas, cerradas ou até mesmo trancadas, mas que são sempre sérias, por vezes comoventes, são ao menos interessantes e compartilham aquela humanidade a que nos referimos antes. De Pinero e Jones, passando por Galsworthy e Maugham e chegando a Priestley, Morgan e Rattigan, elas são sempre em prosa e apresentam ao público uma superfície naturalista. As mais fracas caem num tom pesado e convencional. As melhores, como as de Granville Barker ou de Galsworthy, são realçadas por excelentes qualidades intelectuais, pelo *insight*, pela compreensão, pela sensibilidade moral, pela delicada compaixão, enfim, por muitas das qualidades necessárias à apreciação da arte e da vida, mas permanecem destituídas da força-chave da criação poética, da sensibilidade transmutadora do gênio.

Se tal tipo de peça fracassa proporcionalmente a uma escala descendente de poder metafórico, do outro lado do ideal central há tipos que o fazem por excesso de ingredientes poéticos ou por inclusão dos que são irrelevantes. Os principais culpados aqui são os poetas líricos que incursionam pelo drama. São plenos de poesia, mas do tipo errado; seu fracasso nasce de sua incapacidade para conceber a intertessitura correta da forma. Temos aqui também uma escala de afastamento da norma ideal, manifestada agora numa diminuição de força *dramática* que mostra a meditação lírica a estrangular o drama. É a falha das peças de Anne Ridler (por exemplo, *The Shadow Factory*) e de Norman Nicholson (*The Old Man of the Mountain*). Sentimos que têm consciência sensível sobre certos aspectos da sociedade moderna industrial e materialista (que corre o perigo de esquecer completamente não só as religiões ortodoxas, como também a mais elementar caridade natural) e que foram por isso levados ao protesto elegíaco. O molde de sua imaginação e seu tom de voz são líricos. Como o verdadeiro dramaturgo, não amam e abraçam a vida porque não conseguem resistir a isso. Como Eliot, não amam o que também odeiam, a tentação e o pecado, o deserto e o demônio. Na verdade, são bastante vulneráveis, mais dados a desejar que a tempestade não existisse do que a enfrentá-la.

Um exemplo extremo de tessitura não dramática em verso no século XIX é Swinburne, em quem o lirismo não só afoga o drama, mas em quem também um ideal musical falso vicia o lirismo. Os transgressores mais desculpáveis são aqueles como Byron e Beddoes que, apesar de praticamente substituírem uma peça por um monólogo, ao menos não se entregam ao canto lírico.

Finalmente, não devemos confundir excesso ocasional com fracasso diante da intertessitura adequada. É o que acontece caracteristicamente no drama elisabetano, no qual a ideia de eloquência teve papel tão destacado. Os exemplos mais óbvios ocorrem na extraordinária exuberância do estilo de Marlowe. Embora reconheçamos como dramática e poética a um só tempo a famosa fala de Fausto que começa com:

> *Was this the face that launch'd a thousand ships,*
> *And burnt the topless towers of Ilium?*
> *Sweet Helen make me immortal with a kiss...*

> [Foi essa a face que lançou mil navios
> E queimou as torres sem topo de Ílion?
> Doce Helena, torna-me imortal com um beijo.]

deveríamos sentir necessidade de algum argumento apologético para justificar a adequação dramática absoluta de *todo* o monólogo de Tamburlaine (Parte I, V, i):

> Ah, fair Zenocrate! – divine Zenocrate!
> Fair is too foul an epithet for thee...

> [Ah, bela Zenocrate! divina Zenocrate!
> Bela é epíteto por demais feio para ti...]

O monólogo em si está bem situado, dramaticamente, mas o que dizer da parte seguinte?

> *What is beauty, saith my sufferings, then?*
> *If all the pens that ever poets held*
> *Had fed the feeling of their masters' thoughts,*
> *And every sweetness that inspir'd their hearts,*
> *Their minds, and muses on admired themes;*
> *If all the heavenly quintessence they still*
> *From their immortal flowers of poesy,*
> *Wherein, as in a mirror, we perceive*
> *The highest reaches of a human wit;*
> *If these had made one poem's period,*
> *And all combin'd in beauty's worthiness,*
> *Yet should there hover in their restless heads*
> *One thought, one grace, one wonder, at the least,*
> *Which into words no virtue can digest.*

> [O que é a beleza, então, dizem meus sofrimentos?
> Se todas as penas que jamais tomaram os poetas
> Tivessem alimentado o sentimento dos pensamentos de seus senhores,
> E todas as doçuras que inspiraram seus corações
> Suas mentes e musas sobre temas admirados;
> Se toda a quintessência celestial que destilam
> De suas flores imortais de poesia,
> Na qual percebemos, como num espelho
> Os mais altos alcances do espírito humano;
> Se esses houvessem feito o período de um poema,
> E todos se combinado no valor da beleza,
> Ainda assim pairaria em suas cabeças sem descanso
> Um pensamento, uma graça, uma inquirição, pelo menos,
> Que não há virtude que transforme em palavras.]

Essa bela passagem mostra-nos Marlowe empurrando seu personagem Tamburlaine para o lado para dizer uma fala que é sua. Há inúmeras falhas desse tipo na intertessitura das peças em verso daquela época. Frequentemente, seria questão muito delicada discernir com clareza o grau de transgressão, pois a retórica em si já contém um componente de emoção dramática e aceitamos a eloquência poética extra sem hesitação quando ela nasce num contexto dramático de outra forma seguro.

2. VERSO NO DRAMA

Embora a qualidade poética, como afirmamos, origine-se de várias fontes, às quais devemos ser receptivos, libertando-nos dos preconceitos e dos dogmas estreitos, ainda assim é preciso admitir que o uso do verso, quando bem-sucedido (como nos elisabetanos, nos clássicos franceses, em Schiller ou em Grillparzer), é fator preponderante de expressão dramática que devemos considerar.

Nossa tarefa imediata não é a de reenunciar as principais características da poesia, o que já foi feito em capítulos anteriores, mas a de indicar o caráter especial do verso como funciona no drama. O verso, quando apropriado, é o instrumento individual mais poderoso de intensificação poética, por adicionar à linguagem ritmos decisivos e, cultivando mais cuidadosamente o som da linguagem, explorar a expressividade da voz. Ritmo e som vocal são profundamente arraigados em nossa natureza física e, portanto, intimamente ligados ao sentimento.

A primeira razão para adequação e força peculiares do verso no drama reside no fato de ser ele uma organização de ritmo, o que faz com que se coadune com outros aspectos do fluxo do tempo nas sequências dramáticas, função que aqui diverge largamente daquela do verso lírico. Tudo o que é dramático baseia-se numa intensa relação de tempo; alguma coisa ocorre antes e outra, depois, uma situação é prenunciada e logo se desenrola. O tempo está contido no drama desde o seu início, já que há sempre um passado implícito em qualquer situação da qual um drama se origina; e o drama, à medida que progride, descortina um futuro igualmente implícito. E não apenas a peça toda, mas cada cena e cada ato têm seu movimento expressivo, com retardamentos e acelerações segundo o clima. Nesse contexto, o verso é apenas a utilização de um mesmo instrumento, o tempo, em modo diverso, o que obedece ao grande princípio de unidade na diversidade e contribui à intensidade e à economia de expressão.

A segunda razão convincente para uso do verso no drama é ligada ao fato de emoções intensas buscarem expressão numa linguagem enfática e, sob esse aspecto, ritmo e linguagem figurativa apropriados ao verso mostram intensidade maior. Tal argumento é muitas vezes aproveitado para justificar o uso do verso.

É essencial, no entanto, diferenciar entre as razões psicológicas à fala enfática das *pessoas* do drama e aquelas para empostação por parte do *poeta*.

De modo geral, é verdade que, quando emocionados, buscamos alívio nas palavras e, mais do que isso, em palavras exageradas. A psicologia bem sabe que a emoção intensa tende para expressão hiperbólica. Isso obviamente tem relevância para situações dramáticas na vida e no drama, mas também é um aspecto da própria gênese da poesia, seja ela da espécie que for. Essa motivação produz a expressão exaltada dos personagens de uma peça, o que é parte do aspecto figurativo do drama, bem como um argumento para caracterizar a vida como a coisa retratada, mas também projeta a peça toda como uma obra criada pela imaginação, o que constitui um argumento que a caracteriza como necessidade do dramaturgo de aliviar-se de sua visão e da emoção que nela sente.

A diferença entre as duas é que, num caso lidamos com emoções que são parte da ação e no outro, com sentimentos provocados no poeta por algum aspecto da experiência observada, ponderada e elaborada pela imaginação, da qual a peça como um todo é a expressão. Quanto à expressão exaltada da *vida real* e à do *poeta*, a diferença é nítida. Mas na fala exaltada dos personagens dramáticos, composta e estilizada pelo dramaturgo, há nítida mistura das duas.

Podemos descrever a posição da seguinte maneira: na vida quotidiana, nas situações naturais a expressão exaltada da emoção é autêntica, porém crua; consiste na linguagem forte convencional, no vitupério, nas pragas, nos rogos, nos epítetos hiperbólicos e nas interjeições. O poeta, entretanto, não transcreve literalmente o real, mas nos dá imagens dele; qualquer fala de um personagem, embora tenha motivos da vida real para expressão exaltada, tem, além disso, de integrar-se no total da criação do poeta e, consequentemente, é transformada em expressão e assume o estilo poético. Liga, assim, o poeta seus próprios motivos, estéticos e emocionais, aos naturais, para os quais buscamos a linguagem mais estridente e violenta da paixão na vida real. E desse modo a fala dramática na forma poética exaltada corresponde logicamente tanto à psicologia da vida quotidiana quanto à da criação poética. E embora não falemos normalmente em verso e o chamemos de "convenção", existe um sentido no qual ele é eminentemente natural. Do mesmo modo que a dança começa no transbordamento natural de emoções intensas, assim também nasce o ritmo na poesia.[2]

Após esses comentários gerais, dois pontos devem agora ser observados a respeito do verso no drama. O primeiro é o da óbvia influência recíproca entre os dois. O que foi dito anteriormente a respeito da fala no drama aplica-se também ao verso no drama; ele é dramático se for organicamente ligado a uma estrutura dramática. Se o enredo caminha, se os personagens estão envolvidos em movimento, paixão ou ação, como devem, o verso é, *ipso facto*, parte da estrutura, do movimento, da emoção; quando integrado na fala dramática, é uma forma de ação. Não importa para o verso, no drama, que na vida real as pessoas não falem em jambos ou trímetros, mas é importante que o verso escolhido seja relacionado ao que fica contido nos diálogos dramáticos da vida real. O verso no drama torna-se uma espécie particular de verso, distinguível dos tons líricos ou filosóficos, e a impressão de engano, de nota falsa, no estilo poético no drama, só surge quando é perturbada a relação adequada entre verso e ação, como em Byron ou Swinburne ou em experimentadores modernos como Anne Ridler ou Norman Nicholson.

Mas sendo essa relação recíproca, observamos também que uma ação expressada em versos no drama é por sua vez modificada. Ela difere da ação da maioria dos tipos de peça em prosa, porque o verso permite um desenvolvimento de emoção e de paixão a um tempo mais forte e mais sutil. Peças policiais ou de mistério, por exemplo, têm enredos altamente dramáticos e personagens sem qualquer sutileza. São normalmente armadas como uma grande charada e com a sequência de acontecimento estritamente ligada a causa e a efeito. São o polo oposto da peça em verso. Peças de problemática social, como *Strife* ou *Justice*, de Galsworthy, são plenas de emoções fortes, porém concebidas em termos de conflito social, o que mantém os sentimentos um tanto primários (por sinceros que sejam) e exclui uma acuidade espiritual mais requintada. Do mesmo modo, o drama emocionalmente violento e socialmente preocupado de alguns

---

[2] J. Middleton Murry tratou desse problema em seu *Shakespeare*, cap. XII. Sua solução é engenhosa, porém depende do uso de um motivo idêntico para a expressão "poética" na pessoa da ficção e no poeta real, paralelo esse que minha visão da imagística dramática exclui.

dramaturgos americanos, como O'Neill, Arthur Miller e Tennessee Williams, depende do impacto realista direto de naturezas rudes e primitivas, simples ou semiarticuladas, por vezes até subinteligentes, vivendo em condições difíceis provocadas por problemas sociais ou pelo clima, o que exclui completamente a possibilidade do uso do verso. A peça em verso, ao contrário, por mais ação violenta que carregue (basta pensar nos elisabetanos), contém acima de tudo um drama interior de sentimento e de motivo vivido por pessoas moral e espiritualmente sensíveis e desenvolvido numa linguagem elaborada e sutil.

Isso nos leva ao segundo ponto sobre o verso, o de ele não só formar por si mesmo uma imagística expressiva auditiva e motora, mas também liberar outras possibilidades poéticas. Dentro de sua estrutura, todos os meios de expressão tendem para maior intensidade, embora continuem a parecer naturais, de modo que alto índice de linguagem figurativa, que em prosa seria absurdo, parece aqui espontâneo e apropriado. Ao buscar congruência, sente suas várias espécies de imagens ou, em outras palavras, pelo reforço mútuo das referências simbólicas aos sentimentos, o verso disponibiliza ao material da visão especificamente dramática os significados mais altamente organizados característicos da poesia em geral. Ele amplia o âmbito da expressão sobre aquele disponível à prosa, pois um instrumento sutil percorre as sutilezas da natureza, revelando mais das pessoas, de seus motivos, de seus pensamentos e de suas situações do que o fariam ferramentas mais rudes. Como em arte tudo é questão de assimilação mútua, a ampliação dos significados por intermédio de uma força poética aumentada reflete-se na qualidade dramática; se o verso ou a poesia torna a expressão do drama mais completa, torna-o mais dramático. Encontramos confirmação para todas essas razões no fato (muitas vezes pressuposto, porém raramente enunciado) de que, embora o verso não seja indispensável à melhor arte dramática, é inegável que todas as melhores peças que conhecemos são, apesar disso, em verso.

Em todo o período da maturidade de Shakespeare existem exemplos desse processo pelo qual a poesia amplifica o drama, não por alterá-lo ou por acrescentar-lhe algo, mas por torná-lo mais ele mesmo numa infinidade de maneiras. A cena da charneca em *Rei Lear*, que expande a tal ponto o drama que muitos chegam a considerá-lo ininterpretável; os diálogos de amor de *Romeu e Julieta*, que determinam a escala de emoção e, portanto, a da tragédia; e as imagens e os sons das falas de Otelo, que por si transmitem a complexidade emocional desse personagem tão delicadamente equilibrado e permitem-nos aceitar sua tragédia a despeito da credibilidade são apenas alguns exemplos. Para mencionar o óbvio, podemos acrescentar que o uso do verso também facilita a variedade e as mudanças de humor, quando a poesia pode inclinar-se ao lírico, ao meditativo, ao filosófico, etc., sem desligar-se do esquema dramático. Ela possibilita não só uma expressão mais adequada do que determinada pessoa em certa situação tem de sentir e dizer, mas também amplia o alcance e a diversidade na composição. A inserção da *poesia lírica* (canções) numa peça é questão diferente. É a introdução de um tipo diverso de tessitura poética, claramente justificada se tais inserções tiverem uma função dramática. Muitas vezes, seus temas fundem-se com os da peça, como as canções de Gretchen em *Fausto* ou as de Ariel em *A Tempestade*.

Todos esses aspectos são aceitáveis desde que o verso se integre no princípio da intertessitura característica, o que não significa que a tessitura do verso dramático será mantida na mesma densidade, o que seria absurdo. Além do mais, os vários componentes da expressão (métrica, som e figuras de retórica) mudam a cada momento o equilíbrio entre si; ora um, ora outro fica proeminente e raramente são todos usados plenamente. Os contrastes assim conseguidos contribuem à sua própria maneira ao efeito dramático. Daí, a grande força do despojamento total, quando ocorre, como, por exemplo, em *Ripeness is all*.[3] Alternâncias de intensidade não devem ser confundidas com complexidade defeituosa, que se evidencia quando a expressão é inapropriada ou superfluamente ornada, como acontece nos elaboradíssimos conceitos da primeira fase de Shakespeare. Ideais especiais do drama elisabetano, como da "retórica" ou da "eloquência", naturalmente resultam em complicações no detalhe, sobre as quais existe abundante crítica. Tais exceções, porém, não destroem a força do princípio da expressão exaltada que aqui apresentamos.[4]

---

[3] "A maturidade é tudo", *Lear*, V, v. (N. T.)

[4] Cf. por exemplo M. Doran, *Endeavors of Art*, especialmente o cap. 2.

O grande sucesso do verso branco como instrumento do drama aconteceu pelo fato de ser ele tanto um metro muito simples e regular, e o mais próximo possível do fluxo natural da língua falada, quanto por permitir as mais variadas e sutis amplificações rítmicas. Os eventos mais corriqueiros podem ser ditos nele em tons quase idênticos aos da conversa, enquanto, por outro lado, sua extrema flexibilidade permite variações rítmicas suficientes para toda a complexidade das situações dramáticas, bem como as mais requintadas exigências da invenção poética. Disse Eliot que o uso do verso branco para a poesia não dramática o estragou para uso subsequente no drama, mas o uso que dele fez Milton para o épico ou Wordsworth para a poesia filosófica só ressaltou as potencialidades que já continha.

Eliot expressou o problema da intensidade variável em termos de um esquema rítmico ou musical "subjacente" que mantém a emoção do espectador de tal modo predisposta durante os trechos mais rasteiros da peça, que ele aceita a subida para momentos mais intensos sem qualquer sensação de quebra ou de choque no estilo ou na naturalidade do processo. Quando o público da estreia de *The Cocktail Party*, antes de sua publicação, não percebeu que a peça era em verso, Eliot ficou contente; julgou que podia legitimamente considerar que seu objetivo havia sido alcançado. Entretanto, seu estilo, como o de alguns elisabetanos menos expressivos, usa menor número de tropos do que o de Shakespeare ou de Marlowe. O estilo altamente figurativo desses últimos conduz ao processo de metamorfose do sentido do "natural"; dentro da estrutura de tal estilo aceitamos como natural, como dissemos anteriormente, uma linguagem elaborada que seria inadmissível na prosa. A "naturalidade" de estilo de Eliot, convenhamos, depende menos desse princípio. Não se trata exatamente da emanação de uma qualidade "natural" esotérica dentro da convenção do verso, mas da incorporação no verso de uma naturalidade de tom característica da fala contemporânea. Por isso, seu estilo é mais despojado, menos retórico. Não podemos subestimar, porém, os requintes extraordinários de ritmo e de som (imagística de fórmula, em nossos termos) nos quais Eliot se apoia para manter em fluxo sua corrente subterrânea de poesia e transpô-la para um registro mais alto quando necessário. Nisso, ele se aproxima de alguns dos dramaturgos em verso franceses ou alemães, como Racine e Goethe (em *Iphigenie auf Tauris* e *Torquato Tasso*), cuja tessitura de verso também alcança seus efeitos por intermédio da imagística auditiva e do ritmo como recursos parcimoniosos ao uso da metáfora.

Eliot é muito circunspecto em sua tentativa de encontrar um verso natural e dizível para suas peças. Claudel ilustra o temperamento oposto. É cheio de altos sentimentos a transbordarem descuidadamente em linguagem exaltada e hiperbólica e concebe seus personagens e suas atividades espirituais da mesma maneira. Ele é cônscio, acima de tudo, do poderoso e dominante ardor emocional num indivíduo, um chamado dinâmico às mais intensas crises de emoção ou a dilemas morais ou religiosos. Tais forças no indivíduo são vistas como parte de um monumental esquema de atividade e de dominação divina. Suas concepções (em *Partage de Midi*, *O Sapato de Cetim*, *O Refém*, etc.) são, sem dúvida, plenas de uma vitalidade simultaneamente poética e dramática. Sua imaginação, fascinada e obcecada pelos mais profundos e sublimes extremos do homem e de seu destino, busca cada recanto e cada gradação do sentimento e cria no diálogo uma imagística a isso dedicada, com seus ritmos de versículo e sua vasta gama de figuras de retórica. Seus grandes temas religiosos – amor da terra, amor da mulher, amor de si mesmo e amor de Deus – indicam os dramas mais tensos da vida humana que, ao mesmo tempo, requerendo uma linguagem simbólica, fluem naturalmente à poesia. Em todo Claudel, o tema e a concepção conduzem de tal modo à poesia e ao drama juntos que ele, às vezes, pode parecer como a grande resposta à aspiração de Eliot por um drama moderno em verso.

No entanto, há uma falha em Claudel que sempre deixou sua estrutura aberta à crítica. É comum ouvirmos dizer que ele é por demais lírico, mas creio que isso é má interpretação, mesmo que "lírico", no caso, signifique poesia entusiástica ou hínica. A falha consiste na expansão da expressão da emoção de personagens separados (Ysé, Mesa, Prouhèze, etc.), transborda a discrição da estrutura do drama e do espetáculo teatral. As pessoas estão em situações dramáticas e suas emoções também são dramaticamente potentes, mas elas crescem profusamente e se sustentam, impedindo seu fluxo na ação propriamente dita. Tornam-se estáticas, monumentalizadas como expressões grandiosas de emoção. Um sentido essencialmente dramático de conflito e de tensão emocionais, em lugar de encontrar uma forma fluente de crise e de resolução, é expressado em monólogos de sentimento. Em O *Refém*, vemos Claudel deliberadamente tentando corrigir essa tendência e atingir uma disciplina mais rígida na construção dos personagens e do enredo.

Ao examinar a relação entre drama e poesia, como o fizemos nesta seção, não pretendemos formular receitas, mas apenas analisar os efeitos do gênio. Quando um poeta faz uma experiência no drama e fracassa, não importa dizermos que teria bastado que fizesse isto ou aquilo, usado o verso branco em lugar de outra métrica, omitido suas efusões líricas, etc. Seu fracasso simplesmente não se deve à técnica do verso, mas à insuficiência de amplidão psicológica e humana e a seu sentimento pela fala como ação. Exemplos de fracassos desse tipo foram examinados na seção anterior sobre fala dramática.

Ao concluir esta seção, podemos acrescentar uma observação sobre a ópera. Dissemos que o verso trouxe consigo uma organização mais complexa de ritmo e de som vocal, produzindo expressividade mais intensa e elevando a qualidade dramática. A ópera realmente baseia-se nesse mesmo princípio. No capítulo IX, vimos como, no estilo lírico, chega-se a um ponto no qual o efeito depende ao máximo da "música" da língua, em ritmo e em expressão vocal, além do qual o poema transforma-se em canto. Do mesmo modo, na relação entre o drama e a ópera a expressividade vocal que no drama é emprestada às palavras pode ser de tal modo intensificada que o canto toma o lugar da palavra, sendo o canto no caso de caráter dramático. Pois a ópera é uma exacerbação ainda maior dos aspectos emocionais e passionais dos significados dramáticos; sua estrutura depende da maior intensificação possível de alguns poucos momentos escolhidos de uma ação. A palavra ainda é usada, porém com alteração na intertessitura. Um libreto, como é chamado, é um guia para o cantor, um esqueleto a ser recoberto com a carne e o sangue da música; seu esquema não é mais o da voz na palavra, como na poesia, mas da voz no canto. E contrasta com o texto plenamente realizado de poesia dramática, que incorpora em si certo grau de expressão "musical". Assim, tanto a ópera quanto o drama em verso, com resultados diversos mas partindo de um mesmo princípio, alcançam a intensificação da expressão. Devemos admitir que as estilizações da forma musical operística são mais radicais do que as do drama em verso, atingindo um extremo. Por um lado, a música torna o drama mais intenso, mas, por outro, retarda o fluxo dos acontecimentos e das mudanças das situações e prolonga o momento dramático, o que impõe convencionalização mais severa à interpretação e ao gesto. O resultado é a interpretação "operística", que dá aspecto antinatural e incongruente à cena. Por isso, embora a ópera possa transcender o drama em verso em alguns aspectos, paga um preço na restrição da arte do ator; no drama em verso a complexidade de toda a imagística é mais natural e uniformemente equilibrada.

3. VERSO E COMÉDIA

Em nossos comentários gerais sobre o verso no drama não discriminamos entre seus diferentes tipos, porém devemos admitir que os exemplos mais claros das observações anteriores são encontradas na tragédia em verso. Porém, o princípio é aplicável a todo o drama e não menos à comédia que ao drama romântico, histórico ou didático. A comédia talvez requeira um comentário desnecessário em relação aos outros tipos, em primeiro lugar por ser o tom da comédia mais intelectual do que emocionalmente determinado e, em segundo, por ela tradicionalmente ser "realista". A ideia de uma intensificação poética não seria relevante se só a ligássemos a significados emocionais, mas não é essa nossa intenção. A intensificação trazida pelo verso aplica-se a todos os significados de uma peça em função de seu efeito central. Se este for trágico ou de qualquer forma sério, a intensificação será relacionada ao sentimento, à paixão, à vontade e à emoção; se cômico, ela se relacionará exatamente às mesmas coisas a não ser pelo fato de serem refratadas pela intenção cômica, produzindo efeitos diversos. A proximidade da comédia às lágrimas e à tristeza já foi muito comentada, do mesmo modo que, por outro lado, percebeu-se que a primeira cena de Lear contém elementos de comédia. Um estudo sobre as falas de Arnolfo, o ciumento guardião da *Escola de Mulheres*, de Molière, revela a linguagem de um indivíduo que sofre autenticamente, embora sob enfoque cômico.⁵ Do mesmo modo, a linguagem enfeitada de personagens como Volpone ou Sir Epicure Mammon, de Jonson, constitui, dentro do círculo satírico desenhado à sua volta, uma expressão mais sutil e adequada do tipo de personagens que são. E essa exaltação da substância conduz a um correspondente no efeito; quanto mais reveladora a linguagem poética, tanto maior o resultado cômico.

Não é nossa tarefa aqui estudar em detalhe o papel do verso na comédia, mas apenas indicar como nosso princípio básico de intensificação poética se aplica a esse ramo do drama. Resumidamente, portanto, podemos dizer que a maioria dos efeitos principais da comédia pode ser propiciado se o verso tomar o lugar da prosa. Sátira, ironia, humor, espírito, sarcasmo, cinismo, caçoada e

---

⁵ Cf. *Escola de Mulheres*, ato III, cena v:

Arnolphe, só

Comme il faut devant lui que je me mortifie! / Quelle peine à cacher mon déplaisir cuisant! / Quoi! Pour une innocente un esprit si présent! / Elle a feint d'être telle a mes yeux, la traîtresse, / Ou le diable à son âme a soufflé cette adresse. / Enfin me voilà mort par ce funeste écrit. / Je vois qu'il a, le traître, empaumé son esprit, / Qu'à ma suppression il s'est ancré chez elle, / Et c'est mon désespoir et ma peine mortelle. / Je souffre doublement dans le vol de son coeur / Et l'amour y pâtit aussi bien que l'honneur. / J'enrage de trouver cette place usurpée, / Et j'enrage de voir ma prudence trompée. / Je sais que pour punir son amour libertin / Je n'ai qu'à laisser faire à son mauvais destin, / Que je serai vengé d'elle par elle-même; / Mais il est bien fâcheux de perdre ce qu'on aime. / Ciel! puisque pour un choix j'ai tant philosophé, / Faut-il de ses appas m'être si fort coiffé! / Elle n'a ni parents, ni supports, ni richesse; / Elle trahit mes soins, mes bontés, ma tendresse: / Et cependant je l'aime, après ce lâche tour, / Jusqu'à ne me pouvoir passer de cet amour. / Sot, n'as-tu point de honte? Ah! je crève, j'enrage, / Et je souffletterois mille fois mon visage.

[Como é preciso diante dele que eu me mortifique! / Que dor é esconder meu desprazer amargo / O quê! Para uma inocente um espírito tão em dia! / Ela fingiu sê-lo a meus olhos, a traidora, / Ou então o diabo soprou tais palavras à sua alma. / Enfim aqui estou eu morto por esse funesto escrito. / Vejo que ele, o traidor, empalmou seu espírito, / Que à minha falta ele se ancorou junto a ela, / E é meu desespero e minha dor mortal. / Eu sofro duplamente no voo de seu coração / E o amor está sofrendo tanto quanto a honra. / Enraiveço de encontrar esse lugar usurpado, / E enraiveço de ver minha prudência enganada. / Sei que para punir seu amor libertino / Não preciso fazer mais que a deixar cumprir seu mau destino, / Que serei vingado dela por ela mesma; / Mas é bem triste perder-se aquilo que se ama. / Céu! pois se para uma escolha filosofei tanto / Será necessário que me sinta tão preso por seus encantos? / Ela não tem pais, nem apoio, nem riqueza; / Ela traiu meus cuidados, minhas bondades, minha ternura: / E assim mesmo eu a amo, depois de sua ação covarde / A ponto de não poder me livrar desse amor. / Tolo! Não tens vergonha? Ah! Eu estouro, fico louco de raiva / E esbofetearia mil vezes o meu rosto.]

paródia, podem ser expressados com mais vivacidade e agudeza, especialmente quando se usa a rima e, com a linguagem, o ritmo e a metáfora revelando suas nuanças mais sutis de significado e de tom, não menos que na tragédia, embora em direção diversa. A questão é que a ideia da expressão intensificada não pode ser limitada à espécie de intensidade emocional associada ao drama sério ou à poesia lírica.[6]

Não é necessário, entretanto, argumentar que o verso seja sempre superior à prosa; tal atitude aliás sempre é mais defensável quando se trata de drama sério. O exemplo da comédia da Restauração lembra um tipo que requer a prosa. Todos os personagens, no caso, são da maior sofisticação e a intenção é a de retratar os costumes de uma sociedade na qual os sentimentos autênticos não valem nada e o frívolo culto do prazer egoísta a expensas de outrem é tido como o maior dos bens, o que implica a expressão de toda espécie de atitude maliciosa, impiedosa e cínica pela palavra e pelo gesto. O núcleo real de sofrimento potencial que transparece em muitos dos personagens de Molière, por trás de sua brilhante apresentação cômica, está totalmente ausente das peças da Restauração; igualmente ausente está a larga gama de invenção cômica na caracterização e na concepção de situações humanas em que se encontram eles na obra de Shakespeare. Na comédia da Restauração, o próprio assunto, o assunto humano, é limitado e só uma pequena parte da mente e da emoção está na ação; e até mesmo a prática da malícia e o culto da galanteria cínica, por mais brilhantes que sejam, estão claramente focalizados sobre uma área de comportamento muito limitada. Não há nada na forma, portanto, que requeira o verso.

4. SÍMBOLOS E A INTENSIFICAÇÃO POÉTICA NO DRAMA

Símbolos são agentes de intensificação poética quando funcionam como focos de sentimentos ou de um grupo de ideias e de sentimentos associados, com a complexidade ou a densidade desse simbolismo variando enormemente. Logo,

---

[6] As alegrias dionisíacas de Aristófanes são um caso à parte.

das principais teorias deste ensaio, arte e poesia não deveriam ser simplesmente equacionadas a "símbolos", pois há várias espécies deles, mas a função particular em virtude da qual uma imagem evoca insistentemente certas associações de sentimento ou de referência é que produz o símbolo familiar em contextos poéticos. Desse ponto de vista há um componente simbólico em toda imagística de arte. Em nossos capítulos iniciais, quando tentávamos isolar a imagem "figurativa", concluímos que ela nunca existe em sua forma pura, pois carrega consigo uma carga de sentimento expressado. A fórmula-imagem expressiva, como a chamamos, é claramente um símbolo de sentimento. E, finalmente, relacionamos parte do poder da metáfora ao fato de seu efeito residir numa imagem que estabelece uma referência de sentimento imediata. Esses vários processos simbólicos estão presentes no drama e nas outras formas literárias, de modo que o problema em questão não é a ausência ou a presença de características que possam ser tiradas, como capas de poltronas, e classificadas como "símbolos", mas o do grau e a diversidade do processo simbólico. Por isso, usamos a ideia de intensificação poética, que se realiza entre os extremos da simples representação e uma densidade que destrói a clareza ou o objetivo dramático. Nesse processo de intensificação, o que acontece é que a tessitura simbólica torna-se mais intricada, como quando o verso toma o lugar da prosa ou quando se usa metáfora, que inclui substituições simbólicas. Não falamos de um acréscimo de símbolos, uma adição, com efeito quantitativo. A lei da intertessitura complexa é sempre válida, manifestando-se aqui no delicado ajuste e na coordenação de todos os símbolos e no funcionamento das partes como um todo.

Assim, as fontes do simbolismo no drama são numerosas e desde que funcione num contexto estético, ele melhora a qualidade poética. Já falamos do simbolismo que nasce do enredo e dos personagens e mencionamos o simbolismo dos mitos e dos sonhos; o drama que desenvolve tais modos produz alguns dos efeitos da poesia ou, pelo menos, capta alguns reflexos da luz poética. O que tem de ser acrescido agora são alguns comentários sobre o uso deliberado de símbolos selecionados e identificados que caracteriza alguns estilos de drama, e também da poesia e da novela, desde o início do século XIX, sendo a fonte de tais estilos o romantismo ou o chamado movimento "simbolista" na poesia ou um interesse em símbolos provocado pela psicologia e pela antropologia, as "novas" ciências.

Um exemplo claro é o cerejal da peça de Tchecov. Trata-se de um símbolo complexo que deve sua força e sua eficácia precisamente a essa complexidade. O cerejal enfoca tanto os significados centrais da peça quanto os subsidiários; o leilão no qual ele passa às mãos de Lopakhin, o arrivista, é o clímax de toda a ação. Ele era propriedade, na verdade um luxo, da classe latifundiária decadente, que se agarra a ele até o último momento, apesar das dificuldades econômicas. Depois, passa a pertencer ao novo tipo social dominante, o negociante que se fez sozinho e sabe como torná-lo financeiramente lucrativo e socialmente útil cortando as árvores, construindo casas para veraneio e enriquecendo-se com isso. O cerejal tem significados simbólicos e emocionais para ambas as partes desse drama da mudança social e também para Trofimov, o estudante que, embora esteja fora do conflito imediato de interesses, é cheio de premonição sobre o progresso da humanidade, e finalmente para o espectador, a quem Tchecov guia através de toda sua visão por meio dessa imagem. Para Madame Ranevsky o cerejal significa sua casa e sua propriedade, sua ancestralidade, as tradições de sua classe e seu modo de vida, mas também sua infância, sua juventude e sua felicidade. Para Lopakhin, simboliza a escravidão em que seu pai e seu avô viveram, cuja aquisição representa para ele a libertação e uma triunfal retribuição, um acerto de contas em nome de seus ancestrais oprimidos, bem como uma vitória da "nova vida" para seus netos e bisnetos. Para Trofimov é o símbolo do torturado passado social da Rússia, que é preciso ser expiado para que a vida possa recomeçar:

> (...) Pense apenas, Anya, que seu avô, seu bisavô e todos os seus antepassados foram senhores de escravos – donos de almas vivas – e que de cada cereja no pomar, de cada folha, de cada tronco há criaturas humanas olhando para você. Você não consegue ouvir suas vozes? É terrível! Seu pomar é uma coisa atroz e quando à tarde ou à noite se passeia nele, a velha casca das árvores brilha tenuemente na penumbra e as velhas cerejeiras parecem estar sonhando com os séculos passados, torturadas por visões terríveis. É verdade! Estamos atrasados no mínimo duzentos anos, até agora não conquistamos nada, não

temos nenhuma atitude definida em relação ao passado, ficamos só teorizando, queixando-nos da depressão ou bebendo vodca. Não há dúvida de que para viver no presente precisamos primeiro expiar nosso passado, separarmo-nos dele; e só podemos expiá-lo pelo sofrimento e por um trabalho extraordinário e incessante. Compreender isso, Anya.

Afinal, enquanto o pomar é um símbolo de referências emocionais variadas, para cada um dos personagens, para o autor e para os espectadores ele é um símbolo correspondentemente complexo, mas também eminentemente unificador – como estrutura e emoção – para o significado de toda a peça. Um símbolo que funciona desse modo intensifica a qualidade de um contexto estético e cria a densidade de tessitura metafórica característica da poesia. Não nos esqueçamos, porém, de que ele também é dramático por sua função, pois é o eixo da ação.

Esse tipo de simbolismo aparece com frequência nas peças modernas em prosa e é em Ibsen que talvez ele seja mais familiar. Ele usa duas formas: a do símbolo visível, como o pato selvagem, a torre de Solness ou as pistolas de Hedda Gabler, e a da referência repetida, como os "espectros" (ou os hábitos e tradições que nos tiranizam) ou os "cavalos brancos" de Rosmersholm. Um bom exemplo do efeito intensificador desse tipo de simbolismo numa obra que, de resto, é do estilo realista mais simples, é encontrado em À *L'Ombre du Mal*, de Lenormand. Aqui, a selva africana, onde se desenrola a ação (e a cuja ferocidade da natureza e do clima são acrescidas práticas primitivas e mágicas de nativos ainda em grande parte selvagens), é associada, em ideia e sentimento, à ferocidade primitiva, irracional e anti-humana que está à espreita até mesmo na natureza do homem civilizado, pronta a explodir de forma incontrolável contra sua vontade e seu senso moral. O mistério e o terror da ambientação física deixam assim de ser apenas efeitos dramáticos superficiais, para serem equacionados com o mistério e o terror da natureza humana, da fragilidade de suas mais altas aspirações. A peça é envolvida por uma atmosfera emocional em grande parte criada por esse simbolismo, por meio do qual uma ambientação que poderia ser apenas figurativa é transformada em poderosa imagem expressiva. E novamente tal imagem tem força dramática por ser parte integrante da ação.

Em contraste com tal simbolismo subsidiário tão pouco complexo há os estilos saturados de Maeterlinck e Yeats. Nesses autores, sem dúvida observamos a alta qualidade poética da imagística simbólica em prosa ou em verso. Sentimos a confluência de métodos da poesia romântica, mística e simbolista às quais a imagem sensorial tantas vezes serviu como signo ou como símbolo de poderes sobrenaturais e de essências transcendentais; e também a influência do ideal musicalizado da poesia, para o qual a linguagem funciona como ponto de encontro da imagística auditiva e visual, com significados verbais simples reduzidos a mero eco do normal. E finalmente, sentimos a influência das imagens de sonho e daquilo que foi mais tarde chamado de imagens arquetípicas, que também formaram parte da herança romântica. As primeiras peças de Maeterlinck – "simbolistas" ou "para marionetes", como são chamadas – têm a qualidade dos sonhos, dos pesadelos e dos transes, imagística que expressa o terror dos mortais diante de sua precária situação, frente a frente com os poderes contra os quais são impotentes. As peças curtas de Yeats apresentam sempre alguma situação sem dúvida dramática, porém concebida com um simbolismo variado que termina por expressar com grande intensidade alguma emoção particular, como patriotismo em *The Dreaming of the Bones* ou o trágico desejo dos homens de serem como os deuses em *At the Hawk's Well*. O estilo desses autores é uma mistura entre o dramático e o lírico. Não é verdadeiro dizer que suas obras não são dramáticas, mas o são dentro de uma escala estritamente limitada. Afastam-se da forma dramática característica em sua melhor expressão, e suas estilizações simbólicas tendem a diluir a substância humana figurativa do drama, transformando-a em algo mais musical e lírico. Assim, embora tais peças mostrem como as poderosas imagens simbólicas de várias espécies ajudam a poetizar o drama, mostram também os riscos envolvidos.

5. DRAMA E MITO

Já que os mitos são naturalmente poéticos, as peças neles baseadas tendem a ser poéticas também. O início da história do drama na Grécia mostra o mito aliado ao verso (com a "música" e a "dança" coadjuvando) em unidade indissociável que, tendo influenciado uma concepção ortodoxa do drama poético por muitos séculos, realmente impediu que alguém chegasse a perguntar se o mito em si, independentemente de sua incorporação a uma estrutura composta de arte, era poético. Hoje, sabemos a resposta a essa pergunta. Mitos são uma forma de simbolismo semelhante aos sonhos e à arte. Mostram situações simbólicas, expressam terrores e desejos, tabus e devoções, consistindo numa forma de catarse.

Dramaturgos modernos, recorrendo à fabricação de mitos pela recuperação dos velhos ou pela criação de novos, exploraram essa fonte natural de poesia. Um mito no centro de uma peça ajuda a criar estilo, empresta-lhe ressonância e profundidade. Ao mesmo tempo, devemos reconhecer que mitos são apenas esqueletos que necessitam de apoio antes de se tornarem arte dramática e, segundo a natureza do apoio, realizam-se ou fracassam. O ponto de partida é uma poderosa semente arquetípica, porém os detalhes de toda realização dependem de determinada situação cultural, à qual o próprio dramaturgo faz sua contribuição – Ésquilo, Sófocles e Eurípides têm visões diversas de Electra e de Orestes. O mito é completado a cada momento com uma variável substância de convicção e de comportamento humanos.

Assim, o mito dá um impulso na direção da poesia, que tem de ser desenvolvida. Um estilo dramático poderosíssimo nasce da combinação de três elementos: um núcleo mítico, uma forte realização psicológica das pessoas do drama e uma imagística de fórmula sutil. O primeiro fornece um centro vibrátil e misterioso, situado no coração da experiência humana e ao qual reagimos com o nosso próprio núcleo de sentimentos, o segundo acrescenta um quadro convincente de circunstâncias reais e o terceiro propicia a expressão de todos os sentimentos correlatos por meio da ação. Assim, a visão da realidade e a visão do sentimento fundem-se e são revividas como ideia na arte da peça. Onde tal combinação é alcançada existe a maior concentração de metáfora, a que nos referimos anteriormente, porque a elaboração poética é a expansão de uma semente poética. Isso não significa que o estilo depende inteiramente do uso do mito, mas apenas que um estilo mais intenso pode ser alcançado dessa forma.

Ele ajuda a estabelecer a superioridade de Racine sobre Corneille, de Goethe sobre Schiller e, no drama grego, de Sófocles sobre Eurípides, e podemos acrescentar, das tragédias de Shakespeare sobre suas peças históricas.

Entre os dramaturgos contemporâneos dois em particular tentaram alcançar esse esquema composto com considerável sucesso: Eliot, na Inglaterra, e Cocteau, na França. O primeiro ligou mitos religiosos ao moderno conhecimento da psicologia, num golpe brilhante em sua agudeza e habilíssimo em seu objetivo hierático, que ele mergulhou na imagística de fórmula expressiva do verso e da dicção poética. Em O *Assassinato na Catedral* ele utiliza um tema histórico como o caminho para o mito; em *The Family Reunion* e *The Cocktail Party*, alcança um mito nascente por meio de uma superfície contemporânea, com apoio de aspectos de velhos mitos do drama grego; e em *The Confidential Clerk*, toma como seu núcleo não um mito, mas algo muito próximo, a imagem de um órfão, bastardo, pária ou o "eu" velado, não descoberto, repetida e generalizada em várias pessoas.

Cocteau também colocou mitos no centro de suas peças, também incorporou a eles a realidade psicológica em forma moderna e criou uma imagística de fórmula expressiva de espécie pouco convencional. Não se trata de verso, mas de um sistema de imagens simbólicas "do" teatro – da cena, da decoração e dos figurinos, tanto quanto dos incidentes. De seu estilo original, falaremos mais na seção seguinte. Aqui, quero apenas salientar a proximidade de sua intuição, em questões de estilo dramático, da de Eliot; ambos desenvolvem um mito ou uma situação semelhante à do mito com realismo e com música. Eles reincutem, num esquema mítico, a verdade do comportamento e das circunstâncias humanos particularizados, ao mesmo tempo em que permitem seu poder arquetípico, acumulado no passado, a reverberar pela realidade, envolvendo o todo com uma imagística de sentimento.

Outros escritores contemporâneos ou do passado recente bebem nas mesmas fontes, porém não com o mesmo equilíbrio de efeitos. Dos poetas mais óbvios, Yeats e Claudel, o primeiro chega perto numa obra como *The Dreaming of the Bones*, porém em escala muito limitada. Claudel, muitas vezes criando um tema de força mítica com pessoas contemporâneas ou históricas (isto é, não lendárias), amplia a tal ponto o terceiro elemento, de música e de sentimento, que este sufoca as situações humanas psicologicamente reais, transformando a peça em hino ou em rapsódia religiosa. Sartre, tipo inteiramente diverso, usa uma forma sutil de mito em *Entre Quatro Paredes* – o do Juízo Final e o Inferno, que irradia vívido realismo de motivo e de escolha moral, que faz dela a melhor de suas peças do ponto de vista do estilo dramático. O terceiro elemento está largamente ausente; não há verso nem qualquer forma notável de apoio metafórico.

É um fato curioso que Giraudoux, considerado como iniciador nos palcos franceses da moderna tradição do drama de mito e frequentemente louvado por sua "fantasia poética", não se alinhe com os autores mencionados em questão de estilo dramático. Pelo que foi dito na seção anterior, parecerá que Giraudoux começa tomando emprestado um esquema ao mito, porém termina por transformá-lo numa fantasia mais próxima da alegoria que do mito. Ele nem revive nem recria mitos, usa-os. Apropria-se de seus temas para obter uma estrutura para sua própria idealização de pessoas e para fazer seu próprio comentário sobre ideias morais. Atinge um estilo e uma beleza próprios, sem dúvida, mas que se desviam das intensidades centrais do estilo dramático, pois é difuso; sua "fantasia" e o brilho de seu diálogo em prosa são panejamentos atirados num grande arcabouço aberto e não uma expansão natural e econômica – em modos diversos – do simbolismo do mito central, como em Eliot e Cocteau.

6. A *POÉSIE DE THÉÂTRE* DE COCTEAU

Finalmente, devemos dedicar um comentário a uma realização extraordinariamente original do estilo dramático no século XX, a teoria e a prática de Cocteau da *poésie de théâtre*, a que todos os nossos argumentos e pontos de vista nos permitem encarar não como a excentricidade de uma imaginação irresponsável, mas como um resultado profundamente lógico de certas tendências do estilo poético do final do século XIX. O princípio de Cocteau da *poesia do teatro* origina-se numa característica proeminente do estilo romântico – e posteriormente do simbolista –, discutida no capítulo IX, e que é a força funcional da imagem, qualquer imagem, quando despojada de suas referências literais e utilizada como análogo da experiência sensorial ou suprassensorial (e consequentemente poética). É o poder evocativo que torna a imagem individual um símbolo vibrante ou agente metafórico, por isso mesmo dotado não só de significado figurativo, mas também da vida de uma sensibilidade que reage ou de uma imaginação que se expande na direção do mundo inexpressável do espírito. Já observamos que foi esse princípio que permitiu a identificação do "poético" como algo independente do verso. Cocteau leva a ideia a sua conclusão lógica ao conceber suas várias obras em termos de *poésie de théâtre, poésie de roman, poésie cinematographique* e mesmo *poésie de critique.*

Logo no início de sua carreira, no prefácio de *Les Mariés de la Tour Eiffel,* ele enunciou simples e precisamente o objetivo principal de seu estilo; e só sua imprevisibilidade e sua total novidade impediram que por mais de duas décadas fosse reconhecida essa inovação séria e profunda que existia por trás da estonteante superfície que sugeria por demais aos olhos dos outros "farsas de oficina".

> A ação da minha peça é cheia de imagens, enquanto o texto não. Tento, portanto, substituir uma "poesia de teatro" à "poesia no teatro". A poesia no teatro é uma renda delicada, impossível de ser vista de longe. A poesia de teatro seria uma renda grossa, uma renda de cordas, um navio no mar. Os noivos podem ter um aspecto terrível de uma gota de poesia no microscópio. As cenas se encaixam como as palavras de um poema.

Uma passagem de *Le Rappel à l'Ordre* suplementa essa declaração:

> Com *Les Mariés de la Tour Eiffel* construí com poesia um grande aparelho de transmissão para o palco. Vanglorio-me de ter mostrado pela primeira vez, no meio de uma incompreensão absoluta e mesmo a de admiradores, uma poesia de teatro... Elimino toda imagem e toda fineza da língua. Só resta a poesia.

Les Mariés de la Tour Eiffel foi o primeiro, mas não o melhor, exemplo da ideia de Cocteau sobre a forma poética no teatro. Revela a descoberta de uma ideia fértil, bem como os exageros de uma experiência, pois para combinar em "uma renda grossa" e num corpo maior de composições as várias técnicas do balé, da acrobacia, da pantomima, da sátira, da orquestra, e do diálogo, seria pedir um pouco demais. Além do quê, esse tipo de composição é mais balé do que drama e, na verdade, muitos balés modernos – em contraposição ao tipo "clássico" do século XIX – têm a mesma combinação de Cocteau, à exceção do diálogo, e representam uma *poésie de théâtre* geral, bastante cocteauiana. A verdadeira conquista de um estilo de drama só foi atingida quando Cocteau escreveu *Orfeu* e *A Máquina Infernal*, que não constituem, como *Les Mariés de la Tour Eiffel*, uma nova forma combinada, sendo antes variantes do próprio drama. Nessas peças o drama não é substituído por uma nova forma, é o drama em novo modo. Trata-se apenas de um novo ângulo de uma velha forma, uma ação e em diálogo entretecidos com uma imagística vívida e bela por meio da qual os sentimentos e a tragédia ecoam musicalmente como o fazem através do verso e das imagens (a renda delicada) da forma de verso mais ortodoxa. Tal imagística é muito variada. Em *Orfeu* ela começa com as personificações das figuras principais: Orfeu como poeta, Eurídice como amor, Heurtebise como anjo da guarda, a "moça linda de vestido de baile rosa e capa de peles" como Morte, com seu séquito em uniformes de cirurgião, máscaras e luvas de borracha – um vívido símbolo de morte eroticamente empostado, cercada por brilhante símbolo moderno. A esses deve ser acrescido o cavalo como agente satânico. Observamos ainda o simbolismo da cenografia, "um cenário útil, onde o mínimo detalhe desempenha seu papel, como os equipamentos de um número de acrobacia" (nota de Cocteau). A cor está ausente da cenografia, a não ser o azul do céu. A baia branca ao cavalo branco, as mesas e as cadeiras brancas e os poucos objetos sobre as mesas, frutas, pratos, copos e garrafa, "semelhantes aos utensílios de papelão dos ilusionistas", sugerem o mistério e o sobrenatural, delineando um local cujos habitantes estão em termos íntimos com coisas que transcendem a vida normal e familiar. Ao centro, há um espelho, o portal do reino da morte. Com o tom assim definido, os acontecimentos extraordinários que se seguem tornam-se (apesar das ocasionais aparências farsescas) orgânicos e naturais. Seu efeito imediato, como no caso das mensagens diabólicas do cavalo, a surpreendente entrada da Morte, a bela jovem de rosa cercada de seus assistentes cirúrgicos e a cabeça de Orfeu que as bacantes atiram de volta pela janela são eletrizantes pelo inesperado da imagística, mas à medida que a peça se desenrola eles se enquadram numa ação da maior seriedade que beira o fervor religioso. Todas essas várias imagens de pessoa, objeto, cena e incidente fundem-se numa relação de sentimento muito precisa. No final não nos sentimos superficialmente "divertidos", modestamente entretidos ou agradavelmente provocados ou chocados por esses efeitos e esss invenções brilhantes; ficamos de novo profundamente comovidos pelo mito que se funde tão misteriosamente com os temas da morte, do amor, da poesia e do divino.

Em *A Máquina Infernal* a ação e o incidente são mais fortes e as pessoas mais substanciais e complexas, como seria inevitável onde o tema herdado da tragédia clássica adquire contornos mais firmes e detalhes mais elaborados. Entretanto, Cocteau é fiel ao mesmo método de estilo poético; há pessoas e monstros do mito e da fábula, uma cenografia vividamente eficaz e objetiva (especialmente nas cenas nas muralhas e na de Édipo com a Esfinge), os fantasmas e os sonhos e os objetos — como a estola de Jocasta e o broche com o qual Édipo se cega — que têm um "papel" a desempenhar. E há também uma imagem dominante, a máquina infernal, a bomba-relógio. O sonho, o objeto simbólico, o mundo dos deuses e dos mitos são aqui projetados em sua interpenetração natural, com o que é essencialmente um efeito poético.

Peças posteriores mostram Cocteau afastando-se desse estilo belo, porém difícil, mas pode ser que o filme sonoro lhe tenha dado mais oportunidades para aplicação desse método.[7] Ainda assim ele ecoa através da superfície mais realista de todas as suas peças, especialmente porque permanece sempre próximo ao mito, mesmo quando oculto, como no caso de *Os Pais Terríveis*. Nessa peça, as "portas que batem" são novamente um símbolo dominante, bem como a oposição simbólica da ordem e da desordem na casa da família, "*roulotte*", de Madeleine e Michel. A força poética gerada, como notamos, pelo núcleo mítico e pela tragédia, sustenta a peça, que apenas ostenta estilo menos intenso porque a imagística de sentimento apoiadora, a "música", não é tão explorada quanto em peças anteriores.

---

[7] De modo geral, o filme sonoro moderno tem explorado a expressividade convergente do símbolo visual, da "atmosfera" do local e da cena e do acompanhamento musical ainda mais habilmente do que o drama (talvez por ter menos dificuldades a superar), tendo, consequentemente, mais "poesia" para mostrar do que esse último.

CAPÍTULO XII
Conclusão

Esta investigação teve por objetivo o esclarecimento da natureza da arte dramática e suas afinidades com a poesia e outras formas de arte.

Crucial para nossa concepção foi a ideia do funcionamento das imagens, pois é pelo papel que desempenham em certos contextos que reconhecemos as estruturas estéticas como diferenciadas de outras espécies de percepção e de pensamento. E um dos aspectos mais contundentes da arte é a interação de várias espécies de imagens, que encontramos exemplificada, por exemplo, na mistura de imagísticas auditivas e motoras a evocar imagens visuais na linguagem da poesia. Esses dois aspectos são da maior importância. Por um lado, temos a liberação de imagens sensoriais do contexto da "realidade" e sua integração num processo metafórico total que a um só tempo expressa uma visão da vida e sentimentos a respeito dela. Por outro lado, diferentes espécies de imagens – auditiva e visual, cênica e musical, rítmica e pictórica e assim por diante – emprestam-se a um objetivo unificado e a uma intertessitura harmônica justamente porque, embora sensorialmente diversas, são funcionalmente ligadas; elas são todas, mercê de sua função, fórmulas de sentido e de sentimento. Como esclarecimento preliminar essencial, estabelecemos de início duas categorias principais de imagens, a figurativa e a imagem-fórmula expressiva, enfatizando ao mesmo tempo que a imagem figurativa pura, que constituiria a imagem-cópia científica, não existe na arte; mesmo as imagens *mais* figurativas são seletivas, interpretativas, construídas e até certo ponto expressivas. Analisando a figura literária da metáfora em relação a esses dois grupos de imagens, observamos que ambos compartilham a natureza da metáfora na medida em que seus significados literais são substituídos por um significado funcional nascido do fato de serem análogos de sensação e de sentimento, que contribuem com uma ideia ou com uma emoção predominante para formar um contexto unificado que ajuda a esclarecer e a constituir um fenômeno estético.

Utilizar a ideia de metáfora – uma vez analisado e compreendido seu processo – é mais útil do que depender apenas da ideia geral do simbolismo, por ser ela mais precisa. É bem verdade que as imagens da arte são "símbolos", mas muitas outras coisas também o são, como as letras do alfabeto Morse ou os preceitos que hoje em dia nos dizem ser representações simbólicas do "mundo físico". As imagens-fórmulas expressivas são símbolos de "sentimentos", porém muitas coisas fora de contextos estéticos podem ser símbolos de sentimentos. A isso podemos acrescentar outra complicação do significado de "símbolo", pois, sendo quase toda arte uma mistura do figurativo e do expressivo, suas imagens são "simbólicas" de duas maneiras diversas ao mesmo tempo; simbolizam objetos sensorialmente percebidos e também sentimentos supraimpostos. Mas embora as obras de arte tenham integridade, como foi visto no capítulo VII, elas quase sempre nos dão pistas para um significado que é tanto racional quanto emocional. Não propagam tais significados racionais nem existem somente em função deles, mas os contêm ou os implicam. Isso se aplica até mesmo à música, como tentamos mostrar enfatizando suas ligações com experiências identificáveis. Observamos que o estilo musical de um compositor, digamos Bach, Mozart ou Debussy, é o mesmo na música coral e na instrumental, o que sugere uma relação de significado nos símbolos musicais. Além do mais, examinando os valores expressivos do gesto físico em relação aos sentimentos e comparando-os com o caráter das frases e dos desenhos musicais, fica claro o modo pelo qual imagens-fórmulas aparentemente "puras" transmitem significados precisos, à semelhança dos caricaturistas que abstraem as linhas principais de contextos físicos, que passam a transmitir em sua abstração tons de sentimento reconhecíveis. Os gestos de um maestro, a "integrar seus sentimentos" na música, sugerem uma forma primitiva intermediária de imagística, enquanto o balé oferece as mais amplas oportunidades para sistemas de imagens mutuamente elucidativos. De tais relações complexas nossa mente deriva a todo momento, consciente ou inconscientemente, uma massa de informação e de vivências que tornam as imagens-fórmulas expressivas da arte menos esotéricas e mistificadoras e mais familiares e luminosas.

Por isso, em virtude da presença constante de um núcleo de significado racionalizável, a metáfora é um conceito mais preciso do que o "simbolismo", mais vago e mais geral para indicar a natureza da imagística estética. Suas vantagens são, primeiro, a de indicar o processo pelo qual as imagens são transferidas a novos contextos e dotadas de uma nova função que difere daquela outra, prática e "normal", de simbolizar objetos na percepção. Segundo, ela apoia a ideia de uma intertessitura de imagística, cuja unidade reside nas relações harmônicas entre as imagens. Terceiro, ela revela, como dissemos no capítulo III, o funcionamento construtivo da imaginação. E, quarto, a partir disso ela contém o processo da "revivência como ideia" por meio de sua ambivalência, já que evoca o mundo sensorial, porém a serviço da imaginação e da ideia.

O drama obedece a essa ideia. Cada boa peça é uma complexa metáfora que usa imagens que dependem de algum modo do figurativo, mas que são dirigidas às reações dos sentimentos. Nas seções anteriores, examinamos a natureza da intertessitura particular que nos justifica na identificação de uma forma "drama". Para analisar tal forma, utilizamos todas as análises e todos os princípios das etapas iniciais do ensaio. Como uma forma para ser vista e ouvida, o drama explora enorme gama de imagens não linguísticas na cena, nas pessoas e no gesto. Como diálogo, incorpora a si a linguagem, o que inclui seus vários significados linguísticos, e também a imagística pré-linguística associada à linguagem, na voz, nos sons e nos ritmos, em todas as suas evocações e em todas as suas figuras poéticas ou retóricas.

Toda estrutura ordenada, no entanto, depende de subordinações e o drama não é exceção. Em sua imagística composta, podemos discernir um eixo ao qual tudo deve servir, se é que todos os elementos componentes não devem terminar por gerar um caos. Esse eixo são as *pessoas agindo*; eis o que pode ser chamado de *meio* dessa arte, assim como a linguagem é o meio da narrativa ou da poesia lírica, o pigmento o meio da pintura ou a pedra ou a madeira o da escultura.

A natureza extraordinária desse meio manifesta-se em duas consequências paradoxais. Ela é, por um lado, severamente restritiva, em questões de tempo, de ação e de assunto se comparada à imensa liberdade de algumas formas literárias (embora seja incontestável que a concentração formal resultante propicia sua força e seu efeito imediato nos sentimentos). Por outro lado, a diversidade e a riqueza de sua imagística, bem como sua vivacidade sensorial, emanam da natureza das "pessoas agindo", pois junto às pessoas se nos é dada toda a psicologia dos seres humanos; não só seu caráter, seu comportamento, seus interesses, suas aspirações especiais, seus idealismos morais, suas fraquezas humanas, sua miséria e seu fracasso, como também os vários modos espontâneos de expressar emoção e paixão. Assim, alguns dos ímpetos naturais que na vida fora do drama são transformados em várias formas de arte, no drama aparecem na representação de suas pessoas. Desse modo, inteiramente independente das artes do desenho, da arquitetura e da pintura, que estabelecem a ambientação de uma peça, o drama contém em seu próprio *meio* uma múltipla imagística implícita das outras artes, mais particularmente da mímica, da dança e do canto (música). Mas o que as caracteriza aqui é que se desenvolvem apenas até certo ponto, parando justo aquém da fronteira além da qual adquiririam identidade independente. A mímica e o gesto no drama nunca excedem sua devida porção; nunca são forçados, a não ser nas más interpretações de ator, a atingir o ponto em que tenham significados autônomos. O canto ou a corrente musical subjacente constitui sempre um desenvolvimento potencial, principalmente no drama em verso, mas sem que jamais seja permitido que extravase na direção da semiópera. A imagística da dança é também implícita, embora de forma menos óbvia, pois muitos atores e diretores, ao elaborar seus movimentos e suas situações, pensam em termos de uma expressão semicoreográfica. A riqueza e a densidade da forma dramática em sua mais alta realização são criadas por essas imagísticas implícitas que, usadas, mas não abusadas, formam um manancial controlado de poder expressivo.

Finalmente, é preciso ressaltar os três maiores campos de significados explorados pelo drama: o quadro, a música e a linguagem ou, na terminologia deste ensaio, as imagens figurativas, as imagens-fórmulas expressivas e a linguagem, que tem suas próprias e complexas relações com as imagens e os significados conceptuais. A interação desses sistemas de imagística e de significado informa-nos suficientemente que, por um lado, o drama não é apenas "ação" ou "teatro" e, por outro, a qualidade poética de uma peça não é apenas questão de texto linguístico. A qualidade sensorial do pictórico e do expressivo no drama é excepcionalmente vívida. Imagens presentes – e não aquelas vagas e fugazes da memória – nos atingem e as vozes e a linguagem afetam-nos os sentimentos com um objetivo ininterruptamente buscado. O drama e a poesia não residem num ou noutro desses fenômenos, mas em todos eles. E o paradoxo de toda arte é também válido aqui: o significado – a situação estética na qual a peça e nós nos encontramos juntos – fica além da imagística sensorial, porém o único caminho até ele é por meio da imagística. Repetindo, o que nos comove numa peça não são as palavras ou qualquer outro aspecto particular, mas toda a situação. Ficamos comovidos por Lear abandonado e sua fúria, por sublime que seja sua linguagem, não passa de um sintoma desse abandono. Ficamos comovidos ao ver Macbeth e sua mulher perseguidos pelo remorso e pelo medo e ao ver Hamlet desesperadamente tentando ajudar a mãe a varar o lodaçal do pecado e da deslealdade. Os sintomas – as imagens e a linguagem – têm de ser vividos, mas, por mais intensamente que o sejam, estarão sempre a serviço da imagem total e do sentido de realidade humana destilada que vemos nela captada. Por meio de sua criação simultânea de retrato e de linguagem, o drama reflete um aspecto da própria vida a um tempo pré e pós-linguístico. Ele é vivido em parte fora das palavras, mas também em parte *como* palavra. Os dois níveis se interpenetram, mas não se unificam necessariamente por completo, embora o grau de unificação possa ser considerado índice de cultura. As condições de separação, de interpenetração e de unificação são fortemente sentidas na arte do drama, emprestando profundidade à sua complexidade sensorial. Ela é a princípio elementar, depois espiritual e finalmente linguística. Repete assim a hierarquia da cultura, projetando sempre o mundo e a existência que são antes da linguagem, e transportando sua força até o mundo para além da linguagem.

Diferindo tanto a intertessitura do drama da dos poemas, temos de julgar sua qualidade imaginativa por critérios inteiramente diferentes e devemos evitar particularmente a influência limitadora dos significados estreitos de "poético" frequentemente usados desde o aparecimento dos estilos romântico e simbólico. A poesia do drama não é a do lirismo romântico ou do poema simbolista. Porém, como dissemos no capítulo IX, foram esses dois movimentos juntos que pela primeira vez identificaram deliberadamente a imagem – de qualquer que seja o campo sensorial – como signo místico e um análogo do sentimento, o que deixou visível o parentesco essencial de todas as imagens, figurativas e não figurativas, visuais, cinéticas e auditivas, num processo metafórico. Onde quer que esse princípio funcione a imaginação está ativa e dentro da rica complexidade da forma dramática há muitos lugares onde a luz poética pode brilhar e muitas maneiras de ela o fazer. No último capítulo, acrescentamos algumas razões, baseadas em nossa teoria, por que um drama em verso – se satisfizer todas as exigências da intertessitura característica do drama – oferece mais possibilidades de grande drama e de grande poesia unidos, o que aliás pode ser facilmente ilustrado pelos mais famosos dramaturgos trágicos. Mas o teste conclusivo não está na maior concentração possível de imagens poéticas, o que fica óbvio pela grande variedade de estilos igualmente aceitáveis dentro da própria convenção do verso. É a presença permanente de maior ou menor grau de metáfora em alguma de suas possíveis formas. Nenhum dramaturgo tem necessidade de todos os fatores de intensificação ao mesmo tempo, mas todos precisam de alguns deles para nos persuadir de que sua peça foi nascida da imaginação, da necessidade de falar, de uma visão a ser contada e de um sentimento a ser expressado. Quando essas condições são atendidas, temos uma peça que é arte dramática e tem estilo. Ela é, então, um quadro e uma música, uma imagem poética e um ritual, uma iluminação e uma catarse, uma emoção dentro da vida e uma serenidade acima dela, uma revivência em sentido e uma liberação em ideia.

BIBLIOGRAFIA

ALEWYN, Richard. *Der Geist des Barockiheaters*. In: *Weltliteratur,* Festgabe für Fritz Strich. Berna, 1952.

ARCHER, William. *The Old Drama and the New*. Londres, 1923.

ARISTÓTELES. *Aristotle's Theory of Poetry and Fine Art, with a Critical Text and a translation of the Poetics.* Por S. H. Butcher. Londres, 1895.

BALLY, Charles. *Précis de Stylistique.* Genebra, 1905.

BAUMEISTER, Willi. *Das Unbekannte in der Kunst.* Stuttgard, 1947.

BENDEY, Eric. *The Modern Theatre.* Londres, 1948. (A edição americana intitula-se *The Playwright as Thinker.*)

BLACKMUR, R. P. *Language as Gesture.* Londres, 1954.

BLOOMFIELD, L. *Language.* Londres, 1935.

BÖCKMANN, P. *Formgeschichte der Deutschen Dichtung.* Hamburgo, 1949.

BODKIN, Maud. *Archetypal Patterns in Poetry.* Londres, 1948.

BRADBROOK, M. C. *Themes and Conventions of Elizabethan Tragedy.* Cambridge, 1931.

_____ . *Elizabethan Stage Conditions.* Cambridge, 1932.

BRADLEY, A. C. *Shakespearian Tragedy.* Londres, 1904.

_____ . *Oxford Lectures on Poetry.* Londres, 1909.

BRAIN, W. Russell. *Mind, Perception and Science.* Oxford, 1951.

BROOKS, Cleanth. *The Well Wrought Urn.* Londres, 1949.

BULLOUGH, E. "Mind and Medium in Art". *British Journal of Psychology,* vol. XI, parte I, 1920-21.

_____ . "'Psychical' Distance as a Factor in Art and an Aesthetic Principle". *British Journal of Psychology,* vol. V, 2, 1912-13.

BUNDY, M. W. *The Theory of Imagination in Classical and Mediaeval Thought.* Illinois, 1927.

BURKE, Kenneth. *A Grammar of Motives.* Nova York, 1945.

CASSIRER, Ernst. *Philosophie der Symbolischen Formen.* Berlim, 1923-1929.

CLARK, Sir Kenneth. *Landscape into Art.* Londres, 1949.

COLERIDGE, S. T. *Biographia Literaria.* Londres, 1817.

_____. *Lectures and Notes on Shakespeare and Other Dramatists.* Londres, 1883.

COLLINGWOOD, R. G. *The Principles of Art.* Oxford, 1938.

CRAIG, E. Gordon. *On the Art of the Theatre.* Londres, 1929.

CRESSOT, Marcel. *Le Style et ses Techniques.* Paris, 1951.

DELACROIX, Henri. *Psychologie de l'Art.* Paris, 1927.

DENT, E. J. *Foundations of English Opera.* Cambridge, 1928.

_____. *Opera.* Londres, Penguin Special, 1940.

DEWEY, John. *Art as Experience.* Londres, 1940.

DORAN, Madeleine. *Endeavors of Art: A Study of Form in Elizabethan Drama.* Madison, Wisc., 1954.

EHRENZWEIG, Anton. *The Psycho-Analysis of Artistic Vision and Hearing.* Londres, 1953.

ELIOT, T. S. *Dramatis Personae* (Criterion, vol. I, 1923).

_____. *Poetry and Drama.* Londres, 1951.

_____. *Selected Essays* 1917-32. Londres, 1932.

_____. "The Duchess of Malfi and Poetic Drama". *Art and Letters,* inverno, 1920.

ELLIS-FERMOR, Una. *The Frontiers of Drama.* Londres, 1948.

EMMETT, Dorothy. *The Nature of Metaphysical Thinking.* Londres, 1945.

EMPSON, William. *Essays on Language and Literature.* Por Proust, Valéry, Sartre, Paulhan, Ponge, Parain. Editado por J. L. Hevesi. Londres, 1947.

_____. *Seven Types of Ambiguity.* Londres, 1947.

_____. *English Institute Essays* 1949. Editado por Alan S. Downer. Nova York, 1950.

_____. *Some Versions of Pastoral.* Londres, 1950.

_____. *The Structure of Complex Words.* Londres, 1951.

FERGUSSON, Francis. *The Idea of a Theater.* Princeton University Press, 1949.

FOCILLON, Henri. *La Vie des Formes.* Paris, 1947.

GENET, G. du. *Jean Giraudoux.* Paris, 1945.

GILBERT, Katharine E. e KUHN, Helmut A. *History of Esthetics.* Nova York, 1939.

GOLDSCHMIDT, H. *Die Musikaesthetik des 18. Jahrhunderts* und ihre Beziehungen zu seinem Kunstschaffen. Zurique e Leipzig, 1915.

GRAVES, Robert. *The Common Asphodel.* Londres, 1949.

HARRISON, Jane. *Ancient Art and Ritual.* Londres, 1913.

HARTL, Robert. *Versuch einer Psychologischen Grundlegung der Dichtungsgattungen.* Viena, 1924.

HARTNOLL, Phyllis (ed.). *The Oxford Companion to the Theatre.* Londres, 1951.

HENKEL, Artur. *Die Spekulative Musikanschauung des Novalis.* Graz, 1941. (Tese de doutorado inédita, gentilmente emprestada pelo autor.)

HENN, T. R. *The Apple and the Spectroscope.* Londres, 1951.

HILBERT, Werner. *Die Musikaesthetik der Frühromantik.* Remscheid, 1910.

HOST, Gunnar. *L'Oeuvre de Jean Giraudoux.* Oslo, 1942.

HOUSE, Humphrey. *Coleridge.* The Clark Lectures, 1951-52. Londres, 1953.

JAENSCH, Erich Rudolf. *Eidetic Imagery and Typological Methods of Investigation.* Londres, 1930.

JAMES, D. G. *Scepticism and Poetry.* Londres, 1937.

JONES, P. Mansell. *The Background to Modern French Poetry.* Cambridge, 1951.

_____ . *Baudelaire.* Cambridge, 1952.

KAYSER, Wolfgang. *Das Sprachliche Kunstwerk.* Berna, 1948.

KLUCKHOHN, Paul. *Die Arten des Dramas*, em *Deutsche Vierteljahrsschrift für Geistesgeschichte und Literaturwissenschaft*, vol. XIX, 1941.

KNIGHT, G. Wilson. *The Wheel of Fire.* Londres, 1930.

KNIGHTS, L. C. *Explorations.* Londres, 1946.

LANGER, Susanne. *Philosophy in a New Key.* Cambridge, Mass., 1942.

_____ . *Feeling and Form.* Londres, 1953.

LASCELLES, Abercrombie. *The Idea of Great Poetry.* Londres, 1935.

_____ . *The Theory of Poetry.* Londres, 1924.

LAVER, James. *Drama – Its Costume and Décor.* Londres, 1951.

LEVIN, Harry. *The Overreacher.* Londres, 1954.

LEWIS, C. Day. *The Poetic Image.* The Clark Lectures, 1946. Londres, 1947.

LEWIS, C. S. *Variation in Shakespeare and Others* (em *Rehabilitations*). Londres, 1939.

MACCARTHY, Sir Desmond. *Drama.* Londres, 1940.

MAURON, Charles. *Aesthetics and Psychology.* Londres, 1935.

_____ . *Mallarmé l'Obscur.* Paris, 1941.

MEYER, Kathi. *Bedeutung und Wesen der Musik.* Leipzig, Estrasburgo, Zurique, 1932.
MICHAUD, Guy. *Message Poétique du Symbolisme,* vols. I-III. Paris, 1947.
_____ . *La Doctrine Symboliste.* Paris, 1947.
_____ . *Mallarmé.* Paris, 1953.
MÜLLER-FREIENFELS, R. *Psychologie der Musik.* Berlim, 1936.
MUNRO, Thomas. *The Arts and their Interrelations.* Nova York, 1950.
MURRY, J. Middleton. *The Problem of Style.* Londres, 1922.
_____ . *Shakespeare.* Londres, 1936.
MUSCHG, Walter. *Tragische Literaturgeschichte.* Berna, 1948.
NEWTON, Eric. *The Meaning of Beauty.* Londres, 1950.
NICOLL, Allardyce. *The Theory of Drama.* Londres, 1931.
NIETZSCHE, Friedrich. *Die Geburt der Tragödie aus dem Geiste der Musik.*
NOULET, E. *L'Oeuvre Poétique de Stéphane Mallarmé.* Paris, 1940.
OSBORNE, H. *Theory of Beauty.* Londres, 1952.
PARAIN, Brice. *Recherches sur la Nature et les Fonctions du Langage.* Paris, 1942.
PETSCH, A. F. Robert. *Wesen und Formen des Dramas.* Halle, 1945.
PIAGET, Jean. *Play, Dreams and Imitation in Childhood.* Londres, 1951.
PRESS, John. *The Fire and the Fountain.* Londres, 1955.
PRICE, H. H. *Perception.* Londres, 1932.
_____ . *Thinking and Experience.* Londres, 1953.
PRIOR, Moody E. *The Language of Tragedy.* Nova York, 1947.
READ, Herbert. *The Meaning of Art.* Londres, 1931. Edição Pelican, 1949.
_____ . *Art and Society.* Londres, 1937, 1945.
_____ . "The Dynamics of Art". *Eranos Jahrbuch,* xxi, 1952.
_____ . *The True Voice of Feeling.* Londres, 1953.
_____ . *Icon and Idea.* Londres, 1955.
REYNOLDS, Ernest. *Modern English Drama.* Londres, 1949.
RIBOT, Théodule Armand. *Essai sur l'Imagination Créatrice.* Paris, 1900.
RICHARDS, I. A. *Principles of Literary Criticism.* Londres, 1924.
_____ . *Science and Poetry.* Londres, 1926.
_____ . *Practical Criticism.* Londres, 1930.
_____ . *The Philosophy of Rhetoric.* Nova York, 1936.

Russell, Bertrand. *Human Knowledge*. Londres, 1948.

Sartre, J. P. *Situations I-III*. Paris, 1947.

————. *L'Imagination*. Paris, 1948.

————. *The Psychology of Imagination*. Londres, 1950.

Sayce, R. A. *Style in French Prose*. Oxford, 1953.

Schering, Arnold. *Beethoven und die Dichtung*. Berlim, 1936.

————. *Das Symbol in der Musik*. Leipzig, 1941.

Schiller, Friedrich. *Ueber Matthissons Gedichte*.

Sewell, A. *Character and Society in Shakespeare*. Oxford, 1951.

Spearman, C. *Creative Mind*. Londres, 1930.

Staiger, Emil. *Grundbegriffe der Poetik*. Zurique, 1943.

Stewart, J. I. M. *Character and Motive in Shakespeare*. Londres, 1949.

Stokes, Adrian. *Art and Science*. Londres, 1949.

Thorburn, J. M. *Art and the Unconscious*. Londres, 1925.

————. *The Times* (Crítico de Música). Vários artigos sobre problemas gerais de música e de estética publicados periodicamente nos últimos anos.

Tovey, D. F. *A Musician Talks* (1), *The Integrity of Music* (2), *Musical Textures*. Oxford, 1941.

Trilling, Lionel. *The Liberal Imagination*. Nova York, 1951.

Wellek, R. & Warren, Austin. *Theory of Literature*. Londres, 1949.

Whalley, George. *Poetic Process*. Londres, 1953.

Worringer, Wilhelm. *Abstraktion und Einfühlung*. Munique, 1908.

(Tradução inglesa: *Abstraction and Empathy*, Londres, 1953.)

ÍNDICE ONOMÁSTICO

A
Anouilh, Jean, 215, 238
Aristófanes, 291
Aristóteles, 135, 209, 216, 272, 309
Auden, W. H., 94

B
Bach, J. S., 53, 54, 55, 72, 77, 110, 144, 157, 304
Barker, H. Granville, 278
Baudelaire, Charles, 189, 311
Beddoes, T. L., 272, 279
Beethoven, 55, 100, 110, 313
Berlioz, 54, 75, 188, 200
Blake, William, 85
Bosch, Hieronimus, 27, 121
Botticelli, 254
Brain, W. Russell, 18, 309
Brecht, Bertolt, 215, 232, 247
Brieux, Eugène, 267, 268, 277
Browning, Robert, 152
Buffon, 152
Byron, 151, 220, 222, 279, 283

C
Cary, Joyce, 22
Cézanne, Paul, 23, 24, 77, 121, 254
Chapman, George, 277
Chaucer, 269
Chopin, 53, 188, 200
Clarendon, 42
Clark, Sir Kenneth, 26, 310, 311
Claude, 27
Claudel, Paul, 206, 235, 260, 287, 288, 297
Cocteau, Jean, 219, 229, 238, 239, 252, 262, 275, 277, 278, 297, 298, 299, 300, 301
Coleridge, S. T., 36, 85, 162, 163, 165, 202, 310, 311
Collingwood, R. G., 13, 118, 310
Collins, William, 136
Compton Burnett, Ivy, 151
Comte, Auguste, 267
Constable, 23, 24, 25, 26
Corneille, Pierre, 238, 250, 251, 252, 257, 297
Corot, 26
Cowley, Abraham, 136
Crashaw, 142
Croce, Benedetto, 135

D
Dante, 139, 148
Debussy, Claude, 75, 304
Dégas, 195
Delacroix, 143, 208, 310
Dent, E. J., 100, 310
Diderot, 266
Donne, John, 93, 109, 149

Doran, Madeleine, 255, 285, 310
Dryden, John, 95, 266
Dumas, 267
Dürer, A., 19

E
Eisenstein, S., 19
Eliot, T. S., 96, 109, 119, 234, 238, 253, 259, 260, 263, 264, 269, 274, 275, 276, 277, 279, 286, 287, 297, 298, 310
Empson, William, 119, 256, 310
Eurípides, 296, 297

F
Feuerbach, Ludwig, 267
Flecker, J. E., 272
Ford, John, 236
Fry, Roger, 118

G
Galsworthy, John, 272, 278, 283
George, Stefan, 171, 172, 173, 183, 313
Giorgione, 164, 174, 201, 274
Giraudoux, Jean, 34, 247, 260, 261, 262, 263, 264, 275, 298, 310, 311
Goethe, 67, 95, 136, 149, 150, 152, 173, 263, 287, 297
Goya, 121
Greco, El, 123
Grillparzer, Franz, 150, 252, 281
Gris, Juan, 72

H
Haendel, 111
Hardy, Thomas, 140, 200
Harrison, Jane, 212, 311
Hauptmann, Gerhart, 267, 272
Haydn, 54

Hebbel, C. F., 267
Herder, J. G., 95
Hofmannsthal, Hugo von, 213, 247
Horácio, 135, 136

I
Ibsen, Henrik, 44, 150, 200, 206, 208, 210, 213, 214, 219, 223, 231, 232, 238, 239, 247, 252, 259, 266, 267, 268, 269, 272, 275, 276, 278, 294

J
James, Henry, 96, 119, 143, 311
Johnson, Samuel, 192
Jones, Henry Arthur, 267, 278
Jones, Prof. Mansell, 173, 174, 311
Jonson, Ben, 290
Joyce, James, 130

K
Kaiser, Georg, 247, 261
Keats, John, 35, 36, 40, 44, 67, 85, 136, 142
Kleist, Heinrich von, 240

L
Langer, Susanne, 70, 133, 311
Lawrence, D. H., 32
Lenormand, H., 238, 239, 294
Leonardo da Vinci, 19
Lillo, George, 266
Liszt, 54, 75, 188
Lorca, Federico Garcia, 277, 278

M
Maeterlinck, M., 260, 261, 271, 274, 275, 277, 295
Mallarmé, Stéphane, 89, 174, 190, 192, 194, 195, 196, 201, 273, 311, 312

Malraux, André, 104
Mann, Thomas, 14, 214
Marcel, Gabriel, 236, 310
Marlowe, C., 238, 271, 277, 279, 280, 286
Marx, Karl, 267
Matisse, 23
Maugham, W. Somerset, 278
Mendelssohn, 54
Michelângelo, 59, 208, 274
Miller, Arthur, 277, 284
Milton, 124, 138, 140, 174, 177, 286
Molière, 252, 253, 289, 291
Monet, 121
Morgan, Charles, 121
Mozart, 53, 55, 77, 100, 144, 304
Munro, T., 88, 312
Murry, J. Middleton, 283, 312

N
Nicholson, Norman, 278, 283
Nicoll, A., 246, 312
Nietzsche, 214, 312
Noguchi, 228
Novalis, 142, 186, 187, 311

O
O'Neill, Eugene, 230, 284
Osborne, H., 102, 312

P
Palestrina, G. da, 157
Pater, Walter, 164, 166, 201
Patmore, C., 67
Petrarca, 135, 144, 147
Picasso, Pablo, 60, 121, 151, 208
Pinero, Arthur Wing, 267, 278
Pirandello, Luigi, 238, 247, 259
Poe, 186

Poussin, 24
Priestley, J. B., 278
Proust, 96, 310

R
Racine, 77, 122, 209, 210, 217, 218, 219, 223, 228, 238, 243, 252, 256, 266, 278, 287, 297
Raine, Kathleen, 67
Rattigan, Terence, 230, 246, 278
Read, Sir Herbert, 20, 21, 23, 30, 58, 60, 77, 118, 212, 312
Rembrandt, 26, 254, 274
Richards, I. A., 64, 312
Ridler, Anne, 278, 283
Robertson, Tom, 267
Rousseau, 95
Rowlandson, 143
Russel, Bertrand, 34, 81

S
Sartre, Jean-Paul, 13, 101, 119, 219, 232, 247, 260, 298, 310, 313
Schering, Arnold, 54, 313
Schiller, 150, 238, 281, 297, 313
Schopenhauer, 20
Schubert, 75
Schumann, 188, 200
Scribe, A. E., 248
Sewell, A., 256, 313
Shakespeare, 41, 67, 77, 88, 96, 140, 144, 148, 150, 162, 173, 195, 198, 212, 217, 219, 223, 225, 226, 228, 231, 237, 243, 244, 252, 253, 255, 256, 266, 269, 271, 278, 283, 284, 285, 286, 291, 297, 310, 311, 312, 313
Shaw, G. B., 227, 238, 247, 259, 260, 269
Shelley, 136, 186, 194

Singspiel, 157
Sócrates, 251
Sófocles, 209, 225, 252, 253, 296, 297
Soula, C., 195
Spencer, Stanley, 200
Spenser, 71, 124, 136, 163, 167, 168, 173, 183, 198, 199
Stewart, J. I. M., 256, 313
Strindberg, L. A., 238, 267
Sudermann, H., 267
Swinburne, A. C., 279, 283
Synge, J. M., 271, 275, 276, 278

T

Tennyson, 37, 169, 173, 174
Toller, Ernst, 261
Toulouse-Lautrec, 121
Turner, J. M. W., 16, 26, 88

V

Valéry, Paul, 62, 109, 141, 164, 165, 274, 310
Vanbrugh, 277
Van Eycks, the, 30
Vaughan, 194
Verdi, 132, 133
Verlaine, Paul, 173, 174, 187
Voltaire, 66

W

Wagner, 75, 110, 133, 188, 214, 215
Weber, 188
Wedekind, 238
Wilde, Oscar, 272
Williams, Tennessee, 284
Wolf, Hugo, 158
Wood, Christopher, 200
Woolf, Virgínia, 200
Wordsworth, 26, 34, 95, 97, 105, 106, 124, 128, 136, 286
Worringer, W., 120, 313

Y

Yeats, W. B., 229, 252, 259, 260, 277, 278, 295, 297

Dados Internacionais de Catalogação na Publicação (CIP)
(Câmara Brasileira do Livro, SP, Brasil)

Peacock, Ronald
  A arte do drama / Ronald Peacock ; tradução Barbara Heliodora.
– São Paulo : É Realizações, 2011.

  Título original: The art of drama
  ISBN 978-85-8033-013-7

  1. Arte dramática 2. Artes 3. Drama 4. Literatura 5. Teatro
I. Título.

11-02306   CDD-808.2

Índices para catálogo sistemático:
1. Arte dramática : Literatura   808.2

Este livro foi impresso pela Prol Editora Gráfica para É Realizações, em março de 2011. Os tipos usados são da família Weiss BT e Aquinas Plain Regular. O papel do miolo é pólen bold 90 g, e, da capa, cartão supremo 300 g.